游戏文化经典译丛
李洋 张宇清 主编

投币机里的美国

重启电子游戏厅的男孩时光

〔美〕卡莉·A. 科库雷克 著 耿游子民 译

Carly A. Kocurek

Coin-Operated
Americans

Rebooting Boyhood at the Video Game Arcade

中国国际广播出版社

游戏文化经典译丛

主编：李　洋　张宇清

编委会（按姓氏首字母排序）：
Espen Aarseth（香港城市大学）
曹　琪（北京大学）
耿弘明（清华大学）
耿游子民（北京大学）
韩宇华（北京大学）
姜宇辉（华东师范大学）
蓝　江（南京大学）
李典峰（北京大学）
李　洋（北京大学）
李雨谏（中国传媒大学）
Matthew Thomas Payne（美国圣母大学）
王洪喆（北京大学）
王晓宇（北京大学）
Mark J. P. Wolf（美国协和大学威斯康辛分校）
熊　硕（华中科技大学）
张宇清（中国国际广播出版社）

总　序

　　电子游戏作为数字时代最具代表性的文化现象之一，早已超越了单纯的娱乐功能，逐渐渗透到人类社会生活的方方面面，重塑了人类的感知、交流与行为模式。面对如此庞大的受众群体和深远的社会影响，中国学术界却尚未形成与之相适配的研究范式和理论体系。电子游戏研究在中国的匮乏与滞后，既是技术主义取向长期主导的结果，也是传统人文学科对这个领域的漠视所致。与电影研究在中国学术界的成熟与完善相比，电子游戏研究至今仍处在边缘与替代性的位置，缺乏专业的理论建构和人文学科的介入。如此学术上的缺位，已无法适应电子游戏所带来的深刻文化变迁，迫切需要我们重新审视电子游戏的意义与价值，并积极构建具有历史性和超越性的人文学视野。

　　电子游戏研究在西方学术界已有30余年的历史，其演进脉络清晰可辨。自20世纪90年代以来，电子游戏研究经历了从游戏本体论探索到游戏化

（gamification）现实等重要阶段。2001年，埃斯本·阿尔塞斯（Espen Aarseth）创办《游戏研究》（*Game Studies*）杂志，标志着电子游戏研究的独立学科地位正式确立。此后，以贡萨拉·弗拉斯卡（Gonzalo Frasca）、杰斯珀·朱尔（Jesper Juul）等学者为代表的"游戏学"（Ludology）学派，强调电子游戏自身的形式特性和交互机制，试图从叙事理论的影响下摆脱出来，建立一种内部研究的形式主义范式。与此同时，珍妮特·穆雷（Janet Murray）、亨利·詹金斯（Henry Jenkins）等学者则从文化理论角度出发，强调电子游戏的叙事维度，提出电子游戏也是一种讲述故事的媒介，"叙事学"（Narratology）与"游戏学"的对立构成了西方电子游戏研究早期的重要理论论争。2015年，伊恩·博格斯特（Ian Bogost）的《游戏研究十五年》（"Game Studies Year Fifteen"）批判了叙事学与游戏学的二元对立，指出二者本质上都是形式主义的变体，提出游戏研究应当更加开放地与社会学、哲学、心理学等其他人文学科展开对话。

事实上，电子游戏并非突然出现的新事物，而是人类悠久的游戏活动传统与现代信息技术相结合的产物。早在古希腊时期，柏拉图和亚里士多德便已指出游戏在模仿、休闲与教育方面的重要性，而德国理性主义美学则进一步将游戏提升为审美活动与人性实现的必要条件。康德与席勒的游戏美学思想，强调游戏是一种自由的审美体验，这种体验超越了感官与道德需求，成为人类实现完整人性的方式。这个冲动与本能的理论假设与19世纪晚期卡尔·谷鲁斯（Karl Groos）、赫伯特·斯宾塞（Herbert Spencer）等学者的进化论和心理学结合，形成了带有进化论与等级化色彩的游戏冲动学说。朱光潜先生曾对这一波游戏美学的理论进行了精彩的总结。

游戏理论在20世纪逐渐分化为科学与人文两个谱系，以约翰·赫伊津哈（Johan Huizinga）与罗杰·凯卢瓦（Roger Caillois）为代表的人类学谱系，关注游戏作为文化现象的特征与分类。而欧根·芬克（Eugen Fink）、汉斯-格奥尔格·伽达默尔（Hans-Georg Gadamer）和科斯塔斯·阿克塞洛斯（Kostas Axelos）等人的现象学存在论，则将游戏提升到存在论的高度，认为游戏是存在进行自我揭示的超越性场域，是理解人类存在本质的重要途径，因此把游戏的地位提高到艺术之上。此外，被游戏研究所忽视的法国哲家雅克·亨里约（Jacques Henriot）将游戏的本质归结为一种精神态度，即"玩感"所代表的游戏精神，强调游戏根植于玩家主体对自我的反思与创造性行动。这些理论传统共同奠定了电子游戏研究丰富而厚重的人文学基础。当然，与此同时，以约翰·冯·诺依曼（John von Neumann）、格雷戈里·贝特森（Gregory Bateson）等人为代表的科学系统论谱系，则从规则、计算机语言、程序与机制的角度分析游戏的认知与交流特征。

从人文学与艺术理论的视角来看，电子游戏研究绝不能停留于单纯的技术与机制分析，也应深入哲学、历史、艺术史等人文学科的核心问题之中。电子游戏不仅是一种娱乐方式，更是一种独特的存在显现的场域。它以数字技术为基础，重新定义了主体与客体、真实与虚拟之间的关系，挑战了传统的人文学科范畴与理论框架。例如，从艺术理论的视角出发，电子游戏要求玩家借助动觉（kinaesthesia）而非仅凭视觉或听觉来进行审美体验，这种动觉性的主体参与，与传统艺术的静观式审美完全不同。此外，电子游戏以交互性与程序性为基础，在历史和文化记忆的建构中发挥着重要作用，许多电子游戏不仅再现了历史，更借助游戏机制创造出一种新的历史叙事方式，重塑了我们对历史事件与文化遗产的理解。电子游戏的历史也伴随着社会空间的建构与演化，从社会公共空间里的街机到依托客厅文化的家庭游戏机，电子游戏不断切割和创造人与人之间新的社会关系和场域。电子游戏研究的人文学维度还体现为对伦理问题与主体性问题的深入反思。在人工智能技术高速发展的背景下，电子游戏中的AI角色逐渐展现出类似主体性的特征，这种数字主体性不仅挑战了我们对传统主体观念的认知，也迫使我们重新思考伦理与道德的界限。电子游戏的人文学研究，正是要深入探讨这些由技术变革带来的深刻哲学、历史与伦理议题。从数字人类学的视角审视，电子游戏创造的新型"后人类存在形态"，实质上正在重塑人类的主体性定义，其研究价值亟待从人文学科拓展至数字文明整体框架。

　　本套"游戏文化经典译丛"正是基于上述的紧迫性与必要性而推出的。译丛精选了西方电子游戏研究领域最具代表性和影响力的经典著作，希望通过翻译介绍这些重要的思想成果，弥补国内电子游戏研究在人文学科视野和理论深度上的不足。我们期望通过这套译丛，不仅能够为国内学界提供丰富的理论资源，引发更深入、更具创造性的学术讨论，更能够推动电子游戏研究从技术主义的狭隘视角走向更加开放的人文学视野，真正实现从历史、哲学、艺术理论等多重维度对电子游戏的全面理解，并期待得到学者和游戏爱好者的支持，推动我们通过电子游戏更深刻地理解技术时代的人类处境，回应数字文化带来的种种挑战与机遇。

李 洋

北京大学艺术学院教授

目 录

1　致　谢
5　本书概况
30　第一章　街机厅里的小宇宙
　　玩在文化前沿
84　第二章　电子游戏金牌得主
　　双子星系与竞赢游戏的热潮
134　第三章　适应暴力
　　《死亡飞车》与电子游戏道德恐慌的历史
173　第四章　街机厅的无政府状态
　　监管投币式电子游戏
213　第五章　游戏拯救末日
　　《电子世界争霸战》《战争游戏》与作为主角的玩家
268　第六章　街机厅已死，街机厅万岁
　　怀旧，在无处不在的计算时代
333　第七章　未来就是现在
　　游戏文化的变革
353　参考文献
391　译后记

致　谢

2007年一个工作日下午，我独自去看电影。正好有几个小时可以摸鱼，于是我毫无计划地开车去了附近的电影院。最后我看了《金刚之王：一手硬币》(*The King of Kong: A Fistful of Quarters*, 2007)[1]，主要是其他片子我都看过了，且这部看起来还算有趣。几个月前，在导师的建议下我开始关注电子游戏的相关研究和新闻，但那天下午的观影经历才真正影响了我的研究方向。《金刚之王：一手硬币》记录了史蒂夫·维贝（Steve Wiebe）为争夺《大金刚》(*Donkey Kong*, 任天堂，1981)世界纪录所做出的努力。纪录片采访了著名的玩家，追溯了电子游戏世界纪录的历史，这段历史可以上溯到20世纪80年代初街机厅的辉煌时光。

这种传承让我着迷，特别是纪录片里那张经典合

---

[1] 片名中的A Fistful of Quarters 挪用自一部经典西部片《荒野大镖客》(*A Fist of Dollars*)。——译者注

影——1982年在艾奥瓦州奥塔姆瓦（Ottumwa, Iowa）拍摄的全球顶尖玩家的合影。于是我转向电子游戏研究，寻找一个能够结合我对技术、性别和流行文化兴趣的话题。但过多的选择总让我不知所措。直到那天下午在电影院，我终于找到了自己的研究主题。接下来的几周，我尽可能地研究了那张照片（我将在第二章中详细讨论）。随后，我开始研究更久远的历史，不仅仅是那张传奇照片，还有街机厅的文化历史。于是这个项目成了我的博士论文。

这本书起初是一篇博士论文，但现在已经成为我研究了六年街机厅早期兴衰的成果总结。当然，这也是无数个人和机构支持、鼓励和指导的结晶，如果不感谢他们，那将是一种失礼。首先，我要感谢我在得克萨斯大学（University of Texas）美国研究系的导师伊丽莎白·S.D.恩格尔哈特（Elizabeth S. D. Engelhardt），以及其他系里的老师，特别是珍妮特·M.戴维斯（Janet M. Davis）和马克·C.史密斯（Mark C. Smith）。还要感谢我在得克萨斯大学的同学和同人，以及积极游戏倡议（Learning Games Initiative）的同事，特别是詹妮弗·德·温特（Jennifer de Winter）、克里斯·汉森（Chris Hanson）、肯·S.麦卡利斯特（Ken

S. McAllister）、马修·托马斯·佩恩（Matthew Thomas Payne）、贾德·鲁吉尔（Judd Ruggill）和斯蒂芬妮·维耶（Stephanie Vie）。我的伊利诺伊理工学院（Illinois Institute of Technology）的同事们一直是我思想和力量的来源；特别感谢玛格丽特·鲍尔（Margaret Power），她作出了远超本职工作的贡献。

这本书得益于得克萨斯大学奥斯汀分校（University of Texas at Austin）的A.D.哈奇森奖学金（A.D. Hutchinson Endowed Fellowship）、布莱恩·萨顿-史密斯图书馆和游戏档案馆（Brian Sutton-Smith Library and Archives of Play）的卓越研究奖学金，以及伊利诺伊理工学院的研究经费。感谢芝加哥公共图书馆哈罗德·华盛顿图书馆中心（Harold Washington Library Center of the Chicago Public Library）、美国国会图书馆（United States Library of Congress）和布莱恩·萨顿-史密斯图书馆和游戏档案馆的图书管理员和档案管理员，他们提供了资料的访问权限，并经常让我找到我未曾想到的资源。我真诚感谢所有接受我采访的人；每段口述历史本身就是一个丰富的档案。特别感谢明尼苏达大学出版社（University of Minnesota Press）的编辑和工作人员，以及在整个过程中提供意见的读者；每个参与其中的人都在让这本书变得更好。

感谢我的父母贝蒂·库彻拉（Betty Kutchera）和乔·科库雷克（Joe Kocurek），以及已故的祖母伊利诺·库彻拉（Elinor Kutchera），她是一位冷酷但耐心的纸牌玩家，她最早教会我热爱游戏。他们都无比坚定地支持我。

特别感谢吉尔·卡波拉尔（Jill Caporale）、肖恩·卡什堡（Sean Cashbaugh）、约翰·克莱恩（John Cline）、劳丽·哈恩·甘瑟（Laurie Hahn Ganser）、梅兰妮·豪普特（Melanie Haupt）、梅丽莎·霍普夫纳（Melissa Hoepfner）、阿德里安娜·E. 拉米雷斯（Adriana E. Ramirez）、索希尔·罗德里格兹（Xochil Rodriguez）、阿曼达·斯蒂尔韦尔（Amanda Stilwell）和艾莉森·惠普尔（Allyson Whipple），这些朋友证明有时候你也可以选择自己的"家人"。最后，感谢特伦特·约翰逊（Trent Johnson）：没人比你更适合一起去街机厅，不只是因为你把所有的滚球机（Skee-Ball）票都给了我。

本书概况

1989年的平安夜，我和家人像往年一样撕开礼物包装纸。这是个圣诞礼物丰收年，我从礼物堆中挖出了一个Game Boy。这个Game Boy是我家第一个全新的游戏机，它比几年前从朋友那里"继承"的破旧雅达利2600（Atari 2600）要好得多。从那晚开始，以至于在接下来的大约十年里，我不停地玩《俄罗斯方块》（*Tetris*，任天堂，1989）。我放学玩，睡前玩，妈妈带我出去办事时在车里玩，失眠时玩，度假时也玩……如果不是对自己的Game Boy比较爱惜，我可能还会在浴缸里玩。同时，我经常在朋友家里玩红白机（Nintendo Entertainment System）和超级任天堂（Super Nintendo Entertainment System）。我们玩《塞尔达传说》（*The Legend of Zelda*，任天堂，1986）和《超级马里奥》（*Super Mario Bros.*，任天堂，1985），一边讨论策略，一边吃着爆米花等游戏启动。这段逸事的重点不在于任天堂对我童年游戏体验的重要性（尽管任天堂在我的个人怀旧名单上名列前茅），而在于上了初中后，我和朋友们几乎都弃坑了。

对此有几个可能的解释，包括对大多数工薪家庭而言，游戏机的价格上涨过快，以及玩家其他爱好的增加：比如竞技马术、摄影和吉他，但这些都无法完全解释这种转变；毕竟我们的男性同龄人以及哥哥弟弟们依然热衷于新型号的游戏机。回想起来，我和朋友彼时默认了这样的观点：电子游戏不属于我们。虽然雅达利、任天堂和其他游戏厂商最初将其宣传为一种包容的社交活动，但游戏公司越来越多地将目标对准男性消费者——这一做法依据彼时"大多数消费者是年轻男性"这样的研究。20世纪90年代中期，女性只是游戏消费者的一小部分；到了1998年，男性消费者占电子游戏销售额的75%到85%。或许我自己对电子游戏的热情减退并非孤立的事件，而是反映了更广泛的文化问题。

多年来，女性对电子游戏的疏远往往是热门话题。在20世纪90年代中后期，游戏设计师和研究人员开始将女孩和女性在游戏文化中的缺席视为一个重大问题。游戏的性别化不仅限制了游戏公司的市场，还对女性参与新兴的数字文化产生负面影响。电子游戏可以作为早期接触计算机技术的重要途径，而这点与女性在技术领域的显著不足互为照鉴。电子游戏业已成为一种主要的文化形式，女孩和女性在这样一个关键文化领域被边缘化令人忧心。

在《从芭比到真人快打：电脑游戏与性别关系论》(*From Barbie to Mortal Kombat: Gender and Computer Games*)一书中，贾斯汀·卡塞尔（Justine Cassells）和亨利·詹金斯（Henry Jenkins）撰写了一系列探讨女孩和女性在游戏文化和电子游戏产业边缘地位的文章。这些文章还进一步探讨了当时关于为女孩和年轻女性制作专门游戏的舆论是如何增长的。"女孩游戏"运动，正如它后来被称为的那样，生产了许多质量参差的游戏。特蕾莎·邓肯（Theresa Duncan）制作的《杂烩》(*Chop Suey*，磁铁互动工作室，1995)被《娱乐周刊》评为1995年"年度CD-ROM"。布伦达·劳雷尔（Brenda Laurel）的软件工作室紫月（Purple Moon）在被玩具巨头美泰（Mattel）收购前也发布了几款成功的游戏。但即使如《杂烩》这类成功的游戏也很少被人们记住，而且在很多情况下，游戏发布几个月后也难以寻觅其踪迹。这种对"女孩游戏"的忽视反映了对女孩作为玩家身份的忽视。

关注性别与电子游戏的研究者常聚焦于在游戏文化中被排斥女性的玩家。他们借鉴了各学科的成果，我指出了一些导致重塑电子游戏持续面临困难的关键因素。尽管女性占据游戏消费者中的份额越来越大，这些问题依旧存在。我也对女性和女孩在游戏文化中的边缘化感兴趣，但在这个项目中我采取了不同的研究方式。在这本书中，我研究的不是女性和女孩的"被排斥"，而是男性和男孩的"被接纳"的现象。我的研究从一个简单的问题出发：电子游戏何时以及何以被视为年轻男性的专属领域？

为了回答这个问题，我转向电子游戏早期的商业生态和游戏文化。游戏的性别化早在20世纪90年代成为公众关注的问题前就出现了，这一过程并非自然而然。相反，它是由一系列因素导致的：年轻男孩在公共文化中活动与参与的自由度相对更大；计算机和电子游戏技术与军事利益和男性主导的竞技体育结合；电子游戏与暴力主题相联系，以及技术能力与男性气质的长久纠缠。随着20世纪70年代和80年代初期美国游戏产业呈现的爆炸式发展，这种媒介成为人们表达对更广泛文化和经济变化所带来焦虑的切入点。尤其是它加剧了社会对美国男青年在快速计算机化和经济动荡时代成长的担忧。关于电子游戏和游戏玩家的讨论，通常围绕着对美国男青年现状的担忧展开，并反映了这些担忧。电子游戏玩家既以一种需要指导的年轻男性形象出现，也作为一种常被大众文化所使用的角色类型出现；更成为美国男孩应当是什么样的重要讨论对象。

在这本书中，我挖掘了电子游戏的第一个十年里"游戏玩家"作为一种文化身份的发展历史。所谓的黄金时代即从《乓》（Pong，雅达利，1972）的成功发售开始，一直到1983年的大崩溃。在这次崩溃期间，行业销售额从1982年末的30亿美元缩减到1985年的大约1亿美元。这段时间里，游戏变得广泛流行，游戏玩家成为广受关注的人物，这种现象不仅体现在《时代周刊》、《生活》杂志和《新闻周刊》等大众媒体的报道中，也体现在好莱坞电影如《电子世界争霸战》（TRON）和《战争游戏》（War Games）的制作中。

理解这个时期游戏文化和游戏玩家身份的发展，对于理解当代电子游戏的文化政治至关重要。虽然最近的数据表明，当下女性玩家人数几乎占到所有游戏玩家的一半，但女性和女孩在多个层面上仍然处于游戏文化的边缘。这种边缘化不仅体现在女性在游戏开发者中的代表性不足，还体现在游戏社区中普遍的性别歧视以及流行游戏中对女性的过度性化表现。早期的游戏广告宣传一般是吸引所有人的酒吧娱乐，如图0-1所示的《捉迷藏》（Gotcha，雅达利，1973）广告，

图0-1 游戏《捉迷藏》的海报，凸显了该游戏对男性和女性的吸引力

而且至少有些游戏吸引了女性玩家。例如雅达利联合创始人诺兰·布什内尔（Nolan Bushnell）声称《乓》的一半投币收入来自女性。但到了20世纪80年代，游戏与男孩和男孩的青春期联系在一起。探寻这种转变的发生时间和原因便是本书的核心问题。

此处呈现的历史是个案研究，研究一个新兴的媒体如何成为男孩和年轻男性的专属领地。本书讨论了大众媒体的认知和表现，在塑造和限制一种日益增长的文化现象所产生的影响，揭示了其促成因素，同时对现有的争论进行了批判性干预。这些争论过于强调目前游戏与性别之间充满矛盾的关系是一成不变的，而不是具有历史关联性和动态发展中的。笔者将这段历史作为游戏发展中的关键事件，展示了它与当代游戏文化的潜在联系及其带来的启示。随着游戏产业和教育机构致力于解决技术导向型职业领域中的性别不平等，理解这一关键时期显得更加重要。

本书从多个层面入手，研究1972—1985年电子游戏产业的历史发展，同时关注游戏的中介性与表现方式。它不仅仅记录一个如今蓬勃发展行业的兴衰，还探讨那些促使电子游戏被广泛视为年轻男性媒介的因素和事件。书中结合了多种档案资料、流行电影和电视节目，以及一些原始的口述访谈，既考察了最具代表性的游戏玩家和游戏表现方式，也将它们置于历史背景中。书中展示了游戏的表现方式是如何促成人们将游戏玩家视为年轻男性，并展现了电子游戏中最受推崇的方面——个体化竞争和技术能力——那些易被视为某种男性气质的方面。

电子游戏中的性别不平等并非在行业崩溃后的复苏或家庭游戏机崛起时发展起来，恰恰相反，这些历史性的不平等伴随着早期街机游戏商业成功的公共话语和公共实践随即出现。所以大崩溃前的电子游戏产业有着基础性意义，值得认真考察。事实上，早期电子游戏对我们理解游戏作为公共文化有着重要启示。尽管这一时期的电子游戏已经催生了众多流行历史叙述和几部纪录片，成为电子游戏怀旧情感的常见源头。但关于这一主题的学术研究仍付之阙如。尽管学者们的研究成果开始日益增多，以及2013年在蒙特利尔举办的首届电子游戏历史研究国际会议，都表明了学界对此关注的增加，但总体而言，电子游戏史仍是一个新兴领域。本书探讨了"玩家"这一形象在大众想象中的发展，并强有力地论证了此段电子游戏历史重要时期的重要意义及其所带来的持续影响。

本书沿着两个主要线索探讨游戏文化：早期投币电子游戏产业的兴衰，以及游戏玩家身份如何与理想化的青年、男性气质、暴力和数字技术的愿景相结合——我称之为"技术男性气质（technomasculine）"的聚合。理解早期电子游戏的文化历史对于理解现代游戏文化至关重要。为了展示这一时期的文化意义，我通过收集大众媒体报道、叙事媒体、贸易杂志、口述历史等一手资料，甚至还有游戏本身的营销和广告，来考察游戏文化和游戏玩家身份的养成。这些资料揭示了早期电子游戏的表现方式是如何塑造了早期游戏文化，而这又反过来继续塑造和限制当代游戏文化。

各章的安排旨在清晰地提供早期游戏文化中的关键节点。书的开头将街机厅以及街机玩家置于文化、政治和经济动荡的环境中。这些背景信息既为游戏的讨论提供了依据，也成为许多投射到游戏和游戏玩家身上焦虑情绪的来源。接下来，本书考察了早期街机游戏历史中的具体事件，从游戏行业首次大规模道德恐慌开始，逐步探讨其他备受瞩目的事件和趋势。带领读者了解电子游戏如何逐步重塑并缩小受众范围，从早期将街机宣传为广泛吸引大众的设备，到20

世纪80年代初将玩家美化为新一代"聪明的年轻男性",本书解释了这些变化如何将具有潜在颠覆性技术的电子游戏纳入管控,并促成了当代对玩家这一文化原型的成功塑造。

街机厅里的小宇宙

第一章提供了一场关于街机厅的现象学之旅,我们将呈现从口述史、照片、杂志、报纸,到对个别街机的细致观察。在将街机厅重建一种沉浸式环境的过程中,我对街机设备涉及的经济、竞争和游戏行为,以及围绕街机厅的泛化行为展开了思考。更重要的是,我将街机厅所需求的行为视作一个系统,并探讨街机游戏设计中所蕴含的教训。街机厅本身就是一个关键场所,本章为后续章节建立了一个基本框架。

在这一章中,我展示了街机厅游戏如何通过奖励分数、游戏时间、进入后续游戏关卡,或在高分榜上展示排名来规训玩家的游戏行为。街机厅的经济原则引发了20世纪70年代至80年代道德卫士们对街机厅的担忧。这种担忧凸显了街机厅不仅代表了计算机这一新技术的出现，还代表了一个新的、以信用为重的去工业化、服务型经济的出现。不仅电子游戏被理解为模拟，街机厅本身也可视作对新兴经济价值和实践的模拟，这些价值和实践的影响远远超出街机厅鼎盛时期。游戏玩家因其与街机自如互动而成为大众焦虑的对象，同样，街机厅这一空间与颠覆性的新兴文化和经济价值也相互关联。

电子游戏金牌得主

在第二章中，我解构了"世界纪录文化"的重要性，这种文化大量渗透到电子游戏相关的媒体报道中，并塑造了人们的玩乐行为。本章追溯了位于艾奥瓦州奥塔姆瓦的双子星街机厅（Twin Galaxies Arcade）的历史，这里是最著名的游戏纪录圣地。它的老板沃尔特·戴伊（Walter Day）引起了《生活》杂志的注意，该杂志在1982年的"年度图片"特刊中展示了一张在奥塔姆瓦主街上聚集的高分玩家照片——他们全都是男孩和年轻男性。得益于戴伊以及街机游戏从业者为展现游戏的尊严和价值而作的努力，竞赢成为电子游戏主流叙事的关键词。

这种游戏文化的发展并未发生在芝加哥和硅谷等工业中心，反而发生在一些小城市或者郊区，甚至像奥塔姆瓦这样小镇的本地街机厅中。《生活》杂志展示了双子星纪录保持者呈现的一个连贯画面：年轻、男性、技术娴熟、聪明、淘气。这些游戏玩家的形象借鉴了长久以来赞扬男孩技术成就的传统，至少可以追溯到维多利亚时代早期的业余无线电文化，以及全美对青少年智力和身体素质的关注。在这两种情况下，历史上饱受困扰的街机行业成员都从中受益，允许将年轻男性玩家与运动员和技术人员进行比较。街机游戏公司赞助了活动以传播这一形象，甚至举办了奥运选手参加的投币游戏比赛。

在行业和大众媒体的支持下，对年轻男性游戏玩家的颂扬乃至迷恋，促生了一种易于识别的技术型男性原型，这一原型至今仍在报纸和杂志的游戏报道中频繁出现。后续章节将探讨这一游戏玩家原型如何通过对游戏的流行描绘与暴力联系在一起，以及这一原型在叙事作品中的运用。

适应暴力：死亡飞车

将暴力确立为电子游戏的一个关键主题，对于将游戏构建为男性文化生产和消费的领域至关重要，它将电子游戏与历史上由男性主导的文化领域联系在一起，如军事文化和体育竞技。本书有两章探讨了电子游戏作为一种与暴力相关的媒介的呈现，其中第三章是第一部分。该章探讨了1976年由埃克西迪（Exidy）公司的《死亡飞车》（*Death Race*）引发的首次电子游戏道德恐慌。游戏的背景性叙事，包括恶名远扬的电影《死亡飞车2000》（*Death Race 2000*），以及街机机柜上画着的戴兜帽的赛车幽灵，这些图像增强了游戏画面的效果，并使得"让玩家沉浸在横冲直撞行人的暴力盛宴中"的说法更加可信。道德卫士们谴责游戏中的暴力行为，也引发了关于电子游戏是否适合儿童的公共论战。

公众对《死亡飞车》的强烈抗议反而推动了游戏的销售，提升了埃克西迪公司的品牌影响力。从长远看，该游戏为未来的道德恐慌设定了模板，并展示了暴力游戏如何通过广泛激起媒体道德恐慌来提高销量这一过程。本章将这一历史事件视为一个关键节点，当时公众言论将游戏中的暴力行为与现实生活中的暴力行为联系到一起，哪怕没有证据支持这种关联；例如，美国国家安全委员会（National Security Council）坚持认为该游戏会激发现实世界中的暴力驾驶行为，尽管没有证据表明这种情况发生过。暴力和电子游戏在大众认知里紧密相关，这意味着在公共论战中，暴力电子游戏往往代表电子游戏总体。本章通过分析电子游戏作为媒介与暴力的联系，解释了流行文化如何在赞扬游戏玩家的成就以及游戏带来的益处的同时，也暗示游戏对文化和玩家具有腐蚀性作用。

街机厅的无政府状态

许多社区通过区域条例、城管和其他限制措施来抵制街机厅的开设。尽管大部分时候，这些举措反映了人们对投币游戏行业运营的持续限制，该行业长期以来被认为（不论是否公平）一直与有组织的犯罪活动相关联，但随着电子游戏的曝光度不断提高，社会对该行业的敌意再度兴起。同时，该行业试图利用电子游戏对中产阶级青少年的吸引力、"家庭娱乐中心"概念的普及以及其他面向家庭的娱乐场所的兴起，来提升行业形象。这些举措之间的矛盾关系为我们提供了对电子游戏作为公共娱乐形式所带来的风险和价值的洞察。

第四章分析了诉讼案例、地方报纸报道以及投币游戏行业贸易杂志的报道。全章指出，街机厅的诸种弊病同时反映了对投币游戏行业的旧焦虑和对国家层面关于技术、文化和经济变化的新焦虑。我认为，限制滥用电子游戏的举措源于一场关于对哪些活动应当被纳入童年时期，尤其是男孩时期生活的讨论。基于美国最高法院关于街机厅限制的裁决，我认为街机厅在将青少年民权纳入消费者民权的建构中起到了关键作用。

游戏拯救末日：《电子游戏争霸战》和《战争游戏》

在前几章中关于技术男性气质和游戏暴力讨论的基础上，本章分析了与游戏相关的好莱坞电影，这些电影提供了技术男性气质在流行叙事中应用的典型例子：《电子游戏争霸战》和《战争游戏》。这两部电影都聚焦于稚气未脱的游戏玩家主角的冒险经历。他们展示了对计算机技术的精通，并愿意打破既定规则以追求自己的目标。在这两部电影中，关于电子游戏和计算机技术的焦虑被超绝技术力和男性主导的爽文叙事所掩盖。此外，影片中的角色的技术专长和愿意打破规则的行为阻止了重大灾难的发生。这些电影的一直流行表明它们引发的共鸣持续至今，迪士尼 2010 年的续集《创：战纪》（*TRON: Legacy*）尤其体现了这一点。

当然，技术男性气质形象在早期的游戏报道中已经出现，这些电影巩固了这一形象，并传播给广泛的观众。随着比尔·盖茨（Bill Gates）、史蒂夫·乔布斯（Steve Jobs）和马克·扎克伯格（Mark Zuckerberg）等强大科技商业偶像的崛起，技术男性气质已经成为科技行业成功企业家的主导叙事框架。《电子世界争霸战》和《战争游戏》揭示了这个经久不衰的叙事框架的历史背景以及其中嵌入的意识形态。通过分析这些电影，我尝试为当前围绕游戏玩家以及"作为男性的技术"的讨论提供重要的历史背景。

街机厅已死，街机厅万岁

本章探讨了经典街机厅为何以及如何作为怀旧的对象经历复兴。经典街机比赛重新确立了竞赢在游戏文化中的中心地位，同时建立了一个易于参考的经典游戏目录。像新罕布什尔州拉科尼亚威尔斯海滩的 Funspot 这样的经典街机厅，本身已成为旅游目的地。较新的商业模式如布鲁克林的 Barcade 游戏厅酒吧或芝加哥的 Emporium，则依靠对往昔街机厅的怀旧情感来吸引顾客。我并不寻求提供一个统一的解释来说明街机怀旧的兴起，而是提供几个与街机历史和文化地位相关的潜在解释。

我特别关注了千禧年初互联网泡沫破裂之后人们对"黄金时代"街机怀旧情感的兴起。人们将注意力放在街机往昔的繁荣时期，恰逢科技行业最近一次繁荣结束之时，这可能表明人们对新兴经济领域无限潜力的向往。街机娱乐的青春感可能也表明人们对休闲、童年和游戏的渴望。电子游戏的广泛传播也带来了一种可能性，即通过怀旧来回顾游戏历史，是被玩家认可的一种游戏实践。在本章中，我探讨了街机怀旧的潜在解读，并思考了每种解读的文化意义，因为街机的意义会根据提及它的人以及为什么提及而发生变化。

未来就是现在

在最后一章中，我探讨了游戏文化的转变，包括游戏在美国日益普及的现象。电子游戏正越来越多地跨越年龄、种族和性别的界限。随着这种媒介成为主流文化形式和主要文化产业，相关文化政治问题的影响也在不断增加。本章也探讨了围绕游戏玩家身份持续存在的紧张态势，以及关于谁有权参与游戏文化的激烈争论。

本章以近期的事件和趋势展开论述，包括竞技游戏的职业化、遭遇边缘化或骚扰的女性游戏玩家的坚持与抵抗，以及日益受到关注的电子游戏评论家。最后，我认为对游戏文化进行历史化研究，对理解当前游戏面临的问题和前景至关重要。本章论证了游戏的力量和影响力，以及将游戏视为一种主流文化形式的重要性，而非将其视为具有古怪历史轨迹的小众媒介，游戏正日益成为美国文化的中心。

到20世纪80年代中期，整个电子游戏行业陷入了困境。1983年的大崩溃明显改变了行业格局，其向家用主机系统的转变意味着电子游戏行业的街机部分面临严重危机，如图0-2所示，到80年代末，美国

图0-2 1983年5月1日《游戏计量器》封面，嘲讽游戏行业的衰退及其对运营商的影响

的街机厅数量急剧下降。街机热潮的结束并不意味着电子游戏的瓦解，而是融入了日常生活。电子游戏行业在经历崩溃后，其知名度不降反升。尽管街机厅数量不断减少，但那些曾用于为早期游戏玩家辩护的观点，如今依旧站得住脚。今天，游戏玩家一方面被视为书呆子和极客，但另一方面也因其技术能力和解决问题的技巧而受到赞扬。职业游戏圈的兴起，伴随着各方重新将游戏玩家视为"聪明的年轻人"、创业者、创造性思维者甚至是运动员。这种通过男性化的成功话语来定义游戏玩家形象的做法随着游戏跨越不同人群的传播变得越来越强。

本书通篇探讨的游戏玩家身份的历史观念，继续影响着人们对游戏玩家的看法，并成为性别之争的试金石。这种对游戏受众"是什么样以及应该是什么样"的狭隘定义被用来为排斥和骚扰女性及不合群者的行为开脱，也用来为从业人员缺乏多样性的开脱。这两个同质化领域形成了一个反馈循环。在男性主导的行业中，从业者想象一个与他们相似的消费者群体，因此制作出反映他们自身兴趣和经验的游戏；而游戏作为进入行业的切入点，这种生产周期有助于维持现状。

如果行业和游戏文化寻求变化，就必须打破这个反馈循环。改变这一循环需要了解它的生产过程以及它的起源。这正是我关注起源的原因。专业和行业组织以及游戏设计教学对改变游戏文化表现出了浓厚兴趣，但如果我们要使游戏文化变得更加包容且不那么反动，就必须了解它最初是如何发展的。将流行的游戏玩家观念历史化，并分析这些观念的文化政治，对当代游戏文化的批判性干预奠定了基础。

研究游戏史既是一个正在发展的领域，也是一个持续的任务。它不仅包括职业历史学家的成果，还包括以保护为导向的游戏设计师和其他行业专业人士、收藏家、档案管理员、玩家和粉丝的成果。或许没有什么事件能像2014年4月在新墨西哥举行的"雅达利大挖掘"那样能充分展示这一点。2014年4月25日，我从芝加哥登上飞往得克萨斯州埃尔帕索的飞机。到达那里后我租了一辆车，开了大约140公里到达新墨西哥州阿拉莫戈多，这里是传说中的雅达利垃圾场所在地。那天晚上，我在当地Game Stop（游戏零售商）的停车场参加了一个社区聚会，同"积极游戏倡议"的同事们以及电子垃圾与游戏领域专家雷福德·吉恩斯（Raiford Guins）见面。我们派发了热狗和汽水，发布了公告，介绍了当地市长。孩子们排队玩一张原版的雅达利《E.T. 外星人》（E.T.，1982）游戏卡带。那里有抽奖券和奖品，有年轻的家庭和成群的青少年。摄制组举着吊杆式麦克风四处走动，时不时把各类人也包括我在内拉到一旁进行了简短的采访。这是一场只有一个活动亮点的微缩版小镇节日。第二天，一支队伍将开掘那个声名狼藉的垃圾场。

那天晚上，我去了当地的沃尔玛，买了瓶装水、防晒霜、一顶便宜的帽子和一堆头巾，因为有人叫我要注意防尘。第二天一早，我早早到达现场，加入不断壮大的观众队伍中（见图 0-3）。我发现自己站在一群年轻人（来自埃尔帕索的大学生）和一个来自附近新墨西哥城镇的家庭之间。我们在等待时聊着天。大学生们带来了一个摄像机，那个家庭带来了折叠椅。随着等待时间的增加，父母派两个儿子去附近的麦当劳买汽水。

当我们最终被允许入场时，主办方派发了纪念T恤和水壶，并引导我们穿过便携式厕所，来到橙色塑料围栏后面的指定观赏区。在时间推移中我们观察、等待。持续的挖掘声伴随着时不时传来的公告以及《头号玩家》（Ready Player One）的作者恩斯特·克

图0-3　参加2014年"雅达利大挖掘"的人排队超过了1小时（作者拍摄）

莱因（Ernest Cline）驾驶着一辆德罗宁汽车现身。但最主要的还是阳光、灰尘和垃圾。尽管我戴着头巾，遮住了脸和嘴，把帽子压得很低，但还是和那里的每个人一样，被灰尘呛到了。多层防晒霜也没有避免晒伤。随着挖掘工作的进行，这变成了一场耐力考验。人群逐渐稀少。最终，队伍里有人开始挖出一桶桶雅达利的商品。这里并不是传说中《E.T. 外星人》卡带的"大墓地"，而是数十种游戏标题和大量硬件的异质混合，而且包装保存得相当完好。

到 2014 年 4 月 26 日挖掘行动展开时，垃圾场不再是一个谜团，但它仍是一个传奇。雅达利在关闭其在埃尔帕索的设施以及随后倾倒几乎毫无价值的商品中催生了不少民间传说，这也是古因斯（Guins）潜心研究的课题，其中包括对瑞奇·琼斯（Ricky Jones）的采访，他年轻时曾在雅达利垃圾场里寻宝。如今挖掘结束，考古学家们将对他们发现的东西进行筛选和分类，这将催生更多的研究课题。正如他们所论证的那样，阿拉莫戈多垃圾场文物的重要性不在于它们的价值——它们并不珍贵，大多数可以在易趣（eBay）或二手游戏商店以几美元的价格轻松买到，而在于它们的历史和文化背景。

这种文化背景正是我在过去一直致力于研究的。当我从阿拉莫戈多开车回到埃尔帕索机场，我的嗓音嘶哑，皮肤被晒伤，这次旅行感觉像是这个项目的尾声。这次机会让我得以窥见一个字面意义上的挖掘，也为我多年来通过档案、访谈和在游戏厅中度过无数小时来挖掘同样的文化背景画上了一个合适的句号。阿拉莫戈多的挖掘有着多重意义：这是一次游戏历史成为公共景观和国际新闻的时刻，也体现了公众对电子游戏历史日益增长的兴趣。对于文化历史学家来说，见证这一时刻令人兴奋。在阿拉莫戈多的挖掘中，我看到了这样的暗示——或许这种挖掘本身也能成为值得关注的对象。电子游戏历史是一个新兴领域，仍有许多挖掘工作等待我们完成。

第一章　街机厅里的小宇宙

玩在文化前沿

跟所有文化形式一样，电子游戏也有自己的起源神话。其中一个神话大致是这样的：1972年，诺兰·布什内尔在他的公司雅达利发布了《乓》，这是第一个取得商业成功的游戏。雅达利将这款电子化的桌球推销至酒吧、保龄球馆、台球厅和那些有闲有钱的成年人钟爱的娱乐场所。随着雅达利和其他公司推出海量游戏，包括《太空侵略者》(*Space Invaders*)（太东株式会社，1978）（见图1-1）、《海狼》(*Sea Wolf*)（中途岛，1976）和《大蜈蚣》(*Centipede*)（雅达利，1981）这样常青的游戏，这些长得像柜子的电子游戏机，开始在老商业街取代别的投币娱乐设备，同时也填满了为它们而开的新街机厅。有趣的是，常在台球厅徘徊的皮衣朋克们对这些玩意并不感冒，反而技术宅对它们青睐有加。电子游戏对这些年轻人的影响引发了大众的道德忧虑。埃克西迪公司的《死亡飞车》中的暴力内容，引发了大众第一次对电子游戏的恐慌。当然，恐慌不仅没有抑制年轻人的热情，反倒激发了他们的更多兴趣。

图1-1　在加利福尼亚州圣克鲁斯的一家街机厅里，有两个人看着第三个人玩《太空侵略者》（艾拉·诺温斯基拍摄，1981年或1982年，斯坦福大学图书馆特藏与校史档案部提供）

到了20世纪80年代早期，从《生活》杂志到《纽约时报》，主流媒体都在报道有关青少年的时髦新闻，街机厅业已成为美国购物中心、商业街和小镇店面的常客。这些报道将电子游戏与其他流行文化比如嘻哈音乐放在一起讨论，或将其置于新兴商业和技术实践的背景下讨论。当然，这也引发了大众对游戏文化影响孩子心理乃至生理的担忧。总之，许多人认为街机厅的辉煌不过昙花一现。

1983年，家用和街机系统的电子游戏制造商遭遇了第一次行业滑铁卢；游戏名不副实的标题、粗制滥造的内容以及市场竞争的加剧等诸多问题导致了这场行业崩溃。尽管整个行业在家用游戏市场的增长以及任天堂等国际公司创新驱动的影响下再次繁荣，但大多数街机厅却并未因此恢复元气。不过短短数年，曾自豪拥有众多街机厅的城镇，如今只剩下洗衣房或酒吧一角还残余几台脏兮兮的机器。某种意义上，街机回到了它最初成功的地方，而排满机器的街机厅似乎只是历史的偶然。

时至今日，尽管电子游戏文化的重要性与日俱增，但作为一种物理空间的街机厅仍是以怀旧对象、娱乐噱头或宅男圣地而存在。即使新的街机厅开张，依旧需要这些老旧形式来引流。

方才介绍的历史是极度简化的，换言之是当下大众媒体中十分流行的爽文版本，而本书将为讨论这段叙事提供一个详细且复杂的版本。如今，作为一个庞大的娱乐产业，电子游戏的利润时常超越好莱坞；而作为一个竞争激烈到足以建立完整职业赛事的产业，电子游戏也成为一个拥有自己的标准、专业组织、教育学位和游说团体的成熟行业。[①]电子游戏的媒介史提供了对行业演变的洞见，而电子游戏的文化史，则阐明了一套文化信仰的演变，且这种信仰在数字时代显得至关重要。随着有线一代让位给无线一代，随着数字原住民成为文化精英，我们正见证着20世纪70年代和20世纪80年代街机文化中那些显而易见价值观的提炼与升华。

一如游戏行业本身，那些在大崩溃前已建立的概念，比如游戏和玩家"能够怎样"与"应该怎样"并未随崩溃消散，反而流传至今并持续影响着社会对青年、男性气质和科技的看法。了解草创时期的游戏文化如何持续影响今天，对理解当代数字文化的基础大有裨益，这不仅包括数字娱乐媒介，还包括日常事务的数字化。毕竟，街机厅在电脑普及到办公室、教室和家庭前，已经让成千上万的年轻人接触到了计算机技术。街机厅当然可以作为一个尘封的遗迹，一个让三四十岁的人怀旧的空间，但更重要的是，它不仅作

---

① Yi, "They Got Game."

为一种游戏模式持续存在，还作为一种经济决策方式和文化价值观存在。

街机游戏的机制强调个性化竞争、丝滑的操作以及一种常被比作"赌博"的消费方式；它还强化了若干关于男性气质的主流观念。随着美国转向由技术驱动的服务型经济，上述价值观得到了更为广泛的传播。某种意义上，我们仍然处于街机时代；街机文化所蕴含的价值观融入了我们日常生活的价值观，甚至影响我们的工作模式和理财习惯。街机厅自是年轻人的娱乐空间，但它更是座训练场：一代人在那里邂逅计算机，见证计算机时代玩耍、工作和生活的意义。

本章将带你游览一个想象中的黄金时代街机厅，汲取了真实街机的历史（见图 1-2）、现存的街机机柜、媒体报道、街机老板与玩家的采访，还有我个人的经历，既是 80 年代末一个孩子在街机厅玩耍的经历，也是成年人在过去十年里探索美国各地街机厅的经历。离我家最近的街机厅是阿拉丁城堡（Aladdin's Castle）①，我和我的兄弟一直玩到购物中心的声誉急转

---

① 位于威奇托福尔斯（Wichita Falls）的阿拉丁城堡（Aladdin's Castle）曾在赛克斯森特购物中心（Sikes Senter Mall）营业，该店于 20 世纪 90 年代后期关闭。

直下——传言有毒贩在街机厅后的角落交易。我经常光顾得克萨斯州奥斯汀和芝加哥的街机厅，也参观了美国各地的街机厅，比如加利福尼亚、伊利诺伊、新罕布什尔、俄勒冈、纽约和华盛顿等。

图1-2　旧金山的39号码头长期以来将投币游戏作为该地区景点的一部分（出自艾拉·诺温斯基1981年至1982年间拍摄的街机照片集。由斯坦福大学图书馆特藏与校史档案部提供）

与分析单个街机游戏不同，我将这些机器当作对象——作为具有启发意义的玩具，并探索它们所处的文化和经济环境，既包括街机厅的直接地理环境，也包括从70年代中期到80年代初期美国的历史和家国概念。这次游览为讨论街机厅的意义提供了背景，在这里，计算机成为文化，男孩成为男人，模拟成为一种生活方式。我们通过这个假想的空间旅行，并非一路投币，从一台机器移动到另一台，而是从一个概念移动到另一个概念，单独探索街机厅的关键组成部分：视觉、声音和游玩。在这里，想象的街机厅既是对过去的缅怀，也是通往我们所熟知的后现代——也就是当下的向导。它是一个我们曾经到访过，并且正身处其中的地方。

当我们从概念层面穿越街机厅，便是面对文化的数字化，这一过程改变了从银行业到教育，再到电影制作和电视观看等一切实践，同时也促使我们对金钱的作用进行批判性思考。这次游览，我们考察街机厅的基本商业结构，提供一种关于电子游戏作为公共商业实践的历史视角，这种实践不仅涉及单个的游戏玩家/消费者，还涉及制造商、分销商、街机厅老板、街机操作员以及在产业内外工作的其他人员。早期的电子游戏是一系列消费行为，但同时涉及机器的生产、市场营销和分销——所有这些都影响了游戏的形式，并塑造了对游戏早期成功至关重要的消费者行为。

尽管投币式产业有着悠久的历史，包括维多利亚时代的娱乐设备如活动电影放映机（Kinetoscope）、自动售货机的发展，以及点唱机和弹球机等流行娱乐形式，但电子游戏突然引发的热潮却极为不同寻常。在短短的几年内，电子游戏作为投币式娱乐形式迅速普及（见图1-3）。这种游戏对男孩有足够的吸引力，使

图1-3 这张1983年的代币广告显示了投币游戏的广泛流行，包括来自可口可乐、假日酒店和必胜客等知名品牌的代币

他们成为这一娱乐形式最大的消费者，这一点也让电子游戏区别于早期的投币式技术。许多道德卫士对电子游戏的强烈反应，不仅源于许多玩家的年龄较低和这一媒介的新奇性，还与投币式娱乐的悠久历史有关——这些娱乐形式经常充当赌博机或提供低俗窥视秀的工具，并屡次受到法规限制或禁令。因此，电子游戏成为一个社会和文化忧虑的交汇点：一方面是对青少年接触商业化娱乐的担忧，另一方面是对新兴技术的焦虑，以及更广泛的文化和经济转型所带来的焦虑。对街机这一历史场所的讨论需要理解其作为一种物理空间的意义，因此探索要从塑造街机体验的物理与感官现象开始。

视 效

街机厅以奇特的视觉效果吸引顾客，它的招牌往往以霓虹灯伴着卡通字体醒目示人，通过窗户或开着的门就可以看到里面机器闪烁着光芒。最受欢迎的机子周围挤满了围观者，有的人可能在机柜顶部放个硬币来占位置。大部分空间的荧光灯都调得比较暗，以便突出阴极显示屏的亮度，让屏幕的光芒照亮玩家的脸庞。游戏机柜展示着闪光的海报，用鲜艳的橙色和黄色展示着名称，试图用星际机器人、长腿卡通角色或者奇异生物的形象吸引人。没人玩的机柜里游戏处于展示模式，展示最高分、游戏名称以及短暂的实机画面，向你无尽谄媚。巨大的猿猴抓走女孩并冲到屏幕顶端；像素化的外星人一步步入侵地球。屏幕上交替的图像使房内的光线也一同变换闪烁。

如果这是一个特别时髦的80年代街机厅，机柜可能完全主导了这个空间；而在一个较老的街机厅中，弹球机可能沿着一面墙排开或者占据一个角落，或许还有台球桌。在这种情况下，年长的玩家可能会沉迷于台球或弹球，留给年轻玩家的则是新颖的街机。离门较远的地方，兑奖券机正在挑战玩家滚球和打地鼠的技术，或"鼓励"他们试试推币机。偶尔有人击中头奖，推币机便吐出一长串奖票，但通常奖票一次不会吐太多——滚球得200分换一张票，超过240分才能换两张票。

沿墙摆放的玻璃柜上是福米加（Formica）台面。塑料玩具、文身贴、心情戒指和糖果填满了柜台。标签写着需要多少张奖券。最豪华的奖品摆放在柜台后面的架子和挂钩上。超大号毛绒熊和毛绒狗用眼睛茫然地凝视着熙熙攘攘的玩家。棋类游戏、跳绳和经典的玩具似乎不如遥控车和其他顶级奖品吸引人,一些奖品放了太久以至于包装顶部落了层灰。柜台的另一端卖罐装汽水和薯片,当然还有花生、Funyuns洋葱圈和M&M's豆。尽管街机厅卖汽水,但员工却以锐利的目光盯着任何一个敢把汽水放机器上的人,他们指示违规者把喝一半的可乐扔掉,或放到一张没人去的野餐桌上。

经理戴着一串挂满钥匙的铁环巡视四周,他打开机器补充奖券、解决卡币的问题,偶尔也放弃修理,叫一名员工用复印纸做个提示——往往用黑色记号笔写个"停止服务"贴到机器上。商场保安在巡逻时会经过街机厅,父母时不时进来接孩子,孩子们可能是父母办事时安置在这里的,又或许是在放学的路上"误入歧途",有时家长会连哄带骗地让孩子离开这些吸引人的游戏;有时则屈服,又递过去一把零钱,并警告说半小时后爸妈就会回来。

声 效

想象一下你走进街机厅的场景。随着机器的闪烁和轰鸣，玩家们猛击它们，硬塑料按钮在机壳上发出啪啪声。换币机洒落出的代币像嘈杂的雪崩，年轻的员工将它们分发到塑料杯中。你几乎可以在看到游戏画面之前就能听到它传来的疯狂节奏。这里不可能安静；即使在午后无人光顾的寂静时刻，机器仍在无人照管下继续运行，它们的MIDI文件在无限循环中播放着数字化的音频，老式机器则发出 8 位音频的"嘟嘟"和"哔哔"声。[1] 角落里弹球机发出撞击与咔嗒声，那是机械时代残留的余音。其他机器发出的声音往往更奇怪，比如通过Votrax芯片随机语音合成产生的Q伯特（Q*bert）的声音。也许街机厅员工正在通过广播系统进行通告，抑或是一群孩子在街机厅中心附近的长桌旁唱着生日歌。这些声音混合在一起加快着节奏。街机

---

[1] 最初的MIDI标准制定于 1982 年。MIDI 规范允许电子音乐作品在不同的合成器上播放，这样在一种合成器上创作的音乐作品可以在其他类型的合成器上以一致的音质播放。参见 Pisano,"MIDI Standards."

厅里的对话简洁高效，穿插在游戏关卡之间的停顿处。

这种喧哗声与商场内播放的轻音乐混杂在一起，背景音乐若有若无地飘来，让你想起不远处百货商店的宁静。那里有香水柜台、皮鞋和手袋特卖。有西装、领带，有当家的责任或成年人的日常。当然，还有保安，他们会好意地提醒你：不要游手好闲。

游　玩

你正在街机厅里，从口袋中拿出一个25美分硬币。选择一台游戏机，也许是《吃豆人》（*Pac-Man*，南梦宫，1980），或者是《大蜈蚣》，或是《大蜜蜂》（*Galaga*[①]，任天堂，1981）。选哪台并不重要。你将硬币投入投币口，机器发出轻微的金属声将其吞下，随即游戏从展示模式中醒来，切换到游戏模式。你要保护星球免受外星人的侵略，避开追逐的幽灵，吃掉樱桃，躲避滚下的木桶……也许你只能坚持60秒，或是在从未玩过的游戏中一命通了一关证明自己还有点

---

① 尽管画面极为相似，但*Galaga*并不是我们熟知的《小蜜蜂》（*Galaxian*），所以此处为区别翻译为《大蜜蜂》。

儿天赋。总之你还会再来一次，然后你"死"了。屏幕上出现了顶尖玩家的排名，这些玩家比你更优秀，他们不会在短短的 45 分钟就花掉 12 美元硬币，而你知道接下来会发生什么：第二关，第三关……你在冷气中汗流浃背，再来一次，再来一次，直到最后一个硬币被投币口吞下，你用力敲打着机器，结果手被打得生疼。你觉得自己很蠢，但没人关注你。他们都忙着看那边机器下方的小孩，他只用一个硬币却稳稳地玩了一个小时。此时你或许已经玩够了准备离开，或者你会留下，用 5 美元纸币换更多的硬币装满了口袋。你去打双人对战，也许赢了，也许输了。也许时间不早了，你这才意识到自己又忘了做数学作业。

游玩经济学

或许你像许多玩家一样从未去过街机厅——至少不是早期的街机厅——因此对刚才那种体验感到陌生。又或者你在我描述的地方度过了童年时光继而感到破防。虽然我小时候玩的街机厅直到 20 世纪 90 年代中期才关闭，但 1983 年的行业崩溃却敲响了美国街机业漫长而痛苦的丧钟。导致崩溃的原因很复杂，总之是多种因素共同作用的结果，包括行业的普遍衰退和快速通货膨胀（见图 1-4）。随着越来越多的玩家从街机厅的公共空间转向家庭私人空间，插上了雅达利 2600、英特威利（Intellivision）等早期家用游戏机，或启动了个人电脑，街机厅机器吞下的硬币越来越不值钱，这又加剧了硬币数量的减少。

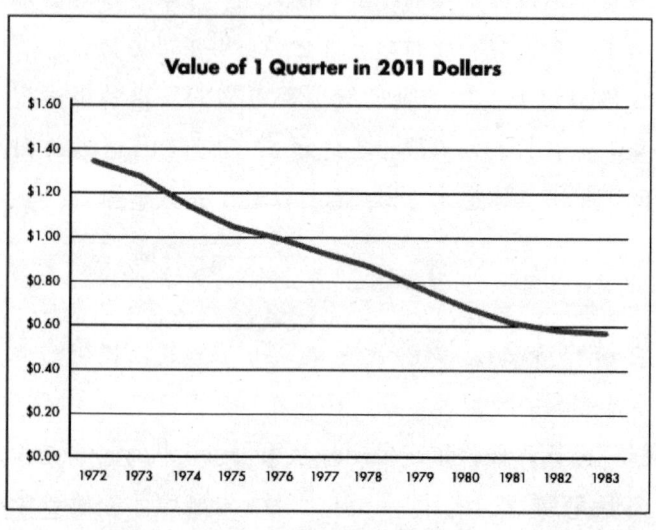

Value of 1 Quarter in 2011 Dollars

图1-4 20世纪70年代的通货膨胀是一个显著的问题，尤其对于依赖标准化硬币定价的行业来说尤为严重。从1972年到1983年，25美分硬币的价值大约减半。数据来源于劳工统计局提供的消费者价格指数计算器

玩街机游戏是很烧钱的，尤其是对经验不足的玩家来说尤其明显。当我 2008 年在奥斯汀北部的电影院里第一次将 25 美分硬币投入《大蜜蜂》机器时，我的钱仅仅换来了 65 秒的游戏时间。我记得自己之前并没有玩过《大蜜蜂》，因为在我可以被父母放在购物中心度过无人监管的几个小时的时候，那里唯一的街机厅已经没有过时的《大蜜蜂》了。我是一个萌新。第一局游戏持续了 65 秒，紧接着的第二局仅持续了 55 秒。在那一轮游戏中我总共玩了十局，游戏时长从 50 秒到 136 秒，平均时间仅不到一分半。15 分钟内我就花光了 2.5 美元。由于通货膨胀，2015 年 15 分钟的实际成本明显低于 1981 年游戏刚问世时相同时间的成本，即使两种情况下投入的硬币数量相同。

我提到自己玩《大蜜蜂》的经历，并不是为了讨论这款游戏的具体细节，而是为了引出投币式街机游戏所需求的消费者支出。虽然我承认自己是个《大蜜蜂》苦手，但大部分在游戏刚推出时就开玩的玩家也未必表现得更好。即便我在《大蜜蜂》中的表现极其糟糕，我的平均游戏时间仅为正常水平的一半，但游戏的价格依然不容小觑，每小时的游戏费用可能在 8 到 12 美元之间。可以假设一下，街机玩家会随时间推移提高技能并延长游戏时间（即使我在玩《大蜜蜂》的短短时间里技能也有所提高），但要做到这一点需要在游戏中投入大量资金。玩街机游戏需要钱，而通过不断练习提高技能并变得熟练需要更多的钱。街机游戏的成本就像前几代投币式娱乐项目的成本一样，备受道德卫士的质疑，同时也将这些游戏置于新兴的娱乐和体验市场中。

接下来，我将探讨街机在这一市场中的地位，审视早期投币式电子游戏机和早期投币式电子游戏街机厅所蕴含的经济价值。这些游戏让玩家逐渐适应计算机，既让他们在新兴的服务经济中充当劳动者——计算机成为职业的核心地位，也培养他们在日益放松管制的市场中充当投资者或者参与者。它们将年轻一代引入计算机作为日常技术的世界，恰逢工作场所大规模的计算机化。这种计算机化的转变也反映了男性气质理想观念的必要转变。例如，通常技能是区分社会经济阶层的重要因素，而这种区分常常带有性别特征，而服务经济的崛起加剧了这种性别区分。R.W.康纳利（R.W. Connelly）总结了这些变化并指出，当阶级排斥与种族主义相结合时，如同在种族隔离制度下，可能使这一系统变得尤其残酷：

> 在劳动技能被削弱和工作临时化的情况下，工人阶级男性越来越被定义为仅拥有体力……而中产阶级男性则越来越被定义为技能的承载者。这一定义得到了劳动力市场强大历史性变化的支持，尤其是学历主义的增长，而学历主义与沿着阶级界限进行筛选和晋升的高等教育体系息息相关。[①]

在这种新兴体系下，从游戏中获得的潜在技术能力成为一种强有力的防御手段，提供了社会经济地位上升和中产阶级尊严的可能性。或许这些游戏的确在教授某种有价值的东西。

然而，这种教育功能也使得电子游戏受到质疑，因为它们带来了一套新兴的价值观和实践方式，而这些似乎与现有的文化规范和理想格格不入：它们推崇个体化的竞争而非组织化的竞争；将信用，尤其是消费者信用，视作日常经济生活的一部分；将新奇娱乐的加速传播视为主要的消费类别；赞美那些与技术尤其是与计算机相关的能力。街机厅所要求的竞争模式以及更广义的电子游戏文化中所推崇的竞争理念，与

---

① Connell, *Masculinitie*, 55.

20世纪中叶的"组织人（Organization man）"成功模式相悖。在这种模式中，即便是最成功的个体也是通过公司或军事机构成名的。在关于美国男性气质历史的全面研究中，学者迈克尔·金梅尔（Michael Kimmel）指出，20世纪70年代也就是电子游戏的早期时代，正是一个特别的危机时期。金梅尔认为，反对越南战争的动员是代际冲突的一部分，"这是男性气质危机日益加剧的核心表现"[1]。这种危机在外交关系中体现为三位美国总统——林登·约翰逊、理查德·尼克松和罗纳德·里根——对男性气质的不同表述和焦虑。与20世纪中叶的男性气质观念相比，竞争性电子游戏更接近后工业时代高度个体化的劳动市场，这种市场如同康奈利（Connelly）所描述的那样，推崇个人成就与技能的胜利，在这里，劳动者以顾问、承包商和自由职业者的身份履行工作职责。

由于游戏玩法具有意识形态和教育价值，并在培养技术劳动力方面发挥作用，因此无论是单个游戏还是游戏场所都成了道德卫士的焦点，这些改革者的标准反映了现存社会规范，而非处于转型中社会的新兴

---

[1] Kimmel, *Manhood in America*, 267.

价值观。关于特定电子游戏在道德和经济层面影响的争论，不仅是那些试图监管游戏的道德卫士的核心话题，也成了许多学者的研究重点，这些在史蒂文·J.柯什（Steven J. Kirsh）、劳伦斯·库特纳（Lawrence Kutner）以及谢丽尔·奥尔森（Cheryl Olson）等研究人员的工作中得到了体现。[①]

在讨论《模拟人生》（The Sims）时，史蒂文·普尔（Steven Poole）指出，《模拟人生》潜在的政治问题可能是无法避免的："或许不可避免的是，作为颓废的晚期资本主义的产物，大多数电子游戏，无论有意还是无意都会反映出相同的价值观。"虽然普尔的论点针对一款游戏，但许多游戏不仅在游戏玩法和叙事层面，而且在它们所鼓励的经济和文化实践类型上，都展现了晚期资本主义的文化价值观。特别是，20世纪70年代和80年代的投币式电子游戏在引导年轻人进入新兴的消费模式和经济行为方面处于独特的地位，它通过之前描述的付费游玩（pay-for-play）街机环境得以实现。

这种特定消费体验和价值观的引导值得进行批判

[①] Kirsh, *Children, Adolescents, and Media Violence*; Kutner and Olson, *Grand Theft Childhood.*

性探讨，尤其是它能揭示许多道德卫士对电子游戏所产生（并持续存在）的紧张反应。尽管人们很容易将对游戏的负面反应视为道德主义者的杞人忧天，但这样做是不公平的，无论是对那些希望电子游戏远离儿童的人，还是对游戏本身。忽视潜在的道德卫士，就是在忽视那些正在变化且很可能以危险方式变化的民间标准。虽然这些参与讨论的人从长远来看未必都正确，但考察这些文化冲突中所提出的问题和使用的修辞，可以让我们深入了解那些通常有着深远影响的"乡绅"（如家长教师协会主席、家长、牧师）的关切，即使他们本人并没有什么实际名声。主张电子游戏不是一个值得严肃关注的社会问题，就是在否定它的文化重要性。正如杰斯珀·尤尔（Jesper Juul）指出的，"游戏是一种学习体验，玩家在学习游戏的过程中提升自己的技能"。我在本章中提出，这一观点无论在个别游戏层面，还是街机厅及其周遭文化环境层面上都是正确的；玩家不仅在内容层面提高了学习游戏的技能，还提高了在这些游戏所运行的价值体系中运作的能力。同样，我认为道德主义者对电子游戏的担忧源于对新兴价值体系的焦虑——这一价值体系以个人成功、技术能力、信用，以及娱乐和新奇事物上消费为特征。

电子游戏并不是第一波成为潮流或引发文化焦虑的新奇娱乐方式。投币游戏和街机也并非计算机时代的独有产物；查尔斯·费伊（Charles Fey）在1895年制造了第一台老虎机，而第一款投币式弹球游戏可以追溯到1929年左右。这两项创新都起源于美国，并且在投币游戏和赌博之间建立了清晰的历史联系。虽然老虎机的核心功能一直是赌博，但到1934年，一些弹球机也被设计成可以提供现金奖励。然而，并非所有的投币技术都能与赌博产生联系。美国早期流行的电影技术，如1894年托马斯·爱迪生（Thomas Edison）推出的投币式电影放映机——活动电影放映机，这些技术同样也时常被人们怀疑。尽管投币娱乐在世纪之交后成为游乐场和海滨步道的主打项目，但它们始终是道德卫士攻击的目标。无论是赌博机还是奖励机制不那么明显的娱乐设施，各类街机都具有服务于其拥有者或经营者积累财富的经济功能——这也是图1-5中的广告核心主题。然而，机器实现这一目的的效率取决于多个因素，如机器的摆放位置和每天开多久，这些都是经营者可以控制的因素，还有一些经营者无法控制的外部因素。经营者可以通过调整机器的摆放位置或种类来应对个别机器的受欢迎程度，但包括通货膨胀在内的更广泛的经济波动则难以应对。

图1-5 这是1983年Music-Vend（一家投币设备分销商）发布的广告，它运用了一个关于25美分硬币的双关语，并展示了一款镶满硬币的蛋糕

即使是对游戏成本的粗略分析也能揭示出通货膨胀对20世纪70年代和80年代投币行业的影响。图1-5显示了在电子游戏热潮期间，25美分硬币作为投

币行业的基础货币单位持续贬值的情况。按 2011 年美元的通货膨胀计算，最初玩一局 25 美分的投币游戏实际成本远超 1 美元，1977 年才降至 1 美元以下，然后在 1981 年稳步下降到 1972 年价值的一半以下。虽然一些游戏设计师试图通过将游戏费用提高到 50 美分来解决这个问题，有时机器还提供了让经营者调整成本的选项，但通货膨胀对投币行业的影响是深远的，热门电子游戏经营者尤其沉重，因为技术上最先进的机器通常需要最高的初始投资。而游戏价格往往受机器和其设置的物理限制，这使得对旧机器进行改造以接受更高价格变得困难；即使是新机器价格也只能以 25 美分为单位增加，或通过安装新的投币器来实现。

布什内尔和泰德·达布尼（Ted Dabney）于 1972 年创立了雅达利，明确定位其为一家电子游戏公司，但早期的电子游戏制造商是新成立的公司和老牌制造商的混合体。新成立的公司如雅达利和埃克西迪，主要或专门生产电子游戏，而像巴利（Bally）和罗克-奥拉（Rock-Ola）这样的老牌制造商则有生产其他类型投币式机器的历史，包括台球、桌上冰球和点唱机等酒吧娱乐设备。如今，电子游戏无疑已经成了一个独立的产业,但在最初阶段,它们很大程度上是其他产业的衍生品,包括投币行业、电视行业和计算机软件行业。虽然现在开发用于主机和家用电脑的游戏主导着行业,但投币游戏最初既证明了其财务可行性,也展现了其高度的流行性。事实上,由于投币式电子游戏通常由生产早期投币娱乐设备的公司制造,这些游戏机通过原有的网络进行流通,而这些网络原本就是为早期投币机器分销提供支持。

分销商从制造商那里购买机器,然后将它们租赁或出售给运营商,运营商将机器放置在酒吧、餐馆、保龄球馆、洗衣店或街机厅等场所。场地所有者和运营商通常按五五开或四六开的比例分配机器带来的收入。影响分成比例的因素包括特定机器的初始成本、其受欢迎的程度以及特定场所的吸引力。这两方将分配机器带来的收入,机器运营商负责机器的维修和维护,场地所有者承担机器日常运行的成本。街机厅老板有时会直接购买机器,这意味着他们可以获得更高比例的收入转化为利润,因为他们不必与运营商分成。然而,这种做法通常被视为对行业运营的干扰,可能会将分销商和那些将机器租赁给运营商的人排挤出市场。无论行业争议如何，机器收入的分配都促成了电子游戏集中在街机厅的趋势，因为集中的机器更易于由巡视操作员或街机厅老板进行维修和维护。完全拥有机器的街机厅老板将比在非街机场所经营机器的个人获得更高的单机财务回报，因为老板不需要与场地分成。[①]

在电子游戏刚刚出现时，其他投币式技术设备如香烟售卖机、汽水售卖机、自动点唱机、弹球机、桌上足球和台球等也在市场上被广泛使用。虽然这些设备都是稳定的收入来源，但它们对消费者的吸引力远不及电子游戏那么强大。电子游戏对长期经营者来说利润丰厚，无疑也吸引了其他人进入这一行业，因为持续的媒体报道使得游戏看起来像是快速致富的途径。吸引年轻客户的机会意味着现有的经营者可以扩大市场；游戏行业一方面吸引年轻人，另一方面也试图通过家庭娱乐中心和其他健康向上的商业场所，使自己看起来更加正规和受尊重。专业街机厅出现的部分原因是许多现有的投币娱乐设施，比如酒吧，因其不良形象被认为不适合青少年进入。在街机厅里，电

---

① "Bernstein Report", 92.

子游戏成了吸金主力，而不是像在大多数场所中那样只是次要的收入来源。此外，面向全年龄段的街机厅使得经营者接触到比成人场所更广泛的群体。电子游戏也促成了"家庭娱乐中心"的兴起，这些中心除了提供投币娱乐设施，还设有卡丁车、击球笼或迷你高尔夫等其他吸引人的项目。

从酒吧到家庭娱乐中心和街机厅的场所变化推动了电子游戏受众的转变。无论是成人还是儿童，都会在街机厅外的公共空间偶然接触到早期的电子游戏——例如在洗衣店因为无聊而尝试一局游戏。而街机厅中的游戏则不太鼓励这种随意的互动；街机厅本身就是目的地，电子游戏（或与电子游戏相关的社交）是进入该场所的主要原因。街机厅吸引了那些已经知道自己喜欢电子游戏的玩家，同时也吸引了对电子游戏感到好奇的休闲玩家和路人，这种情况在坐落于商业街和购物中心（见图 1-6）的街机厅中尤为普遍。当代对经典街机厅的描绘往往将它们视为男性主导的空间，但这只是部分真实的情况。布什内尔表示，雅达利公司《乓》游戏的投币收入中有 40% 来自女性，我采访的几位游戏玩家和街机厅老板也表示，虽然女性玩家在街机玩家中是少数，但她们仍然占有

图1-6 20世纪80年代，本杰明·斯通在密苏里州圣路易斯的格雷豪恩汽车站玩《大金刚》游戏

相当大的比例。①《星际街机》(Starcade)电子游戏竞技节目的参赛者约20%是女孩和女性。对街机顾客的研究显示，街机厅中有相当数量的女孩，既有玩家也有旁观者。②1981年盖洛普（Gallup）青少年调查发现，93%的青少年玩过电子游戏，性别差异很小：96%的男孩和90%的女孩表示他们"玩过电子游戏"，而1%的男孩和9%的女孩承认每周玩两个小

---

① Watters, "Player."
② "Starcade"; Kiesler, Sproull, and Eccles, "Pool Halls, Chips, and War Games," 451-462.

时甚至更久。[①]

这种对街机玩家性别构成的记忆差异可能反映了电子游戏的受众随时间推移而发生的变化。也许游戏集中在专门的街机厅减少了女性玩家的数量,因为这些游戏被移到了迎合青少年男孩的场所。游戏《乓》的女性玩家比例异常之高,可能是因为其最初被放置在酒吧而非街机厅。各个街机厅的顾客构成也很可能存在显著差异。多位受访者在谈及街机厅中的性别分化时猜测,女孩和女性大约占玩家的 25%。[②] 可以肯定的是,街机厅中确实有一些女性玩家。青少年的社交习惯可能也在街机厅的记忆中起到了作用。大量研究表明,年轻男性在同性社交互动中参与度较高;这可能意味着即使有女孩在场,街机厅中的男孩主要还是彼此互动。[③]

虽然街机厅可能对不同类型的顾客有不同程度的吸引力,但游戏费用无疑也影响了谁会玩这些游戏,就像它影响了谁拥有这些游戏以及这些游戏被放置在

[①] Gallup, "Gallup Youth Survey," 100.

[②] 2011 年 6 月 17 日,作者采访蒂姆·麦克维;2011 年 6 月 16 日,作者采访辛迪·图普斯。

[③] Kimmel, *Manhood in America*, 7-8, 26; Messner, *Power at Play*, 14-15.

哪里一样。单次游戏相对较高的成本促使了电子游戏的迅速传播，因为精明的经营者看到了可观的利润。1977年，联合工业公司（Amalgamated Industries）北得克萨斯分部的一则广告吹嘘道："许多机器每周的收益超过100美元"——相当于今天的近400美元。[①] 这篇广告暗示，街机可能为将其放置在合适地点的人打开快速致富的大门；合适的地点包括鸡尾酒酒廊、高档餐厅、游艇俱乐部、大学学生中心和高尔夫俱乐部会所等，这表明游戏的目标受众是有可支配收入的成年人和年轻人。1982年一篇文章将单台街机的平均周收入定在更保守的90美元，而一台新机器的投资大约为2500美元。根据这些数据，以及假设场地所有者和运营商均分利润，那么一台收入平均的机器仅在一年多的时间里，即使与场地所有者分成之后，也能为运营商赚回初始投资并开始盈利。当然，这些利润的承诺可能被夸大了以吸引投资者。

随着电子游戏在街机厅聚集，并在青少年中拥有大量受众，那些担心街机厅存在潜在危险的人认为高昂的游戏费用是个隐患。20世纪80年代初的众多文

[①] "真是暴利。"——作者注

章记录了城市和乡镇试图扼制电子游戏的举措，这些文章经常指出青少年在玩游戏上的花费。我采访的几位玩家坚称，他们在玩电子游戏上花费并不是父母给的，而是通过做家务、捡瓶子换押金或送报纸等零工赚来的。[①] 这并不一定表明他们非常富有，但确实表明了一定程度的经济稳定性：由于这些玩家有可自由支配的收入，他们能够负担自己的游戏费用，因为他们的收入不需要支持整个家庭的收入。游戏的费用对谁能够玩，以及他们可以在游戏上花费多少时间和金钱有了明确的限制。曾在艾奥瓦州奥塔姆瓦的双子星系工作过的马克·霍夫曼（Mark Hoffman）表示，他因对计算机的兴趣让他在街机厅找到了一份工作，而后才对游戏产生兴趣的——因为这份工作给了他无限游戏的特权；即便作为青少年他也认为在游戏上花钱是浪费的，部分原因是他的家庭社会经济状况。[②]

[①] 2009 年 6 月 17 日，作者采访乔什·盖廷斯；2009 年 6 月 18 日，作者采访马克·霍夫曼；2009 年 6 月 17 日，作者采访蒂姆·麦克维。
[②] 作者采访马克·霍夫曼。

玩转言论自由

毫无意外，虽然青少年玩家意识到自己在游戏上花了钱，但他们往往将这些收入视为真正的可自由支配的收入，并不担心总体开销。然而，当成年人观察这些玩家的消费习惯时却将其视为一个严重的社区问题。许多社区组织起来反对街机厅。一些城镇对街机征收高额税款或要求昂贵的许可证，这使得运营商不愿意扩大机器的投放。禁令和限制是另一种常用策略，其中一些限制了单个场所的机器数量，从而有效地阻止了街机厅的开设。在得克萨斯州梅斯基特市，与限制电子游戏传播相关的法律诉讼表明，电子游戏是如何被认为是对正确使用时间和金钱的一种威胁。在1982年2月关于美国最高法院决定推迟对"梅斯基特市诉阿拉丁城堡公司案"（City of Mesquite v. Aladdin's Castle, Inc.）裁决的文章中，《洛杉矶时报》的一位记者总结了这一冲突，并指出"市民和官员抱怨青少年在游戏上浪费时间和金钱"[1]。电子游戏的批

---

[1] Abramson, "Game Parlors Face Curbs."

评者迅速指出玩家在街机厅外从事的反社会行为,并暗示游戏助长了他们的犯罪行为。关于纽约市林布鲁克(Lynbrook)限制街机厅开设的一篇文章也提到市民的担忧:

> 居民们表示,这些以电子声效和闪烁灯光吸引玩家的街机厅已经成为吵闹的青少年聚集地,这些人喝很多啤酒、乱扔垃圾且破坏附近居民的财产。[1]

这些游戏还被指责鼓励林布鲁克的青少年逃学,这一担忧在其他试图限制街机厅扩张的城镇和社区也有所呼应。在暗示街机厅助长青少年犯罪的过程中,这些社区实际上是在攻击街机厅本身。关于街机厅影响的担忧——青少年几乎无人监管,他们将钱花在垃圾食品和愚蠢的游戏上——重申了几十年来伴随着街机的文化担忧。约翰·卡森(John Kasson)在他关于康尼岛历史的著作中大量记录了这种对休闲和青少年的焦虑。街机厅可疑的历史将其与世纪之交的商业娱乐联系在一起,其中包括娱乐场所、电影院和街机厅——这

---

[1] Kasson, *Amusing the Million*, 98-100; Peiss, *Cheap Amusements*, 180-181; Rosenzweig, *Eight Hours,* 192, 203.

些场所经常充斥着让许多中产阶级改革者不满的污秽画面。他们不仅对街机吸引低级趣味表示不满,还反对其诱使人们远离家庭,浪费金钱在无聊的消遣上。[①]

最终,法院裁定梅斯基特市的条例违宪,该条例限制17岁以下未成年人在没有父母或监护人陪同的情况下玩投币式电子游戏。法院的判决依据是,电子游戏应当受到言论自由的保护。[②] 美国最高法院认为,该条例违反了第一修正案的言论自由权和第十四修正案的正当程序条款。尽管最初抱怨这些游戏的梅斯基特市居民认为这些游戏可能构成了某种暴力煽动,但法院却没有表现出任何将其视为暴力煽动的意思,随后也一直拒绝限制未成年人接触暴力内容。此外,在讨论梅斯基特市法规及美国各地社区采取的类似措施时,常常提到暴力仅是冰山一角,更广泛的担忧包括"浪费"宝贵资源(时间和金钱),考虑到这一点,原法令的意图变得清晰起来。限制青少年接触投币式电子游戏的规定旨在迫使他们更明智地使用时间和金

---

① 梅斯基特市诉阿拉丁城堡公司案,455 U.S. 283(1982)。
② 随后的一些法院案件也得出了类似的结果。2011年,美国最高法院裁定加利福尼亚州禁止向未成年人销售或出租"暴力"游戏的法律无效。在布朗诉娱乐商协会案的裁决中,法院采用了与之前案件类似的论述,但同时明确保护了青少年接触"暴力"材料的权利。

钱——以更符合老一代社区成员的价值观。

虽然这场诉讼表面上涉及阿拉丁城堡公司，但法院实际上不仅支持了阿拉丁城堡公司，也支持了梅斯基特市以及其他试图禁止游戏玩家的城市和社区的青少年。法院的裁决不仅保护了电子游戏作为言论自由的权利，还保护了娱乐公司向儿童销售娱乐产品的权利，以及儿童在无须父母或监护人干预的情况下购买媒体的权利。鉴于青少年在美国通常处于边缘化的法律地位，这种权利的赋予尽管是间接的，但在承认未成年人权利方面具有重要意义。

此外，这一裁决毫不隐讳地认可了晚期资本主义关于消费自由是一项基本公民自由的主张。这标志着与现代主义言论自由观念相比，发生了显著变化。现代主义的言论自由观念通过淫秽物品审判①［如1957年的"罗斯诉美国案"（Roth v. United States）］得以阐述，此案关注的是作者自我表达的权利与印刷商和分销商传播这些材料的权利；以及伯克利自由言论运动，该运动坚持学生有权在校园内进行政治示威，并将其

---

① 指争辩"淫秽色情"内容在何种程度上属于言论自由的保护范畴，这是美国司法实践中重要的讨论。——译者注

视为知识和学术自由的一部分。[1]虽然这些类型的言论行为依然存在，并在公共话语中持续引发争议，但像"梅斯基特市诉阿拉丁城堡公司案"中言论自由的讨论，并不关注这些早期现代主义对言论自由意义中作为核心的淫秽、知识、创作自由等问题。相反，它们关注的是销售和消费的权利，往往很少认真关注材料的内容。随后，基于暴力而试图限制向未成年人分发游戏的尝试也被法院驳回，法院拒绝干预，理由是关于暴力内容对未成年人影响的研究尚无定论。通过法律系统限制青少年接触电子游戏的早期尝试之所以失败，主要是因为与自由市场直接相关的新自由主义论点非常有效；当这一现象置于历史背景下时，这种对以往言论自由辩护的偏离就变得不那么令人惊讶了。

在劳动力危机中扔掉 25 美分

街机游戏的早期阶段，从 1972 年《乓》的成功推出到 1983 年电子游戏行业的崩溃，正值美国经济

---

[1] 罗斯诉美国案，354 U.S. 476（1957）；Cohen, "Many Meanings," 1-54.

的重大动荡。更大的经济趋势和危机推动了消费者在微观层面的经济决策。这些危机包括石油危机、国际金本位制的终结以及传统共运的衰落。1973年10月,阿拉伯石油输出国组织(OAPEC)发起石油禁运,随后在1974年,石油输出国组织(OPEC)将石油价格提高了四倍。这两起事件导致1973—1974年冬季汽油和取暖油短缺,并引发了更广泛的能源危机。[①]美国从越南撤军也发生在1973年,而越共的崛起似乎一度预示着美国外交政策和美式民主的重大失败。[②]尼克松在1971年终止了美元与黄金的兑换,这一决定是对美国经济衰退和显著通货膨胀的回应,同时多个国家要求美国兑现承诺,将他们的美元兑换成黄金。此举终结了将国际金本位制与美元价值挂钩的布雷顿森林体系。[③]

特别是金本位制的废除,切断了货币与有形商品之间的联系,明确地将资本抽象化。消费者更愿意且更容易放弃抽象化的资本,这一点几乎为每个拥有信用卡的人所认同。大卫·哈维(David Harvey)指出了

---

① Biven, *Jimmy Carter's Economy*, 155.
② Towle, *Democracy and Peacemaking*, 179.
③ Frum, *How We Got Here*, 290-302.

消费文化中的两大变化："大众市场（相对于精英而言）中时尚的推广提供了一种加速消费步伐的手段，不仅在服装、装饰和装潢方面，还涵盖了更广泛的生活方式和娱乐活动（休闲和运动习惯、流行音乐的风格、电子游戏和儿童游戏等），以及消费模式"从商品消费转向服务消费——不仅是个人、商业、教育和健康服务，还包括娱乐、演出、各类活动和消遣项目"。[1] 这两种趋势缩短了支出的时间，加速了消费，并推动了从工业生产型经济向服务型消费经济的转变。

这些转变并非无缝丝滑，它们引发了极大的不稳定，影响了工人及其家庭的日常生活。这种不稳定通常表现为显著的经济衰退，依赖工业部门稳定盈利的工人和社区面临裁员和关厂。20世纪70年代的一大特征是经济停滞，经济学家欧内斯特·曼德尔（Ernest Mandel）在《晚期资本主义》（*Late Capitalism*）中表示，这种经济停滞是不可避免的，因为前几年的全球经济繁荣已达极限。[2] 美国公司的盈利能力在20世纪60年代达到顶峰，然后进入了长达15年的持续衰退

---

[1] Harvey, *Condition of Postmodernity*, 285.
[2] Mandel, *Late Capitalism*.

和停滞状态。全国经济增长显著下降：在连续30年保持年均超过4%的增长率后，1969年增长率仅达到2.6%，然后在次年骤降至-0.3%。在整个20世纪70年代，增长率平均仅为2.87%。同时，国家的通货膨胀率翻了一倍多，在1971年攀升至5.3%，而在20世纪50年代和60年代的年均通胀率仅为2.5%。[1]

经济衰退对制造业的打击尤为严重，工厂大规模裁员，这些工厂曾是许多社区的经济支柱。劳动历史学家纳尔逊·利希滕斯坦（Nelson Lichtenstein）也指出，战后的繁荣期已彻底结束："到20世纪80年代初，它们（利润）大约比前一代减少了三分之一；在制造业部门只有大约一半。"虽然经济还在增长，但年增长率处于较低水平，实际工资停滞不前。此外，大多数工人的工资不只停滞不前，随着劳动力的扩大，年轻男性工人的实际工资下降了25%。[2] 这种经济动荡对男性产生了特殊影响，正如金梅尔总结的那样，"他们越来越不再将男性气质表现为养家糊口和保护家人之上，而更多地表现为消费者，成为'装饰品'"。[3] 因此，早期玩投

---

[1] McCraw, *Prophets of Regulation*, 237.
[2] Lichtenstein, *State of the Union*, 213.
[3] Kimmel, *Guyland*, 17-18.

币式电子游戏的年轻男性群体处于似乎前所未有的经济风险之中，他们的收入能力下降，失业率上升，同时被诱导将消费作为寻求自我表达和获得满足感的方式。虽然焦虑的道德卫士难以理解电子游戏作为一种休闲活动的吸引力，但对许多年轻人，尤其是年轻男性来说，游戏不仅是进入计算机文化的途径，还提供了一种令人着迷的休闲活动，让他们有机会竞争且获得认可，仿佛能暂时脱离渗透于工作和家庭生活的经济现实。

投币式电子游戏行业的兴起不仅伴随着娱乐服务支出的迅速增加，还伴随着对新奇娱乐需求的显著增长，这与从现代性向后现代性的转变密切相关。弗雷德里克·詹姆逊（Fredric Jameson）指出，1973年，即第一款成功的商业电子游戏发布的一年后，正是后现代性和晚期资本主义作为主导文化和经济形式出现的时刻。[1] 根据哈维和詹姆逊的观察，在一个后现代、去工

---

[1] 参见：弗雷德里克·詹姆逊，《后现代主义》，第20-21页。在 *The Origins of Postmodernity*（《后现代性的起源》）一书中，佩里·安德森提供了对后现代性这一概念及其运用的更广泛历史化分析。安德森指出，该术语至少可以追溯到20世纪30年代，但他同样认为，后现代性作为一种现实的文化和经济现象的兴起是在20世纪50年代及其后。事实上，他引用的50年代之前对该术语的使用多带有贬义，指代那些"不够现代"的事物，而后现代性作为一种被觉知的知识和美学实践，则是在70年代逐步形成的（第4-24页）。

第一章　街机厅里的小宇宙

业化的经济中，游戏作为商品流通是合理的。而游戏商品化转变使得其所需的财务支出在老一辈看来有着巨大风险。劳动力市场的变化加剧了人们对年轻人经济行为的担忧，尤其是找不到工作或收入能力下降的年轻男性。关于青少年游戏行为的讨论频繁地指向财务和时间成本，正是因为许多美国人面临经济压力，导致他们更加担心年轻人的勤奋程度和就业能力。电子游戏可能只是哈维所指出的"娱乐、景观、活动和消遣"中的一种，但它无疑是最具新意的，因为它不仅反映了投币娱乐技术的发展，还体现了计算机技术日益增长的影响力。这种新颖性提高了电子游戏的知名度，也成为那些关注青少年价值体系建构之人讨论的焦点。

从弹球机到后现代性

几十年前，在现代主义时代的巅峰，弹球机扮演了类似的文化角色。弹球游戏作为商业投币式娱乐项目首次出现在 20 世纪 30 年代初，但弹球机的"黄金时代"直到战后美国经济快速增长期才真正到来。1947 年至 1967 年，美国人的实际工资翻了一番，许多人获得了前所未有的经济稳定和财富。[1]弹球机的兴起与20世纪中期福特主义生产与消费原则在美国的扩张相契合。这种扩张促进了制造业就业和收入的增长，同时提供了日益丰富且经济实惠的消费品，从汽车家电到服装家具。虽然亨利·福特（Henry Ford）早在1914年实施"每日工作8小时，时薪5美元"时就基本确立了这些原则，但福特主义作为一套更广泛的实践，直到二战后才获得认可。

阶级关系和监管方式的转变，加之因郊区发展而导致的人口分散，使得福特主义生产与消费方式得以迅速推广。[2]战后时期还见证了青春期作为一个既定发展阶段的形成。正是在大萧条时期，由于缺乏适合的工作，大多数青少年特别是年轻男性才开始上高中。托马斯·海因（Thomas Hine）将青少年的"黄金时代"界定为从二战前的25年延续到越南战争开始之时，那时青少年的经济安全和文化关注度大幅下降。[3]战后时期的青少年是重要的消费群体；像后来的电子游戏一样，弹球游戏是他们用来消磨时间和花费金钱的一

---

[1] Lichtenstein, *State of the Union*, 99.

[2] Harvey, *Condition of Postmodernity*, 125-129.

[3] Hine, *Rise and Fall of the American Teenager*, 141, 225.

种有争议的方式。

弹球的黄金时代以围绕游戏价值的公共争论以及纽约和洛杉矶等城市对弹球机的禁令为标志,这些城市认为其对道德秩序构成了威胁。[1]沃伦·苏斯曼(Warren Susman)认为,弹球机是一种特别适合那个时代文化的娱乐方式:

> 弹球机是机器时代的理想玩具,滚动的小球通过一系列障碍钉,如果撞到钉子玩家就能得分,然而"请勿倾斜"的警告极大限制了玩家干扰小球随机动的机会。[2]

苏斯曼对弹球机的评价是,它所体现的游戏理念是那个时代的产物。这些机械娱乐设施具有教育功能,通过与设备进行身体和心理的互动,灌输玩家文化价值观。弹球机的文化价值既反映了其在面向最广泛受众大量生产的那个时代的文化价值观,同时也在传播这些价值观。

玩具具有教育意义。如茶具、模型车和玩具吸尘

---

[1] Sharp, "Peep-boxes to Pixels," 278-285.
[2] Susman, *Culture as History*, 197.

器让孩子们参与到成人世界中，邀请他们模仿年长家庭成员的任务，并让他们熟悉成人生活的各种活动。这些玩具大多允许开放式游戏。虽然大多数成年人会认为一个五岁的小女孩拿到一套茶具后，可以用这些物品为她的洋娃娃或朋友假装举办一场茶会，但她也可能把这些物品堆成一座塔，把它们砸在墙上，或以其他方式与玩具的预期用途相悖。而正如苏斯曼所描述的那样，弹球机并不太容易实现这种开放式玩耍，因为游戏本身限制了玩家对游戏结果的干预程度。弹球游戏所能提供的教育比一套蜡笔或橡皮球所带来的学习体验要狭窄得多，但也更加受控。

几十年后，投币式电子游戏机在两个层面上展示了类似的有限游戏原则——一是在游戏程序规则允许的游戏层面，二是在硬件篡改的可能性层面。在基本的游戏规则层面，正如尤尔所指出的，许多早期街机电子游戏是进程性游戏而非涌现性游戏，这意味着游戏的玩法有实际限制。进程性游戏是指通过特殊规则按顺序"串行"呈现挑战的游戏。[1] 这类游戏通常只有一种模式，也就是说存在一个最佳的正确的游戏方式。

---

[1] Juul, *Half-Real*, 56.

进程性游戏通常比涌现性游戏更容易通关或被击败。这就是为什么比利·米切尔（Billy Mitchell）可以打出一局"完美"的《吃豆人》。而涌现性游戏则是指"规则相互结合以产生变化"的游戏。

虽然一些经典街机游戏，尤其是《乓》，本质上是涌现性游戏，但它们对游戏变化性仍有显著的结构限制。例如，如果在双人《乓》游戏中，有一名玩家拒绝移动他的球拍，游戏会立即结束——这是玩家在花了25美分的游戏中不太可能想要的结果。因此，即使在更具涌现性的投币式电子游戏中，游戏也会限制玩家违反设定目标的可能性，因此许多早期电子游戏如果不按照其设定进行操作就会终止。讨论游戏《魔域帝国》（一款文本冒险游戏），1977年—1979年被设计成《魔域帝国》（*Zork*），随后被拆分为三款游戏，由Infocom在1980年发布；第一部分被称为《魔域帝国Ⅰ》，也被称为《魔域帝国：伟大的地下帝国——第一部分》（*Zork: The Great Underground Empire—Part I*），随后是《魔域帝国Ⅱ：弗罗博兹巫师》（*Zork II: The Wizard of Frobozz*）和《魔域帝国Ⅲ：地牢大师》（*Zork III: The Dungeon Master*）时，特里·哈波尔德（Terry Harpold）总结了这一原则，即"表现不好就是玩得不好",他还指出游戏本身不会允许与其设定目标相违背的游戏类型。[1]像弹球机一样,大多数电子游戏都是在公共娱乐场所游玩,由企业而非个人拥有。这一因素限制了人们对机器的物理改动或技术篡改,此外,家中存放街机是核心玩家的身份象征,他们致力于维护游戏的完整性,从而也维护了他们游戏分数的可信度。通过玩家和媒体对"最佳"玩家给予关注所培养的"世界纪录文化"引发了关于单个游戏纪录可信度的问题。第一位电子游戏裁判沃尔特·戴伊曾表示,双子星系(Twin Galaxies)作为电子游戏记录的仲裁机构,其作用便是基于公平性和对各类游戏预期目的的认知来制定游戏规则。[2]总体来说,电子游戏的形式和所有权归属限制了可实现的游戏类型,而这些限制通过竞技游戏中特有的文化因素得到了进一步强化。

这些限制有着多种实际目的,最相关的是它们创造了一种公平竞争的玩家认知,同时也确保游戏在规律且通常较短的时间内结束,从而保证玩家购买到的游戏时间都相对较短,而那些希望长时间玩的玩家不

---

[1] Harpold, "Screw the Grue," 96-97.
[2] 2009年6月17日,作者采访沃尔特·戴伊。

得不继续投入金钱。大多数新手玩家都会面临这种情况，类似于我第一次挑战《大蜜蜂》时所经历的情况，即花很多钱并不一定是为了完全掌握游戏，而只是为了足够了解游戏的规则和节奏，以便能玩一两分钟以上。在街机厅的经济模式中，最熟练的玩家花最少的钱，他们的游戏往往可以持续数小时。被称为"马拉松"的破纪录游戏时长通常超过 24 小时。花极少的钱来获得数小时的游戏时间是一种非凡的能力，而这能力又因以下事实而变得复杂：虽然它使玩家在某种意义上"战胜赌场"，保住了他们的钱，但他们只能通过遵守游戏规则并追求与大多数运营商和场地老板相悖的目标来实现这一点。1984 年，蒂姆·麦克维在戴伊的双子星系街机厅中是第一个获得 10 亿分的人，他在《贪食蛇》①（*Nibbler*）上的几次马拉松游戏都被街机厅的员工中断了。员工强制让长时间占用机器的玩家离开的常见做法就是简单地切断电源。由玩家或游戏之外的因素导致的游戏中断，是设计者无法预料的，也超出了游戏内置的规则系统。

在游戏本身的控制世界中，哈波尔德的论点"表

---

① 一个玩法与《贪吃蛇》几乎一致的游戏。

现不好就是玩得不好"有助于说明一个观点,即优秀的玩家对规则非常熟悉。他们是街机厅和所玩游戏的文化、经济和社会标准的最佳遵循者。虽然打败庄家的冲动使玩家与运营商对游戏经济目的的看法相冲突,但玩家只有通过成为优秀的游戏高手这种方式才能打败赌场——通常要经过长时间的游戏才能做到。街机厅教给玩家的重要一课是——只有一种玩法,即使可以用各种策略玩游戏,玩家也只能通过遵循游戏设定的规则来维持游戏时长。一个人越照着规则玩,他花的钱就越能获得回报。玩家玩得越久,得分就越多,他在街机厅充满竞争的社交环境中的影响力就越大。游戏中的优越性,与在其他领域表现出的优越性一样,是展示支配地位和获得社会影响力的机会。在电子游戏和弹球游戏中,这种优越性是由个人积累的,而不是由团队或其他组织获得的。投入投币口的钱是一种投资。玩家们认为,他们花了钱不仅得到一个玩游戏的机会,更能得到一个提升自我、成为名人的机会,以及一币打数个小时的技能。

在竞争性电子游戏中,遵守规则的必要性在某种程度上表明,电子游戏在其影响上本质上是保守的。然而,要说电子游戏是保守的,那也只是在某些特殊情况下如此。例如，玩家和游戏开发者对技术进步和新奇事物的共同痴迷，使得游戏与保守主义相冲突，后者试图维持传统的童年观念以及抵制技术变革，即使现在对经典游戏兴趣的日益见长提供了有趣的范例。此外，热衷于将个体竞争视为最有价值的游戏方式并未排除合作游戏的发展，也未阻止围绕电子游戏形成活跃社区的发展。20世纪七八十年代的大部分电子游戏使得年轻玩家与道德卫士的价值观相冲突，这表明了游戏的颠覆性潜力。特别是电子游戏竞赛和技能的高度个体化似乎预示着自由职业和合同工为主流工作模式的兴起。

表面上，关于街机社会和文化价值的争论经常集中在它们鼓励"浪费"金钱上。这些关于娱乐消费轻浮性的论点，如前所述并不新鲜。商业娱乐总是伴随争议，正如剧院、小说和索尼随身听等媒体形式一样。然而，关于街机电子游戏的争论恰好发生在美国从现代主义经济向后现代主义经济转型的关键时刻。20世纪七八十年代光顾街机厅的青少年是第一批在这种新文化中成长起来的人。塑造他们的世界不仅充满数字娱乐，而且还被服务型经济所笼罩。这个世界对计算机化日益重视，也强调消费文化在自我表达和满足中的重要性。许多成年人对青少年在街机厅花费数小时和无数硬币的前景感到不安,这种不安在光顾这些娱乐场所的青少年看来无疑是愚蠢的。事实上,回顾这些担忧往往显得荒谬无稽,只不过是又一批由代际差异引发的抱怨。代际差异曾从裙摆长度、小说,到MP3播放器和手机等无不如此。

在电子游戏的例子中,这种冲突发生在大规模文化变革和经济动荡的时刻。在看似对新娱乐技术的应激性处理背后,是对文化秩序发生剧烈变化的深刻不安。1982年,当最高法院最终裁定"梅斯基特市诉阿拉丁城堡公司案"时,法院认为该市对街机游戏的限制不仅违反了得克萨斯州宪法,还违反了美国宪法。[1]最直接的影响是法院的决定削弱了地方和州政府限制青少年游戏的能力。更抽象地说,法院将电子游戏作为言论自由加以保护,以及不禁止儿童购买游戏,标志着消费行为成了受保护的对象。这种把消费行为作为公民权利保护的做法标志着社会经济向稳定消费经济的转变。在这种新模式下,选择的自由往往意味着购买的自由。法院的裁决生动地表达了这一模式的含

---

[1] 梅斯基特市诉阿拉丁城堡公司案,455 U.S. 283(1982)。

义：个体身份逐渐与消费产品和行为联系在一起，而围绕购买权利的争论——即使是对儿童以道德关怀的名义提出的争论，也显得越发陈旧。

如果进入街机厅意味着接触新兴的价值观和实践，那么问题不仅在于谁有权享受这种相对昂贵的休闲活动，还在于谁能接触到计算机化的第一波浪潮，以及哪些孩子将为他们成年后所面临的劳动力市场做好万全的准备。詹姆斯·保罗·吉（James Paul Gee）、伊丽莎白·R.海耶斯（Elisabeth R. Hayes）和T.L.泰勒（T.L. Taylor）等研究人员认为，从这个角度来看，电子游戏的性别化仍然是解决科技及相关行业中女性代表性不足等问题的关键，因为这些游戏为青少年提供了接触计算机技术的入口。[1] 接触这类早期电子游戏（尽管现在看来很初级）的重要性丝毫不减。事实上，其重要性或许更高，因为这一时期在塑造游戏文化及公众对游戏和玩家的看法方面都发挥着关键作用。随着电子游戏成为一股重要的文化力量，它在大众媒体上得到了广泛报道，这有助于巩固人们对谁在玩游戏以及为什么玩游戏的看法。将电子游戏斥责为轻浮的

---

[1] Gee and Hayes, *Women and Gaming*; Taylor, "Becoming a Player," 51-66.

消遣忽视了玩家从中学到的真正经验,"有效"地扼杀了关于为什么某些群体不玩游戏的讨论,且更大的隐患在于难以或无法接触电子游戏的一代人,如何在未来面对由计算机化主导的市场,而这些又会产生什么深远影响。

同样,投币玩《大蜜蜂》和《乓》游戏的青少年不仅是在玩游戏,还在学习文化与价值观,这些价值观将帮助他们在一个去工业化的工作环境中生存和发展。而这些对他们的父母来说,就像20世纪的福特生产线和叮当作响的弹球机对爷爷奶奶来说一样陌生。

从个体层面上讲,投币式电子游戏是对这些新实践的启蒙教育,让年轻人通过实践学习,并为他们参与新经济做好准备——首先是作为消费者,最终是作为公民和劳动者。许多父母和道德卫士对街机厅兴起的反感并非源于对技术本能的不信任,更多是源于对影响整个美国文化和经济变革的深层焦虑。

电子游戏街机厅在其鼎盛时期为了生存而发生了演变:它现在可能以娱乐综合体的形式存在,如戴夫与巴斯特(Dave & Buster's)风格的场所;或以"经典街机厅"的形式,利用复古的游戏机吸引怀旧的X

世代（Gen Xers）；以及布鲁克林的"游戏厅酒吧"等为曾经在那里或希望曾经在那里的人提供的聚会场所。从某种程度上说，这种"余生"代表了游戏回归其起源地——酒吧，这些游戏曾经被宣传为成人消费者的新奇娱乐项目。1972年的游戏的吸引力在于其十足的新颖性，而当前这些变体中的新颖之处实际上都是怀旧的光环，是流行文化中复古元素的魅力。那些曾经代表着新事物侵入世界的游戏，现在反而象征着我们过去的纯净、简单。街机仍然是最早广泛传播的流行计算形式之一，使《太空入侵者》等游戏得以运行的电路板是许多人第一次接触到的计算机；如今看起来古雅的机器，曾经是如此的新颖而光彩夺目。

本章所讨论的街机代表了文化史上一个引人注目的时刻，它与计算机时代的新奇感、日益增长的娱乐、消费冲动以及美国经济和劳动力市场的重塑紧密相连，而在街机厅玩耍意味着参与新兴的文化实践。许多成年人看到孩子们一个接一个地将硬币投入闪烁的机器中感到不适，这是对孩子们被引入一个拥有不同价值观时代的应激反应。街机厅是一个训练场，培养了不同的消费、劳动和文化模式，也培养了一群认同这一新时代价值观的年轻人。如今，许多美国人正按照他们第一次在商场街机厅中遇到的规则过着自己成年后的生活；街机厅向玩家早早介绍了这些价值观，使他们准备好在技术导向的服务型经济中劳动，并在管制高度放松的市场中作为投资者或玩家参与其中。

电子游戏的广泛传播以及将年轻男性作为主要消费目标，使这些游戏格外具有威胁性。道德卫士对青少年花费大量时间玩电子游戏感到不安，实际上反映了他们对这些广泛的文化和经济转变的担忧。孩子们并非在负面的价值观中成长，而是被培养成了新经济时代的"土著居民"；那些在"公司人"时代、福特主义生产模式和储蓄账户时代下长大的成年人，目睹着年轻人在快速的职业变动、轻松的信贷时代中成长。游戏厅里的竞争，充斥着 8 位画质的暴力场景，以及诱惑玩家在一口气花掉两周的零花钱，这些都显得格外不健康。虽然街机厅中的各类游戏只是科幻和卡通场景的模拟，但街机厅本身则是对消费者、劳动者和公民所面临的那些普遍的经济价值观的模拟。

第二章 电子游戏金牌得主

双子星系与竞赢游戏的热潮

社会对街机厅给青少年带来的影响感到担忧,这种担忧反映了对技术、经济和文化变革的担忧助长了人们对电子游戏以及如埃克西迪公司1976年推出的《死亡飞车》这类游戏的攻击。当然,人们对这一新兴媒介和文化的反应并非完全消极。尽管道德卫士担心电子游戏的暴力内容和投币式街机厅的贪得无厌,但早年间适应了街机的成年群体和大众媒体则从更加积极的角度看待电子游戏文化。游戏设计师和公司因其创新精神和创业精神受到赞扬,玩家则经常被描绘成天赋异禀、武德充沛的年轻男性,他们的顽皮与冲动反而进一步证明了他们的聪明才智和创造力。然而,这些相互冲突的看法,与其说是对游戏定论性的叙事,不如说是多样的解读方式。

本章探讨了这些解读如何从游戏史上最重要的图像之一中产生的:这是一张刊登在《生活》杂志1982

年"年度图片"特刊中的世界顶级游戏玩家的照片（见图2-1）。接下来，在简要介绍这张照片的历史，以及这次街机精英聚会的地点——位于艾奥瓦州奥塔姆瓦的双子星系街机厅后，本章分析了照片中显而易见的几条代表性线索，包括性别、技术、运动素质、青年与美国国家身份，推动了一种对年轻男性玩家的理想化，一种不仅在新兴游戏文化中，而且在更广泛的文化背景下都具有的理想特质——这种理想化有助于缓解人们对电子游戏的忧虑。

图2-1 由恩里科·费罗雷利（Enrico Ferorelli）在美国艾奥瓦州奥塔姆瓦拍摄的标志性照片

尽管这张照片表面上是聚焦于玩家，但它展示了作为一个社会群体的形象，一群聪明的年轻男孩既站在新技术的前沿，又像小镇的棒球队或橄榄球队一样亲切。这张照片的创意来自电子游戏企业家沃尔特·戴伊，他是双子星系街机厅和后来双子星系计分板（Twin Galaxies Scoreboard）的创始人。戴伊花了几周时间向《生活》杂志编辑部推销这个概念，他说服记者道格·格林兰（Doug Greenland），让他相信自己在双子星系街机厅聚集世界顶级电子游戏玩家的愿景，是在"年度图片"板块中代表电子游戏的一个绝佳方式。格林兰和摄影师恩里科·费罗雷利受《生活》杂志的委派来到了奥塔姆瓦，并在市中心进行了拍摄。这张照片最终成了备受人们喜爱的文化纪念品出现在街机厅中，并作为时代记忆的标志出现在有关街机时代的纪录片中。该照片对街机文化的重要性如此之大，以至于2005年在奥塔姆瓦举办了一次重聚活动，戴伊和一些照片中的玩家参加了此次活动，这次重聚是为了制作《追逐幽灵：街机之外》[*Chasing Ghosts: Beyond the Arcade*，2007；导演：利肯·鲁奇蒂（Lincoln Ruchti）]，该纪录片完全聚焦于照片所描绘的街机黄金时代。

然而，除了唤起街机世界，这张照片还为我们提供了一个窗口，让我们了解流行媒体如何想象游戏和玩家，以及街机厅老板和其他游戏行业成员如何努力将游戏展示为健康的娱乐形式以应对公众的不满。本章通过对这张照片作为特定历史时刻的"文物"进行详细的历史梳理和分析，将其置于文化和政治背景中，以此放大和解释竞技游戏为何会与电子游戏如此密切地联系在一起。对这种构建过程置于历史背景中进行考察，有助于理解游戏对个人竞技成就的持续迷恋。此外，这还表明街机游戏在被认为最佳的状态下，为那些有钱花的年轻白人男性提供了一个证明自己能力的竞技场。对游戏的这种解读的突出性导致了"玩家"这一文化主题的持续存在：玩家常常被描绘成年轻、精通技术的男性，并推动了对电子游戏文化和媒介的某些假设，助长了特定类型游戏的流行。

思考这张照片的影响意味着要挖掘那些广泛存在的假设，这些假设关乎电子游戏可能对玩家以及刚刚意识到电子游戏作为一种新兴且对当下文化有潜在威胁的广大公众意味着什么。照片的创作者，包括戴伊、格林兰、费罗雷利，当然还有那些年轻玩家，他们做了大量工作使游戏看起来是正常的。最终，电子游戏通过体育和技术文化中现有的年轻男性身份特征得到了展现,将电子游戏这个充满新奇的世界呈现为美国年轻男性展示卓越才能的又一个竞技场。

一张照片

沃尔特·戴伊与玩家间的筹备工作早在数月前就开始了;由于许多玩家当时还在上高中,他们的父母对于让孩子离家数百或数千公里前往拍摄现场犹豫不决。最终,《生活》杂志允许戴伊将记者道格·格林兰的电话号码直接提供给心存疑虑的家长。戴伊不仅承诺支付大多数玩家及部分家长的酒店费用,还签署了保证书,向家长们保证他将负责陪同他们的儿子。[1] 经过几周的安排,恩里科·费罗雷利于 1982 年 11 月在奥塔姆瓦的主街中间拍摄了 16 名玩家。[2]

在照片中,玩家们坐在一排街机的后面,这些街机为这次拍摄专门被拖到了街道中央。在游戏机前,奥塔姆瓦高中(Ottumwa High School)的啦啦队队员

---

[1] Day, "Chapter Four."
[2] "Video Game V.I.P.S.," 72-73.

们摆出了充满活力的姿势。街道两旁是一些商业建筑，整条街道大部分是空旷的，只有几辆车在远处出现。远处还能看到电影院的招牌和商业标志。这个场景展示了一张美国中部地区的奇异"明信片"。进一步观察会发现，这幅画面变得更加怪异：这是一幅被特别安排的集流行文化、科技和青春活力的女性特质的拼贴画，只为衬托处于中心位置的年轻男性的意识形态构建。①

解读游戏文化

费罗雷利拍摄的游戏玩家呈现出了最理想的形象状态：聪明、干净利落的男孩和年轻人，他们来自小镇、郊区和其他普通地方，最不济也就是有点调皮或好胜心太强。这种电子游戏玩家的形象，是从事投币式游戏行业中的人非常重视的，因为它可以反驳道德卫士坚持的"街机厅是青少年犯罪温床"的说法。与早期的技术怪咖或运动员比较，《生活》杂志照片中

---

① "Video Game V.I.P.S.," 72-73.

展现的最糟糕的特质很容易被理解：这些男孩就算再不济，也不过是无害的捣蛋鬼，而往最好的方面想，他们是正在崛起的企业家和创新者。照片的其他方面也有助于让这些玩家显得更亲切，从奥塔姆瓦整洁的主街到玩家们摆出的姿势，都增加了这种亲切感。

美化顶级游戏玩家，本质上就是美化一种竞争姿态，在这些被选为新技术文化先锋大使的男性形象中反复得到强调。然而，新的事物再次显示出与旧事物的联系。玩家和他们的游戏机排列整齐，这种安排很像体育团队的集体照——啦啦队队员们的存在更加强化了这种印象。在与集体照一同刊发的个人照片中，大多数玩家双臂交叉站立，这一姿势在过去一个世纪拍摄的无数运动员肖像中多次出现，反映了性别化的肖像标准。[1] 这种与体育的联系在随后的几十年里被许多人所认可。正如迈克尔·A. 梅斯纳（Michael A. Messner）所指出的，这种联系也将竞技游戏锚定在一种性别隔离的有组织体育文化中，"这种'性别化文化'似乎是自然的"。[2]

在被拍摄的年轻人中，只有内德·特罗伊德

---

[1] Butler, "Athletic Genders."
[2] Messner, *Power at Play*, 31.

（Ned Troide）和比利·米切尔（Billy Mitchell）偏离了其他标准化的运动姿态。特罗伊德的一只手放在臀部，他以只用一枚硬币玩了62.5小时《捍卫者》（*Defender*）而闻名。米切尔在集体照中抱着一只毛绒大猩猩，他在2007年的纪录片《金刚之王：满手硬币》中被重点介绍，并且至今仍是世界上最著名的街机玩家之一。在单人照中，少年时期的米切尔肩膀平直，双拳放在臀部，身着一件印有他在《蜈蚣》中获得的2500万高分的灰色运动衫。尽管米切尔的姿势带有一些职业摔跤中夸张男子气概的意味，而特罗伊德的姿势更为放松，但两者都依然与校队运动员的姿势相呼应。20世纪60年代，体育以一种作为男性试炼场的主导地位而广泛存在，这些文化机构的视觉参考也反映了这点。这些机构被认为能"造就男人"，这对于理解电子游戏在玩家生活中所扮演的角色意义重大。[1] 这种暗示尤其有趣，正如T.L.泰勒在对当代的竞技游戏玩家的探索中指出的，极客男性气质和运动男性气质往往被认为是不可调和或相互冲突的。[2]

---

[1] Messner, *Power at Play*, 19.
[2] Taylor, *Raising the Stakes*, 114-116.

照片中的其他元素进一步强化了个体对现代男性气质的视觉呼应。直男的欲望在这张照片中无处不在又无迹可寻，只于背景元素和几乎充当道具的啦啦队队员身上得以展现。电影院正在播放《夜班》(*Night Shift*)，并在海报上标榜为"年度最佳喜剧黑马"。在《夜班》中，比尔·布莱泽乔斯基（Bill Blazejowski）说服一本正经的查克·卢姆利（Chuck Lumley）在他们工作的城市太平间开一家妓院，因为他们在这里死气沉沉地上着夜班。这部电影展现了一种父权制幻想，描绘毫无前途的工作——接受这份工作，然后经营一个依赖男性权威的非法副业赚取丰厚外快，只因你想"帮助"那些被皮条客控制和虐待的女性，然后劝妓从良。

此外，照片中展示六款街机游戏，分别是《风暴崛起》(*Tempest*，雅达利，1981)、《守卫者》(威廉姆斯电子公司，1980)、《吃豆人小姐》(*Ms. Pac-Man*，中途制造公司，1982)、《图坦卡蒙》(*Tutankham*，斯特恩，1982)、《蜈蚣》和《大金刚》。其中，有五台来自双子星系街机厅。《吃豆人小姐》的机柜是在打电话给镇上其他商家（包括竞争对手的街机厅）后才找到的。实际上，最终找到的《吃豆人小姐》机柜是在离双子星系不远的一家脱衣舞夜总会里。①

照片中的机器旨在与玩家一一对应，这意味着那天到城里拍照的其中一个玩家是以《吃豆人小姐》的高分闻名。尽管《夜班》的海报和脱衣舞夜总会并不是照片的核心，但它们就像飞扶壁（Flying buttresses）一样，在画面边缘衬托着中心男青年的形象。这些元素的存在并没有直接反驳场景假定的健康性形象；毫无疑问，大多数观众可能忽略了这些细节。然而，它们平淡又微妙的存在表明了这样一个事实：这种看似中立的场所实际上被深深地被男性身份和权力所标记。

当然，啦啦队队员的存在是无法忽视的。她们不仅强调了将玩家框定在健康竞技的修辞中，也试图将她们定位在一个熟悉的年轻男性框架中。这五位年轻女性都是白人，身材纤细、面容清秀，穿着典型的啦啦队制服——百褶裙和马靴。她们是匿名的，在展示这张照片的页面中，她们的名字从未被提及，也没有被那些致力于寻访"她们现在在哪儿？"的纪录片制作者所关注——尽管其中一人出现在 2014 年由《重

---

① Day, "Chapter Four."

玩》(*RePlay*)杂志通过电子邮件通信的形式发布的照片复刻版本中。在原始照片里，啦啦队队员在某种程度上作为道具来增强照片中男性形象的视觉冲击力，尽管她们与这些男性之间隔着高耸的街机机柜。站在中间的年轻女性穿着不同的制服，似乎是队长，她双手拿着啦啦队彩球放在大腿上，这一姿势不仅为照片增添了更多的校队魅力，还减少了走光的风险。其他四位队员则每人抬起一只手，平掌指向街机的中央。这些年轻女性在这里如同空白的画布，象征着一种特定的美国女性美，这种美常常视为其他类型的美国冠军（通常是橄榄球队队长和其他的家乡英雄）应得的"战利品"。

在很多方面，照片中的16位游戏玩家看起来与其他英雄非常相似——靠近中央的一位玩家甚至穿着一件仿制的运动员夹克，上面缝着宣传 Reflexions Fun Centre 的补丁，还有一个粗糙的吃豆人标志。除街机游戏之外的场景几乎是完美的。如果他们是棒球或橄榄球运动员，他们会出现在现代牧歌式的运动场景中；如果他们是篮球或其他室内运动员，他们会出现在体育馆——世纪之交的体能圣地中。但这些年轻人是新型的竞争者，所以他们被展示在新的场景中。这个场景似乎沉浸于发达、文明的背景。照片中有霓虹灯和电影院招牌，整洁的店面和街道标志——其中一个标志指定某一段路边"仅供出租车"。在这样的环境中，啦啦队队员的存在似乎有点怪异，她们的手指指向天空，膝盖压在肮脏的沥青路面上，但她们的存在与照片的其他方面显得协调统一；如果这些玩家是冠军，那么她们是必不可少的，这是成功的标志。

根据戴伊的说法，《生活》杂志的团队最初想要把这些街机拖到玉米地里，但在考察了玉米地并更好地了解了这一设想将涉及的后勤工作后，他们放弃了这个想法。这个想法原本是想强调奥塔姆瓦的准乡村农业特征，突出这个看似沉睡的中西部小镇成为世界电子游戏之都的可能性。[①] 然而，即使最终选择了将街机放在主街这种技术上稳妥的策略，但整个布局仍然显得不稳定。照片中至少有两位年轻人眼睛是闭着的。一些玩家紧握着机柜，拳头攥得发白。最远处的两位啦啦队队员平衡得很勉强，她们紧紧抓住机柜防止自己倒下。因此，图像体现出

---

① Day, "Chapter Four."

一种试图让这些人物对观众变得可理解的挣扎，每个被摄主体都在努力保持镇定，直到相机快门闭合的那一刻。照片中未能捕捉到所有成员都注视镜头所指向的匆忙，以及紧绷的关节所显示的不安，凸显了图像本身的紧张氛围，并暗示了生产这张照片的文化背景中类似的紧张感。

为玩家打造一个目的地

正如《生活》杂志"年度照片"的诞生，部分因沃尔特·戴伊的执着坚持而得以实现；作为顶级玩家聚集奥塔姆瓦的理由，双子星系街机厅也因戴伊的努力而声名鹊起。在他和乔恩·布洛赫（Jon Bloch）于1981年11月开设街机厅前，戴伊就已经在维护一个游戏最高分数据库。出于个人兴趣，戴伊在全国旅行期间，一边销售带有著名历史头条的旧报纸，一边记录下全国各地游戏机上的高分。通过这次旅行，戴伊积累了一大批历史报纸，并将这些报纸作为收藏品出售，这也为他建立双子星系提供了基础。这家街机厅不仅成了顶级玩家聚集的地方，也因戴伊的创业精神和对游戏计分板的热情崭露头角。

> 我无论去哪里都会停下来玩游戏，所以光在1981年的夏天我就去了一百多家街机厅。我特别记得在盐湖城有两家电视台要采访我，我安排他们都去一家我肯定要去的街机厅见我，这样我可以在等他们的时候玩游戏，他们走后继续玩。①

回到费尔菲尔德（Fairfield）后，戴伊有了开设自己街机厅的愿望。他的朋友罗杰·西尔伯（Roger Silber）在艾奥瓦州的福特·麦迪逊（Fort Madison）和迪比克（Dubuque）都拥有街机厅，他帮助戴伊与街机供应商建立了联系，戴伊在密苏里州的柯克斯维尔（Kirksville）和艾奥瓦州的奥塔姆瓦分别开设了街机厅，布洛赫（Bloch）资助他进行了必要的翻修。②1982年2月，戴伊决定将他的分数纪录公开为双子星系全国计分板（Twin Galaxies National Scoreboard），这无疑是为了吸引更多人关注他经营的两家街机厅。随着计分板知名度的扩展，双子星系街机厅和沃尔特·戴

---

① 2009年6月17日，作者采访戴伊。
② 2009年6月17日，作者采访戴伊。

伊（见图2-2)的名声也逐渐远扬[1]。为了运行计分板，戴伊联系了七家电子游戏制造商——埃克西迪、中途岛、任天堂、威廉姆斯、斯特恩、雅达利和环球——以及两家行业刊物《重玩》和《游戏评测》(*Play Meter*)。第一天，制造商推荐的玩家们开始打电话给街机厅提交他们的分数。街机厅的员工几乎前三周每天都在应付采访请求。到了4月，来自美国以外的玩家也开始打电话提交分数，戴伊将计分板重新命

图2-2 这张照片拍摄于2009年，照片中的戴伊穿着他标志性的裁判制服，拍摄地点是他的家庭办公室

---

[1] Day, "Our Unique History".

名为双子星系国际计分板（Twin Galaxies International Scoreboard）。通过维护这个计分板，戴伊和双子星系街机厅推动了游戏玩法的标准化。通过庆祝最高分、最长游戏时间，甚至是"完美游戏"等成就，计分板为量化游戏成功创建了一种标准，就像对球员统计数据的推崇，有助于量化棒球、橄榄球和篮球等体育运动一样。

双子星系作为国际计分机构的崛起，使得小镇上的街机厅在全国乃至国际上都有了重要意义。（至少对于那些完全沉浸在街机文化中的人，以及负责报道这一文化现象的人来说，这一现象具有深远的影响。）沃尔特·戴伊向《生活》杂志承诺，他将会集北美的顶级玩家，这绝非空话。戴伊召集的这些玩家都向双子星系提交了他们的分数，并附有街机厅经理的证明信件。在向双子星系提交分数时，玩家和街机厅的工作人员参与了一个正在成型的全国乃至国际玩家网络活动，而双子星系便是这个网络的重要枢纽。虽然电子游戏设计和制造的业务可能由像芝加哥硬币公司（Chicago Coin）和中途岛制造公司等总部设在芝加哥的老牌弹球制造商，或像雅达利和埃克西迪这样的总部设在加利福尼亚的技术型新兴企业承担，但投币式游戏成为一种公共实践场所却分布在美国各地。与制造商不同的是，制造商往往依赖现有的技术中心作为资源和人才库，而运营商和街机厅老板只需要一个年轻人可以轻松进入且愿意花费零用钱的地方。事实上，运营商和街机厅老板经常寻找没有其他同行竞争的地点。运营商通过为投币式机器寻找新类型的地点，以及在维护现有路线的同时，寻求未充分利用的地点而受益。运营商的业务扩展模式鼓励地理扩展，因为在当地市场饱和后，他们别无选择，只能通过扩展到其他地区来实现效益增长。

呈现双子星系

沃尔特·戴伊开始筹备《生活》杂志的拍摄时，他最初考虑的场地是柯克斯维尔的街机厅。那里的街机厅规模更大，而且柯克斯维尔有着相当多的学生数量。然而，随着戴伊的筹备工作逐渐展开，他意识到街机厅需要做一些翻新工作：

所以，当他们说要来时，我就开始为他们的到来拼命准备。我突然意识到，我想我甚至问过房东："嘿，如果我翻修你的地方以准备迎接《生活》杂志，你能不能给我一些信用额度，或者给我一些贷款、一些钱？"我记得他们说不行，负担不起。所以我意识到奥塔姆瓦的翻修会更容易一些。尽管在柯克斯维尔有着庞大的粉丝，但奥塔姆瓦却成了世界电子游戏之都，这纯粹是命运的巧合。没有人真正知道这个故事，因为我从未真正讲述过这个故事。奥塔姆瓦成为世界电子游戏之都，是因为《生活》杂志来到了这里，而一切都不得不在这里发生，因为翻修奥塔姆瓦以准备如此盛大的活动比在柯克斯维尔更容易。[①]

决定邀请《生活》杂志去奥塔姆瓦而不是柯克斯维尔也许是命运的转折，但对于杂志来说，派记者到中西部报道"电子游戏"作为1982年"年度图片"特辑中的一部分却再合适不过。戴伊的热情不仅打动了《生活》杂志，也得到了奥塔姆瓦社区的支持。在

---

① 2009年6月17日，作者采访戴伊。

奥塔姆瓦街机厅的翻修完成之前，增加了顶级玩家展示（此前这些分数只是以列表形式保存，从未公开展示），尽管名义上游戏的"世界纪录总部"是双子星系，但实际上这个身份属于戴伊本人。毕竟是戴伊最早开始记录分数，也是他坚持记录这些分数；在公开宣布计分板并公布双子星系的电话号码作为报告分数的地方后，街机厅的员工便参与其中，但如果没有一个物理地点——一个可以让分数以某种形式实体化的地方——计分板就仍只是个抽象概念。随着翻修的完成，双子星系计分板成了一个真实存在的地方，而这个地方就是奥塔姆瓦。

随着翻新完成，双子星系不仅成为记者们为撰写有关街机现象的文章快速获取评论的地方，还成为竞争对手之间展开较量的地方，以及被加冕为最佳玩家的地方——即使这种荣誉是暂时的。奥塔姆瓦的街机厅之所以独特，不仅仅是因为沃尔特·戴伊的雄心壮志，还因为它吸引了大量社区支持和全国关注。然而，尽管双子星系具有这些特殊性，但它仍展示了早期街机文化的几个重要方面，实际上，双子星系看似反常的地方仍然反映了更广泛的文化趋势。

例如，与双子星系密切相关并在此培育的游戏竞赢文化，依赖于成千上万来自美国及其他国家的玩家和街机运营商的参与。因此，虽然双子星系作为竞技游戏的发源地在名声上最为响亮，但它之所以能够存在，正是竞技游戏在大量街机厅和地区已经得到了良好发展。计分板之所以能够持续存在，是因为成千上万的玩家都渴望获得高分；许多游戏内置了计分板，记录在特定机器上获得的最高分，并允许玩家在得分足够高时输入他们的姓名缩写。

竞技得分是游戏的重要组成部分，即使对那些从未听过双子星系，且志向仅在本地街机厅的《小蜜蜂》或《大蜈蚣》上排名的玩家也是如此。街机游戏本身是在城市和工业中心发展起来的，但街机文化的发展则更加分散，汲取了成千上万家街机厅中无数玩家的经验。双子星系"特殊"的街机厅地位，使其能够完美揭示当时美国各地普遍存在的游戏文化的某些方面。

双子星系并不是新潮的家庭娱乐中心或综合娱乐体，也不是海滨步道、游乐园或其他大型旅游景点的一部分。它没有提供这些场所特色的竞争性娱乐项目，比如嘉年华游乐设施或迷你高尔夫。即使双子星系街机厅逐渐因其排行榜而出名并在艾奥瓦州之外获得关注，但最重要的是它始终是一家街机厅。此外，通过媒体的关注，它也经常被视为街机文化的典范。

当《生活》杂志决定接受戴伊关于如何最佳呈现"电子游戏"的愿景时，编辑们不仅选择了奥塔姆瓦的双子星系街机厅作为拍摄地点，还承认了街机厅是电子游戏文化的真正发源地。此外，他们致力于展现一种与个体化竞争、技术熟练度、年轻人和男性气质紧密相关的游戏文化。因此，尽管这个故事表面上是与一张照片有关——《生活》杂志选择拍摄一群年轻人聚集在奥塔姆瓦市中心的街机背后，但它也是一个关于文化和经济焦虑如何影响青年表达、男性气质和文化力量的构建，以及怀旧如何用于构建未来——或者说我们所认为的未来的故事。

游戏中的计算机文化

街机机柜同时占据了图像实际意义和象征意义的中心。它们是最容易与新兴游戏文化联系在一起的"遗物"，因此在图像中同样占据了重要的意识形态地位。同时它们也直接被置于中心位置，成为笑容满面的啦啦队队员们的背景和站在其后游戏玩家们的前景。

1982年，那些现在看起来古雅的机柜在当时看来是崭新的——也许在奥塔姆瓦的主街背景下，它们甚至新得让人震惊。更重要的是，与街机游戏一起展示的男性气质类型也是新的。位于纽约阿斯托里亚的移动影像博物馆（Museum of the Moving Image）创始馆长罗谢尔·斯洛文（Rochelle Slovin）认为，电子游戏作为大众娱乐的广泛传播，标志着美国人在理解计算机对普通人的意义上发生了重大转变。引用雪莉·特克尔（Sherry Turkle）对"从现代主义的计算文化向后现代主义的模拟文化"转变的描述，斯洛文指出，这是"我们停止将计算机仅作为工具使用，而开始将其作为文化的时刻。[①]"《生活》杂志中那张照片所展示的"计算机"技术无疑属于大众文化领域，电子游戏提供了一种相对容易接触的计算机化形式，任何偶然遇到街机且口袋里有零钱的人都能参与。这张照片既展示了计算机作为文化的存在，也展现了计算机化和电子游戏文化可能的样貌。

---

① Slovin, "Hot Circuits," 137-153; Turkle, *Life on the Screen*.

但我们该如何看待这个计算机作为文化的时刻呢？谁将能够接触到这种文化以及这种接触意味着什么，带来了一些令人困扰的难题。关于计算机使用对工作场所的影响，肖沙娜·祖博夫（Shoshana Zuboff）曾警告说，这些机器将带来工作本质的转变：

> 基于计算机的技术并不中立；它所蕴含的核心特性必然会改变我们工厂和办公室中的工作性质，并影响工人、专业人员和管理者之间的工作方式。[1]

同样的观点也适用于计算机作为大众文化。祖博夫所看到的本质特征不仅对工作有影响，也对休闲和娱乐有影响，尽管这些领域并不容易区分开来。统计数据不断揭示大众对计算机技术的接触存在不平等现象，而且这种接触所带来的社会经济流动性也存在不平等现象。在计算机从工具向文化转变时刻的"天才"们几乎都是"天才男孩"，这一事实，连同他们看似单一的种族特征，以及这些"世界"知名玩家大

---

[1] Zuboff, *In the Age of the Smart Machine*, 7.

多数是美国人这一事实,都具有额外的意义。

2008年,虽然女性占据电子游戏玩家的38%,但在电子游戏行业工作的女性仅占12%,这种性别不平等在其他技术相关领域也有所体现。[1]此外,研究一再表明,即使在美国这样富裕的国家,计算机技术和互联网的普及程度也并不高,而在发展中国家,技术获取的不平等现象更加显著,随着互联网接入成为许多行业的必要条件,这一问题也已成为重要的政策关注点,缺乏信息化通常会加剧对教育和经济机会的限制。[2]

以2000年为例,对美国互联网接入情况的概述显示,尽管在线人口中性别比例相当,但女性的参与度仍落后于男性。此外,50%的白人接入了互联网,而黑人只有36%,西班牙裔为44%。家庭收入直接影响了谁能够上网。在2000年的报告中,年收入低于3万美元的家庭中只有不到三分之一的人在上网。农村地区的网络接入率也较低。[3]年轻的白人美国男性是最有可能接触新兴技术的群体之一,过去如此,现在亦是如此。

---

[1] West,"Wooing Women Gamers."
[2] Cassell and Jenkins,"Chess for Girls?," 11.
[3] Lenhart et al.,"Who's Not Online."

值得注意的是，不仅在《生活》杂志的照片中，在后续章节讨论的许多其他问题中，电子游戏玩家的种族构成似乎都是相对单一的。这种单一性反映了游戏文化中的某些代表性问题，尤其在谁能接触并参与这一文化的讨论中显得尤为突出。顶级玩家几乎都是白人，这可能反映了以种族为先的社会经济不平等，因为白人青少年更有可能拥有追求竞技游戏所需的可支配收入。然而，这一解释并不完全令人满意，特别是当我们将这种种族排他性视为该时期玩家表现中更大趋势的一部分时。毋庸置疑，在以非裔美国人和拉丁裔为主的社区中也有电子游戏的存在。

戴伊在一次采访中指出，运营商告诉他一些游戏在黑人社区更赚钱，而另一些则在白人社区利润更高。[①] 尽管这些证据是逸事性的，但它确实表明投币式电子游戏也普遍性地出现在少数族裔社区。如果这种情况属实，那么选择哪些游戏出现在照片中可能会影响玩家的种族多样性。此外，参加《星际街机》（Starcade）电子游戏竞技节目的玩家群体展现了一定的种族多样性，这表明竞技游戏本身可能并非完全单

---

① 2009年6月18日，作者采访沃尔特·戴伊。

一化，只是因为排除多样化的游戏叙事和不符合既定种族、性别观念的玩家，继而被束缚于白人中产阶级男性身份的理想之中。

技术无罪，顽皮有理

一如雪莉·特克尔和罗谢尔·斯洛文所暗示的那样，《生活》杂志的这张集体照所呈现的计算机技术观念或许是新的，但同时也带有一种怀旧色彩，它参与了现有的且持续存在的关于男性气质与技术的讨论。照片中这些年轻人所表现出的身份，正处在新旧交替的汇聚点。电子游戏的新奇性，早已被几十年来通过进步与能力叙事包装出来的技术神话所铺垫。那种因喜爱前沿技术并与之紧密联系而得到强化的"新"男性形象，也有着悠久的男性气质叙事历史作为铺垫。

苏珊·道格拉斯（Susan Douglas）在她的作品中谈到了威廉·J. 威伦博格（William J. Willenborg）的名气，威伦博格是一位业余无线电实验者，1907年，26岁的他就登上了《纽约时报》的头版。他的技术成就被构建为一种男性壮举——作者特别指出威伦博格可以"摧毁"其他操作员的消息,并且他是自己建造无线电台的。后来的文章声称,威伦博格尽管文雅但稍显稚气,说话时却像"一个科学家"[1]。威伦博格和他的同辈们是新兴现代主义男性气质的典型代表——他们是被期待成为优秀企业人的天才少年,极可能成为科学或技术领域的专家,将童年时期的好奇心和热忱转化为有益社会的发明创造。

战后的男孩文化进一步强化了科学技术追求的核心地位。尽管男孩文化强调"体育竞争、手工建设和打闹游戏",但这一时期对科学、数学和外语作为公立学校科目的关注也愈发强烈。这种关注源于苏联成功发射首颗人造卫星斯普特尼克(Sputnik)[2]后教育系统面临的危机感。尽管女孩在学校接受了与男孩类似的科学教育,战后对女性的职业限制却成为她们进入这些领域的重大障碍。

这一时期,科学家和工程师作为美苏"太空竞赛"中的中流砥柱崭露头角,教育改革反映了这一点。曼哈顿计划的成功巩固了国家对科学家的兴趣,而

---

[1] Douglas, *Inventing American Broadcasting*, 189.
[2] Mintz, *Huck's Raft*, 284-287.

关于原子科学的流行叙事又将科学家描绘成潜在的英雄。20世纪50年代的几部电影中，科学家被塑造为拯救世界的主角。[1] 在此期间，宇航员更是获得了一种明星般的地位。宇航员以及使太空旅行成为可能的工程师和技术人员，体现了理想化的男性身份概念，正如史密森学会国家航空航天博物馆行星探索项目馆长罗杰·D. 劳纽斯（Roger D. Launius）所总结的那样：

> 阿波罗计划的宇航员们都展现出一种勤奋工作、热爱生活的男性形象。在回顾阿波罗计划的故事时，公众对白人男性体制的认同感随处可见。典型的公司职员在阿波罗计划期间为NASA工作，而任务控制中心的工程"极客"们，穿着短袖白衬衫，系着窄黑领带，腰间挂着像配枪一样的计算尺，胸前装着指南针、直尺和各式钢笔、自动铅笔的口袋保护套，完美展现了一个保守的美国形象，许多人对这一形象充满怀旧之情。[2]

---

[1] Hendershot, "Atomic Scientist, Science Fiction Films, and Paranoia," 31-41.

[2] Launius, "Heroes in a Vacuum."

劳纽斯对大众上述看法的总结，展现了人们对技术娴熟男性的持续关注和迷恋。他指出，这类男性气质成为怀旧对象，也暗示了这些理想随着时间的推移发生了变化抑或是逐渐消退。

亨利·詹金斯认为，电子游戏是19世纪男孩文化中发展起来的性别化游戏空间的延伸。游戏作为一种文化现象，延续了19世纪男孩文化中的深层模式，这种模式一直延续到战后时期。对于詹金斯来说，男孩文化帮助年轻男性培养社会联系，推动他们参与俱乐部和兄弟会等社会组织，同时引导他们进入男性主导的商业文化。在早期电子游戏的报道中回荡着对威伦伯格（Willenborg）及其同龄人（少年天才群体）报道的影子，这些报道同样赞扬了技术技能，贯穿了太空竞赛的报道和20世纪中期的教育改革。然而，对玩家的报道也显示出与这一传统的断裂，反映了年轻男性在劳动力和经济期望方面的重大转变。

在世纪之交，作家们努力向读者保证业余无线电操作员会成为优秀的组织者，而到了世纪末，这种呼吁的必要性逐渐在减少。在后"水门事件"和后越战时代，许多人对曾标志着美国中期现代主义文化的组织心态持怀疑态度，甚至产生了很强的不信任感。而全球和美国经济的停滞加剧了工人在面对劳动力重组时的不稳定感，这对男性理想产生了影响。此外，这类主张的可行性也有限。玩家们往往从事非法或半合法活动，包括"电话游侠"（phreaking）行为，利用音频频率操控电话系统以使用免费长途和会议电话。实际上，电话游侠文化与黑客文化紧密相连。

虽然戴伊后来写道，"他们都是超级聪明、精通计算机、干净利落的孩子"，但他在同一篇文章中也称这群人是"无聊的、顽皮的恶作剧者"。据他所知，没有一个玩家抽烟、喝酒或吸毒，但他还是不得不应对他们被奥塔姆瓦两家酒店赶出来的麻烦，还有两个玩家在拍照时睡过头，完全错过这次活动。在2008年的一次采访中，戴伊再次重申了这些冠军玩家都是聪明且大多表现良好的青少年：

> 冠军们基本是16岁、17岁或18岁，很少有年龄更大的。他们都很聪明，像是天才型人物。他们非常自律——没有人喝酒，他们不像是酒鬼，也不抽烟，更不吸毒。他们很像运动员，是非常清醒、聪明、有创造力的年轻孩子。既不喝酒、不

抽烟，也不吸毒。这是一个有趣的现象。[1]

他进一步指出，使这些年轻人成为出色游戏玩家的一些特质也可能使他们容易搞恶作剧：

> 我认为，这源于他们拥有太多的创造力。给予他们理解如何解决游戏问题的创造力，也让他们充满了活力，充满了能量，充满了创造力，所以他们只是被驱使去做更多的事情。我认为他们不喜欢限制，这就是为什么他们那么顽皮，因为他们有太多的创造力在发挥作用。我想这就是唯一可以解释的原因。他们太有才华了，不喜欢结构、框架或限制，所以他们在酒店里调皮捣蛋，因为找到了以顽皮表达创造力的方法。我认为这大致能概括他们。[2]

戴伊将这些玩家的恶作剧行为描述为创造力与智力的积极标志。

20 世纪末对"跳出框框思考"和"创新"的浪

---

[1] Day, "Chapter Four."
[2] 2009 年 6 月 17 日，作者采访戴伊。

漫化渲染，使得这些行为很容易被人们视为智力和创业倾向的标志。大量例子表明，一种特定技术导向的男孩气质也成了企业家们的理想品质。这种捣蛋的倾向，换言之看似是捣蛋的倾向，或许可以追溯到20世纪80年代悬挂在麦金塔（Macintosh）总部上空的海盗旗。[①] 但面对电子游戏会影响青少年这种广泛存在的不安情绪，上述行为可能很难被重新定义为正面。

在考虑将顽皮行为框定为一种可取特质时，必须牢记这种特质的感知因个体行为者的种族、阶级和性别而差异显著。研究表明，同样的行为如果发生在白人男孩身上通常会被视为"年轻人的恶作剧"，而如果在非裔美国男孩那里，往往被认为是犯罪的迹象。同样，社会经济阶级也影响了青少年实施与毒品和酒精相关的违法行为所面临的后果。女孩的社会行为往往比男孩受到更严格的限制，这一文化现实可以用一句"男孩总是顽皮"（boys will be boys）简单概括。这句话暗示顽皮是男孩气质的内在特质，因此是可以原谅甚至是值得赞赏的。因为在男性中心文化中，男孩气质是一种积极的品质。我并非暗示这些不平等是可

[①] Breen, "Steve Jobs."

比的，也不是说它们是影响顽皮文化构建的唯一不平等，而是提供了几个例子，说明戴伊所强调的那种容易被原谅的"顽皮"特质是如何受身份类别所限的。

所有论述都表明，《生活》杂志照片中年轻人的恶作剧行为，之所以能够被重新诠释为创造力和智力等社会上可取的特质，是因为他们所处的社会文化地位。这种对顽皮限制的解读还得到了词源学上的支持。"Mischief"（恶作剧、淘气、捣蛋）一词中的"chief"意为首领或统治者，与现代的"chef"一词（厨房的主厨）有相同的词根。[①] 因此，"mischief"意味着权力或权威的错误行使，这也暗示了只有有权势的人才能有顽皮行为。这些暗示解释了为什么"顽皮"作为一种中性甚至令人愉悦的特质，通常只归于最有特权的年轻人。尽管青少年缺乏成人所拥有的那种权威，但青少年群体之间相对权力和特权差异反映了基于种族、阶级和性别的一般权力等级。年轻的白人男性被允许"顽皮"，而其他年轻人则被视为偏离正道或犯罪。

---

① 《牛津英语词典》，词条"mischief"。

游戏玩家作为运动员

除了为男孩们的顽皮行为寻找合理性，沃尔特·戴伊还明确指出了照片中啦啦队队员们所暗示的竞技体育与游戏竞技之间的联系。这种竞技体育与游戏竞技之间的联系早在双子星系之前就已存在，随着竞争性电子游戏的职业化，这种联系作为一种主题持续存在（正如泰勒指出的那样，双子星系从未成功跨入职业化或半职业化的电子竞技世界）。① 电子游戏作为"全美消遣"和竞技活动的观念十分突出，以至1977年可口可乐公司在一家街机厅里拍摄了电视广告。在广告中，一群少女向一群少年发起游戏挑战。广告中的主要演员是一个男孩和一个女孩，他们都穿着印有"冠军"字样的衬衫。两人进行了一场（乒）的比赛，女孩最后取得了胜利，然后她向男孩递上一瓶可乐并给了他一个吻。

在《重玩》杂志中总结这则广告的撰稿人认为，这明显是对比利·简·金（Billie Jean King）和鲍比·里

---

① Taylor, *Playing for Keeps*, 4.

格斯（Bobby Riggs）的致敬。① 广告中将电子游戏作为竞技体育的呈现非常明显。这则广告还出现在女权主义高度可见的时刻，似乎提供了一种后女权主义的安慰：喜爱竞争的女性仍然可以吸引男性并被男性吸引。

运营商和游戏行业的其他人士则努力营造游戏与运动之间的联系。在1980年纽约普莱西德湖（Placid）举办的第13届冬季奥运会上，运动员们还可以选择在奥运村参加奥运街机三项全能赛。这一活动是由普莱西德湖区域的运营商杰克·拉哈特（Jack LaHart）提议的，他与欧文·凯伊（Irving Kaye）、巴利（Bally）以及中途岛公司合作，提供了一系列弹球机、街机和桌上足球桌。② 奥运街机三项全能赛的获胜者包括加拿大跳台滑雪队员史蒂夫·柯林斯（Steve Collins）（见图2-3）、塞浦路斯的亚历克斯·迈克尔尼德斯（Alex Michaelides）和英国冬季两项运动员保罗·吉本斯（Paul Gibbons）。年仅15岁的柯林斯在弹球游戏《哈林篮球队》（*Harlem Globetrotters*）和中途岛公司的电子游戏《太空侵略者》中表现出色，尽管他在桌上足球比赛中未能获胜，但他在其他项目中的

---

① "Coke Picks Arcade Set," 13.
② "Olympic Tricathlon Slated," 65.

表现足以让他赢得最高头衔。在关于这一赛事的报道中，《重玩》杂志引述柯林斯的话称，弹球和滑雪需要类似的天赋、自律和反应能力。[1]2008年，全球游戏联盟（Global Gaming League）曾试图将电子游戏作为表演项目引入奥运会，或许无意中回应了这一历史性的推广活动。[2]

图2-3　加拿大跳台滑雪队成员史蒂夫·柯林斯在第13届冬季奥运街机三项赛中获胜（照片来自《重玩》杂志）

[1] "Jumper Wins Olympic Arcade Tricathlon," 15.
[2] Morris, "Video Games Push for Olympic Recognition."

努力将电子游戏与竞技体育的健康形象联系起来实际上是一种有意图的策略,旨在提升电子游戏的知名度,并塑造游戏玩家和游戏的积极形象。这些努力借鉴了体育作为一种规训手段的悠久历史,旨在防止年轻男性从事犯罪活动,并培养他们适应公民生活、家庭生活和公司生活的能力——简言之,让他们成长为真正的男人。早在19世纪90年代就出现了"强健的基督徒运动"(Muscular Christianity),这种将基督教积极性与运动结合的意识形态,或许与基督教青年会(YMCA)密切相关。随着边疆闭合①(frontier closed),"强健的基督徒运动"和体育组织被视为维持社会秩序的重要手段。虽然基督教青年会和其他组织主要服务于工人阶级男性,但19世纪的高校已开始组织包括橄榄球、网球、高尔夫和赛艇在内的体育队伍。体育史学家哈维·格林(Harvey Green)指出,参与这些运动旨在让年轻男性为未来的职场做好准备。

---

① 边疆闭合(frontier closed),在美国历史和文化语境中是指1890年美国西部边疆的正式消失。这一概念源自美国历史学家弗雷德里克·杰克逊·特纳(Frederick Jackson Turner)在1893年提出的"边疆学说"(Frontier Thesis)。他指出,1890年美国人口普查局宣布美国已无可供拓展的边疆地区,标志着西进运动的终结。——译者注

大学体育的增长本身就是体育教育指导员、教练和热情校友们共同努力的结果，他们以各种方式将"男性化运动"视为一种发展身心力量的途径，帮助美国男性在新兴企业工业秩序中应对挑战。[1]

通过把电子游戏视为竞技运动，行业支持者将其与"体育作为培养年轻男性社交能力"的传统联系起来。他们主张，电子游戏应被接受为一种新的方式，用来帮助年轻男性融入社会。

街机：青少年的荒原

对电子游戏街机的激烈反应，实际上是对青少年公共文化打击的一部分，这种打击由来已久，在20世纪80年代达到了顶峰。青少年商场文化的消退部分原因是私人限制，例如对没有成年人陪同想进入商场或是闲逛的未成年人。到20世纪70年代末，社区开始采取措施防止街机厅的泛滥，而区域划分条

---

[1] Green, *Fit for America*, 203.

例和其他障碍则进一步减缓了街机厅的开设速度和街机的投放速度。到 1976 年 12 月，投币游戏行业杂志《重玩》已发出警告，称区域划分措施对行业构成了严重威胁。当然，此类行动并非新鲜事，但电子游戏的热潮似乎激发了新的动力。《重玩》杂志中一篇未署名的社论曾警告运营商这些法规带来的风险：

> 你们中有多少人意识到，无论在街机厅中放置什么类型的设备，不管是电视游戏、翻转机还是射击游戏都没有区别，一旦被归类为街机厅，它们就不被允许存在……让我们确定那些对我们阻碍最严重的地方。让我们探究对我们商业团体仍然存在的偏见的心理原因。让我们不要害怕为自己辩护，抵抗那些不公的攻击。[①]

《游戏评测》也对规范街机厅的行动进行了报道。在《与市政厅斗争》(Fighting City Hall) 一文中，作者吉恩·贝利（Gene Beley）试图通过收费和许可

---

① "Editorial: Where Are the Powerful Voices?," 3.

来规范投币游戏称为"经济歧视"[①]。街机厅老板和运营商认为,这些规定是基于不公平的假设,即这些业务助长了青少年犯罪或与有组织犯罪关联,从而试图削弱行业的活力。公平地说,投币游戏行业过去确实曾是洗钱的捷径,但到了20世纪70年代中期,美国司法部声称这种情况已经不复存在。[②] 尽管有司法部的保证,但这种关联依然存在。电子游戏的创新或许削弱了投币游戏行业与犯罪元素之间的关联,因为它们呈现了一种新颖且尚未受污染的投币游戏类型。至少有一篇《重玩》杂志的社论声称,电子游戏提高了整个行业的知名度,帮助投币游戏运营商将机器放置在以前不太可能进入的地点,比如酒店、机场和百货商店。[③] 然而,这种普及可能也在一定程度上限制了电子游戏和街机的扩张势头。

这些行动可能反映了人们对投币游戏的偏见,但它们也体现了限制青少年群体在公共场所聚集的措

[①] Beley, "Fighting City Hall," 34.
[②] 有趣的是,这些新机器似乎并未引起黑手党的好奇心,而黑手党曾是纽约和芝加哥投币式机器的大运营商。"这一切似乎都已经解决了",美国司法部有组织犯罪和敲诈勒索科副主任爱德华·乔伊斯说。(Range, "Space Age Pinball Machine")
[③] Boasberg, "TV Video Games," 20-21.

施。20世纪70年代至80年代的恐怖电影中，大量出现作为怪物的儿童和青少年形象，这表明当时人们对年轻人的不安感已变得十分强烈。这种对儿童的恐惧与对儿童安全的担忧形成对比。1981年，6岁男孩亚当·沃尔什（Adam Walsh）被绑架并惨遭杀害，随后以此为原型的电视和电影都引发了公众的恐慌。加上美国卫生与公共服务部一项备受争议的预估数据，声称每年有150万儿童被绑架，这进一步助长了这种恐慌。[①] 尽管这些统计数据的准确性值得怀疑，但它们引发的恐慌成为20世纪80年代日常生活中的一部分，影响了大多数儿童和监护人。受惊的父母们被牛奶盒上的寻人启事困扰：呼吁找回那些天真无邪的孩子。同时，新闻报道频繁警告人们提防撒旦仪式、无标识的白色面包车以及拿着糖果的陌生人。对诱拐儿童的极度恐慌加剧了许多成年人对街机厅、购物中心等青少年活动场所是否正规的疑虑。

除了对街机厅的长期不安以及对该时期公共青少年文化的普遍不安，权威人士还对电子游戏影响青少

[①] Karlen et al., "How Many Missing Kids," 30; Best, "Rhetoric in ClaimsMaking," 101-121; Finkelhor, Hotaling, and Sedlak, "Children Abducted by Family Members," 805-817.

年身体健康提出了具体的担忧。美国外科医生C.艾弗雷特·库普（C. Everett Koop）和其他健康专家警告称，像"电子游戏肘"和"街机关节炎"这样的伤害可能会对年轻人造成危险，这些疾病类似于腕管综合征（CTS），主要是由于游戏所需的重复动作而引起的。"电子游戏肘"这个术语显然是对著名运动损伤"网球肘"的模仿，并且可能是体育与电子游戏之间联系的又一个例子。然而，这两个富有创意的名称都强调了电子游戏对年轻人可能造成的身体危害。

这些疾病也将看似休闲的电子游戏与计算机化工作场所的劳动联系起来。与特定职业相关的身体伤害有着悠久的历史；腕管综合征以前是根据那些似乎会引发该疾病的特定职业来命名的，如"电报员痉挛"和"裁缝痉挛"。腕管综合征在20世纪80年代作为职业伤害引发了关注，主要是因为肉类加工厂的罢工凸显了工人中重复性运动损害的普遍性。对于肉类包装工人来说，重复性动作伤害成了他们面临的众多身体风险之一。然而，对于白领工作者来说，日益增多的腕管综合征病例似乎揭示了通常被认为健康危害较低的工作的潜在危险。

在公众意识提升后，尽管对风险的认识增加且工作环境有所改善，与腕管综合征相关的工伤赔偿申诉数量在1986年至1992年间仍激增了500%以上。[1] 随着计算机化的普及，白领中重复性动作伤害的风险增加，包括腕管综合征在内的伤害现象持续上升。如今，腕管综合征最常见于工作中需要大量打字的岗位。重复性动作伤害在计算机化的工作场所变得如此普遍，以至于像惠普这样的公司专门聘请了人体工学专家，帮助确保员工的身体安全。

像"电子游戏肘"和"街机关节炎"这样的伤害可能是针对未来白领面对职业风险的早期警告。由于休闲活动而导致青少年患上与年老或过劳相关的疾病，使这些活动变得令人怀疑。青少年玩电子游戏玩得太多了，他们对游戏过于认真。这些年轻人所患的疾病与他们进入职场后将要面对的职业伤害相似，从这个角度看，电子游戏的身体负担可以被视为未来某些职业（如计算机编程）身体负担的前兆。

除了游戏带来的身体危害，游戏还被怀疑可能带来一系列心理或精神危险。1980年8月《纽约时报》的一篇文章提出，电子游戏可能会引发强迫性甚至成

---

[1] Kao, "Carpal Tunnel Syndrome."

瘾行为。尽管文章中引用的专家持有矛盾的意见,但其中几位表示已经有因孩子游戏习惯而担忧的家长联络他们。[1]《生活》杂志"年度图片"上所配的文字引用了库普的话:"游戏中没有任何建设性内容。"这句话的含义显然是电子游戏在最好的情况下也是在浪费时间,而这些时间本可以用来做更有意义的事情。与之相比,库普的说法相对温和,而记者和国家安全委员会则提出了更为激烈的批评,认为许多游戏不仅仅浪费时间,更是彻头彻尾的毁灭性娱乐,它们通过模拟战争来鼓吹战争,或是沉迷于暴力。[2]

针对电子游戏街机厅持续且多样的攻击,清楚地说明了为什么街机厅老板、运营商和其他投币式电子游戏行业的投资者感到有必要为行业辩护,并积极为街机厅和玩家塑造更正面的形象。关于杰出游戏玩家的人物报道、干净现代的家庭导向型街机厅的开设,或企业家的出现,都有助于形成强有力的反叙事。玩家不是青少年罪犯而是聪明的年轻人;街机厅不是青少年捣乱者的场所而是为家庭准备的;游戏设计师不是无视后果发布暴力游戏的投机者,而是才华横溢的

---

[1] Collins, "Children's Video Games."

[2] Klemersud, "'Bang! Boing! Ping!'"

工程师和商人。拉哈特和戴伊通过引起人们对街机游戏的关注并塑造玩家形象，为打造电子游戏的另一番景象所做的努力清晰可见。

除了这些身体上的疾病，且撇开电子游戏暴力的影响（自1976年电子游戏版《死亡飞车》引发全国性的道德恐慌以来，这一直是人们激烈讨论的话题），电子游戏显然还助长了一种极端的个人竞争文化[①]。在《生活》杂志的拍摄活动中，玩家们大部分时间都在奥塔姆瓦互相挑战各种游戏，其间史蒂文·桑德斯（Steven Sanders）被揭发虚报了他在《大金刚》的得分，他无法复现他报告的高分，甚至无法接近那个分数，而其他几位玩家则轻松击败了他。尽管如此，他仍然出现在了照片中。

《生活》杂志的"人类学视角"

《生活》杂志透过沃尔特·戴伊对游戏玩家的看法，呈现出他们是聪明的年轻运动员或崭露头角的技

[①] Kent, "Super Mario Nation," 35-48.

术专家，但同时也将电子游戏视为一种仅能得到部分解释的青年现象，供旁观者观看和解读。在许多方面，《生活》杂志采用了类似世纪之交民族志电影和著作中常见的"外部观察者"视角，而这种视角长期以来一直是该杂志的"招牌"特色。《生活》杂志将这一视角广泛应用于澳大利亚原住民以及青少年摇滚迷和摩登族的文章中。到1983年1月，1982年"年度图片"特刊上架时，《生活》杂志早已为那些因生活而远离青少年文化实践的人群解读青年文化多年。正如詹姆斯·吉尔伯特所指出的，到20世纪50年代，该杂志已成为解读美国青少年的主要媒体之一，通过一篇又一篇的故事探讨青少年的看似怪异的文化习俗：

> 《生活》杂志承担了引导社会变革的责任角色。在有关青少年文化的报道中，它巧妙地将警示与安抚结合在一起，这种模式几乎被20世纪50年代的每一本刊物所效仿。[1]

---

[1] Gilbert, *Cycle of Outrage*, 11.

在这些探讨中,该杂志经常变换立场,一方面激发人们对青少年犯罪和不良行为的恐惧,另一方面又安抚成年人,确保他们孩子基本上没问题。在《生活》杂志的版面中,青少年总是被描绘得另类,针对那些担心青少年在郊区街头游荡并参与陌生文化活动的成年人来说,需要有人为他们解读。《生活》杂志以一种类似《国家地理》观察发展中国家民族和文化的视角来审视美国青少年的"异域感"。在这个过程中,《生活》杂志提醒成年读者了解青少年潮流,并引导他们对这些趋势作出结论。这种警示与安抚的结合通常表现为试图让成年人相信,新事物其实有旧的影子,令人震惊的东西其实容易理解,任何正在发生的动荡很快都会自行恢复正常。

在这样的背景下,对街机游戏的报道在某些方面并不显得特别;实际上,"年度图片"这一期还包含了其他有关青少年潮流和时事的文章。比如有一篇是关于"说唱"的文章,另一篇探讨了蓝精灵、草莓甜心和其他"儿童玩具"所代表的可爱热潮。与这些流行文化的报道并列的还有更严肃的关于国家和国际事务的报道。还有一篇文章详细描述了南希·里根(Nancy Reagan)兴奋地回忆她的欧洲之行。有一张特别震撼的照片,照片上的几名年轻女性在伊利诺伊州议会大厦绝食,以表达对平等权利修正案(ERA)的支持。

在整本杂志中,内、外部的年龄差异与类似的对立关系相结合并发挥作用,如城乡差异、男女差异以及新旧对立。街机游戏位于这些二元对立的交汇处。一些成年人,例如戴伊很快就接受了这一新的娱乐技术。但他们人数较少,属于一个不代表公众反应的"先行者"群体。许多小镇至少几年内都有街机厅,郊区的街机厅也相当普遍,方便青少年前往。即使在城市,街机厅也迅速被标记为青少年场所,毫无疑问,许多成年人可能会觉得那里的黑暗、闪烁的灯光和持续的噪声足以让他们却步。《生活》杂志对青少年文化的报道有多个目的:为成年读者解释和翻译青少年文化,一方面缓解成年人对青少年"异质性"和城市衰败威胁所引发的恐惧,另一方面又在某种程度上激化这些恐惧。

作为解读新兴文化的尝试,《生活》杂志的这张照片成为街机游戏黄金时代的关键图像。它揭示了游戏中的男性气质是如何通过大众表现轻松地被呈现和自然化的,同时凸显了像沃尔特·戴伊这样的重要人物为特定电子游戏和玩家形象奋斗的积极作用。这张照片出现在文化、经济和技术动荡的时刻。尽管照片表面上与新技术互动,但它提供了有力的证据,表明这些"新"技术及其带来的文化变革不必被视为威胁。

实际上,照片中的细节暗示这些变化并不会如此剧烈;新兴的技术文化仍是白人男性的领地。虽然这一技术秩序中的天才可能很年轻,但正是他们的年轻使他们能够适应经济和职场的变化需求。他们的年轻气质和少年感将帮助他们取得成功,而这些让他们脱颖而出的特质,在报道早期的"少年天才"(如早期无线电操作员)时也并不新鲜。因此,照片中呈现的20世纪80年代早期街机厅里的年轻人,虽然在技术娴熟度和文化迷恋上不同于他们的前辈,但在其他方面仍让人感到熟悉。《生活》杂志所展现的游戏图景最终是一种带有防御性的举措,目的是展示那些在街机中获得成功与认可的年轻男性的健康形象及亲和性。这是一种重要且广为流传的尝试,意在将电子游戏解读为一种文化,并让那些可能从未踏足街机厅的读者能够理解和接受它。

在《生活》杂志的这张照片里,我们看到了传统工业现代男性气质与新兴的后工业、后现代男性气质之间的较量。机器的"新"与啦啦队的传统制服以及玩家们的运动姿态形成对比。照片复杂地呈现了在远离西奥多·罗斯福（Theodore Roosevelt）时代的"坚毅男性气质"盛行之后，作为美国男性意味着什么，这一历史时刻正值美国太空竞赛让位于"星球大战"系列电影，而当时的头条新闻还在不断警告日本及其他亚洲经济体正在超越美国、威胁美国作为世界强国和技术创新者的地位。这张照片试图将玩家们——大多来自美国并且是世界上最优秀的玩家——塑造为"美式"的典范，借用了竞技展示精神和"少年天才"叙事的精神。在这场新旧交锋中，照片的创作者们，包括沃尔特·戴伊、恩里科·费罗雷利、道格·格林兰以及照片中的年轻男女，试图使自己和这场新兴的大众文化变得易于理解和亲近。他们传达出一种信息：电子游戏这一新媒介乃至因此逐渐走入家庭的计算机技术根本无须担忧；它们只是美国男性证明自己男性气质和优越性的又一舞台。

第三章 适应暴力
《死亡飞车》与电子游戏道德恐慌的历史

2011年7月,美国最高法院在"布朗诉娱乐商业协会案"(Brown v. Entertainment Merchants Association)中裁定,电子游戏享有与其他表达形式相同的言论自由保护。在这次判决中,法官们引用了一系列先前言论自由的历史判例。[1] 这些判例包括解除对电影放映和有线电视广播监管的标志性判决,以及2010年"美国诉史蒂文斯案"(United States v. Stevens, 559 U.S. 130 S.Ct. 1577)的判决,法院认为"立法机关不能因为认为某种言论过于有害而将其列入不受保护言论的新增类别。"[2]

---

[1] "Brown"指的是加利福尼亚州州长杰里·布朗;该案此前被称为 *Schwarzenegger v. EMA*,指的是时任州长阿诺德·施瓦辛格。EMA(电子商贸协会)是家庭娱乐行业的国际贸易协会,主要涉及电子游戏领域。

[2] 电子游戏行业借鉴了电影行业的美国电影协会(MPAA)评级系统,于1994年成立了娱乐软件评级委员会(ESRB)作为自我监管措施,以应对外界对监管的呼声。如今,几乎所有通过零售渠道销售的游戏都经过评级。

在"布朗诉娱乐商业协会案"中,争议的核心并不是单一游戏的命运,而是加利福尼亚游戏流通的未来;被争议的法令是禁止在没有父母或监护人同意的情况下,将"暴力"游戏出售或租赁给未成年人。大法官们在裁决意见中指出,"美国没有专门限制儿童接触暴力描绘的传统",并且认为"加州所主张的'互动'电子游戏呈现了特别的问题,即玩家参与屏幕暴力行为并决定其结果,这一说法是站不住脚的"[1]。在美国,争论电子游戏的社会问题有着悠久的历史。

在电子游戏的叙事和公共叙述中,对新奇媒体技术的迷恋遮蔽了这一媒介悠久的文化历史。关于电子游戏暴力的讨论似乎常论常新,因为用于描绘暴力行为的特定技术在不断重构,旨在提升互动性、沉浸感和现实感。例如,《侠盗猎车手》(*Grand Theft Auto*)的每一部新作都会引发新的愤怒,部分原因便是游戏日益复杂的图形效果。这种愤怒的表象掩盖了道德恐慌的历史,而这种恐慌几乎与游戏产业史一样悠久。早在1976年埃克西迪公司的《死亡飞车》中就已经出现。其影响远远超出了投币游戏圈,并帮助埃克西迪

---

[1] 布朗诉娱乐商业协会案,564 U.S.(2011)。Brown v. EMA, 564 U.S.(2011).

公司在全国树立了品牌知名度。对于那些对电子游戏文化持怀疑或敌对态度的道德卫士来说,《死亡飞车》成为电子游戏堕落与腐化最显著的例子。

银幕与死亡尖叫

电影《死亡飞车2000》设定在2000年（见图3-1），故事背景是美国因金融危机和军事接管而崩溃。动荡过后，美国被重新联结为了合众省（United Provinces）。两党融合（Bipartisan Party）取代了所有其他政党，形成了一党制。因为教会与政党已合并，该党还充当了国家的宗教。国家的象征性领导人是魅力十足的总统先生，他时而给出安抚性的承诺，时而又发表煽动性的言论，堪称最老练的邪教领袖。合众省的公民通过极度暴力的盛会维持安宁，最受欢迎的盛会是年度跨大陆公路赛（Transcontinental Road Race）。这场竞赛被认为是国家价值观的重要象征（包括"万事皆允的美国传统"），参赛者通过撞倒行人来获得积分。撞倒老年人可以得到70分，而女性在所有年龄段的得分比男性多10分，青少年为40分，依此类推。为了方便起见，比赛恰逢另一个流行节日"安乐死日"，因此选手可以通过碾压轮椅和病床上的退休者来为公众做贡献。

图3-1 电影《死亡飞车2000》海报

这部电影呈现为一部反乌托邦社会讽刺作品。合众省的公民并非人人都能感到满足，一种莫名的不适感萦绕其间。名为抵抗军（the Army of the Resistance）的抵抗组织由托马斯·佩恩（Thomas Paine）的后代托马西娜·佩恩（Thomasina Paine）领导，试图暗杀赛车手弗兰肯斯坦（Frankenstein）并用替身取而代之。抵抗军认为弗兰肯斯坦是总统先生的好友，他愿意以弗兰肯斯坦的安全为条件结束比赛。安妮（Annie）是托马西娜的孙女，也是弗兰肯斯坦的领航员；她计划引诱弗兰肯斯坦进入埋伏。但她发现弗兰肯斯坦想赢下比赛，其实是为了用藏在他假手中的手榴弹炸死总统先生。弗兰肯斯坦最终赢下比赛并成了唯一的幸存者，但手榴弹计划因他意外受伤而搁浅。安妮穿上了他的衣服继续刺杀总统先生，但又被祖母所误伤。最后，总统先生被弗兰肯斯坦的赛车碾压。在电影的结尾，弗兰肯斯坦和安妮结婚还成了新总统。他改革了合众省的法律体系，也废除了跨大陆公路赛。

这部电影总在离奇的死亡和汽车特技间切换。汽车的前端装有尖刺，被武装成杀人机器。一名进行道路维护的工人被刺死，他的妻子后来上了电视并被告知作为首位受害者的遗孀，她赢得了阿卡普尔科（Acapulco）的一套公寓和一台 50 英寸的三维电视。一位获得与弗兰肯斯坦会面机会的粉丝称，"得分不是杀戮……它只是比赛的一部分。"另一名赛车手追逐一名渔夫穿过小溪并将其碾压。电影中的暴力场面几乎都在刻意夸张，远超任何现实主义倾向，呈现了 B 级片中常见的戏剧性。

尽管电影《死亡飞车2000》大肆渲染暴力场景，但它也融入了美国20世纪中期真实的汽车文化背景，包括70年代达到巅峰，又因石油危机而结束的"马力战争"，以及同期发布的众多以汽车为主题的电影和电视剧。《死亡飞车2000》将汽车文化视觉效果的戏剧性推向极端，当然这些视觉元素也提供了重要的美学和风格参考。美国的汽车文化特别是肌肉车文化，与男性身份、技术力量和掌控力的表达密切相关，这种关联与时兴的电子游戏社会文化地位形成了某种平行关系。

汽车文化反映了R.W.康奈尔（R.W. Connell）以技能定义的中产阶级男性气质，以及以力量定义的蓝领或工人阶级男性气质；此外，汽车文化也可以被视为迈克尔·基梅尔（Michael Kimmel）所指出的男性消费文化的一个例子。汽车长期以来一直是美国消费文化和中产阶级稳定或上升的显著象征，它通过展示阶级身份成为车主身份的延伸，正如"我是福特车迷"这样的说法所表明的那样。《死亡飞车2000》中的汽车同样是驾驶员能力和个性的延伸，正如驾驶员夸张的主题服装和极不实用的车辆视觉造型所暗示的那样。

影评界对这部电影的评价存在分歧,有人认为它讽刺得犀利,有人则认为它不过是肤浅地沉浸在所批判的暴力文化中。《纽约时报》的劳伦斯·范·盖尔德(Lawrence Van Gelder)否定了这部电影,认为它是一部失败的讽刺作品:

> 最终,它(《死亡飞车2000》)并没有对政府或叛乱发表任何深刻见解。在缺乏这种表述的情况下,它似乎变成了它嘲讽的东西——一场将汽车美化为暴力工具的奇观。[1]

《芝加哥太阳时报》(*Chicago Sun-Times*)的罗杰·伊伯特(Roger Ebert)给这部电影打了零星,他在影评中并没有深入分析电影内容,而是更多地反思自己在影院看到一群孩子开心地观看这部电影的经历。[2]

当然,也并非所有评论都是负面的。《洛杉矶时报》(*Los Angeles Times*)的凯文·托马斯(Kevin Thomas)称赞了这部电影,认为它"展示了想象力可以克服捉襟见肘的预算"。他称赞了几位演员的表演,

---

[1] Connell, *Masculinities*, 55; Kimmel, *Guyland*, 16-18.
[2] Ebert, "Death Race 2000."

并驳斥了对电影暴力的批评,称"《死亡飞车2000》中的屠杀场面很多,但呈现得如此迅速以至避免了不必要的虚伪剥削——即利用它本应谴责的内容"[1]。

与许多其他邪典电影一样,评论界的厌恶并未标志着影片的失败。像埃伯特和范·盖尔德这样评论中明显的愤怒反而起到了将观众走进影院的作用。我知道这部电影的声名狼藉,以及在它绝版的那些年,找到录像带或DVD拷贝的困难,更增添了青春期的我想要观看它的渴望。当我终于找到一份拷贝时,正值被讥讽为"酷刑色情"的恐怖电影兴起之际,我发现这部电影与其说让人不安,不如说更令人发笑。剥削电影曾经并且现在仍然拥有一群忠实观众,他们为了裸露镜头、暴力和骇人听闻的主题而来。[2]这部电影是一部由"B级片之王"罗杰·科尔曼制作的低预算作品,尽管预算仅有30万美元,但在与《疯狂轮滑》(Rollerball)竞争中表现得相当出色,取得了480万美元的租赁收入,为其票房利润增色不少。[3]充满了本能快感的视觉狂欢令许多年轻观众感到欣喜,但也激怒了

---

[1] Thomas, "Movie Review: Barbarism in Big Brother Era."
[2] 《粗制滥造! 美国电影的秘密历史》,导演: 雷·格林,2001年。
[3] Ramao, "Engines of Transformation," 45.

道德卫士。正如埃伯特所指出的，这部电影的 R 级评级并不足以在影片与易受影响的年轻人间筑起足够的屏障。[1] 尽管预算有限且票房收入也相对较低，但它依然获得了很高的知名度。在《纽约时报》、《洛杉矶时报》和《芝加哥太阳报》上刊载的评论笼络了大量的观众。

除了符合剥削电影的一贯历史风格，《死亡飞车 2000》还与一批新兴的主流电影同时上映，这些电影更倾向于展示暴力和露骨的色情内容。美国最高法院在 1966 年的"回忆录诉马萨诸塞州案"（Memoirs v. Massachusetts）[2] 中裁定，只有那些被证明既"显然冒犯"又"完全没有社会价值"的材料，才不受第一修正案的保护。两年后，限制电影制作的《海斯法典》被更为宽松的、自愿性的美国电影协会评级系统所取代。1973 年，美国最高法院在"米勒诉加利福尼亚州案"（Miller v. California）[3] 中进一步扩大了对言论自由的保护，允许传播淫秽材料，只要它们不被分发给未成年人或未明确需求这些材料的第三方。对淫秽

---

[1] 美国电影协会（MPAA）评级是行业标准，并不具有法律效力。尽管影院可以选择对特定影片执行年龄限制，但拒绝或未能执行该限制并不会受到法律处罚。
[2] 回忆录诉马萨诸塞州案，383 U.S. 413（1966）。
[3] 米勒诉加利福尼亚州案，413 U.S. 15（1973）。

的宽松定义导致了美国暴力和色情电影的激增，这些电影在以前的监管标准下是无法通过的。许多电影像《死亡飞车2000》，甚至是像《琼斯小姐的恶魔》(*The Devil in Miss Jones*, 1973)和《深喉》(*Deep Throat*, 1972)这样的色情电影，都凭借邪典地位在录像出租市场上长期占据一席之地。

政府和行业对电影制作的监管放松，意味着像《死亡飞车2000》这样的电影可以在某种程度上声称其具有文化合法性，不太可能面临彻底的禁映或压制。尽管它是一部低成本电影，但它拥有知名演员阵容和有影响力的制作团队，足以让其在主流报纸上获得影评，并在邪典电影界取得了成功；根据《达拉斯晨报》(*Dallas Morning News*)的影院列表显示，该片在1978年仍然在当地影院上映，距离其1975年首映已过去三年。影片还在1979年和1980年继续上映，常与国内外的恐怖片和动作片如《死亡之怒》(*Death Rage*)、《独臂拳王大破血滴子》(*Master of the Flying Guillotine*)、《铁汉娇娃》(*Chain Gang Women*)[①]一起放

[①] 广告显示，该电影曾在1978年1月、2月和3月放映（其中3月至少在四个场馆上映），以及1979年11月和1980年2月上映。参见《电影指南》，第19页、第28页、第16页、第93页、第82页；均收录于NewsBank/Readex数据库America's Historical Newspapers。

映。尽管伊伯特担心这部电影会吸引年轻观众，但《死亡飞车2000》却在汽车影院和深夜放映中大受欢迎，成为怪诞电影爱好者的最爱，而观看环境也可能增强了观看汽车碾压无助行人的效果。

埃克西迪公司在1976年推出街机游戏《死亡飞车》时所处的文化环境，不仅受到其灵感来源电影的影响，还受到美国关于媒体、娱乐监管及青少年接触问题的广泛讨论的影响。投币娱乐在美国长期以来都备受质疑，而道德卫士成功影响了电影、漫画书等媒体的监管。特别是《漫画准则》(Comics Code)的出台，便是为了抑制被认为不适青少年阅读的材料传播。尽管美国电子游戏制造商最初可能将他们的设备视为面向成年人的酒吧娱乐，但对年轻玩家的吸引力和受欢迎程度加剧了道德卫士对电子游戏的担忧。街机游戏当时没有用评级系统来表明特定机器的目标受众。即使是MPAA电影评级系统在当时也是个新鲜事物，正如埃伯特在《死亡飞车2000》影评中指出的那样，该系统也未能完全有效地将年轻人隔离在成人内容之外。在缺乏明确的受众定义的情况下，道德卫士似乎假设该游戏向儿童开放就意味着其目标是儿童，而报纸对该游戏的报道，尤其是年轻玩家的照片更强化了这一想法。《萨克拉门托蜜蜂报》(*Sacramento Bee*)中的这张照片（见图3-2）就是个典型的案例。

图3-2 两名小孩正在玩《死亡飞车》游戏

市场争议

1976年，埃克西迪公司为其新推出的暴力赛车游戏选择了《死亡飞车》这个名字，试图借助电影的"恶名"来营销。这个策略确保了游戏能在市场上引发争议，继而获得一定的知名度。埃克西迪并不是唯一一家采取这种策略的公司；1975年，雅达利公司发布了《大白鲨鱼》(*Shark Jaws*，见图3-3)，与大获成功的电影《大白鲨》(Jaws，1975)进行了一次未授权的单方面联动。与《大白鲨鱼》一样，《死亡飞车》也没有获得电影版权方的授权，但消费者很容易将游戏的像素化图形与电影中充斥的暴力狂欢联系起来，引发了电子游戏行业第一次重大的道德恐慌。

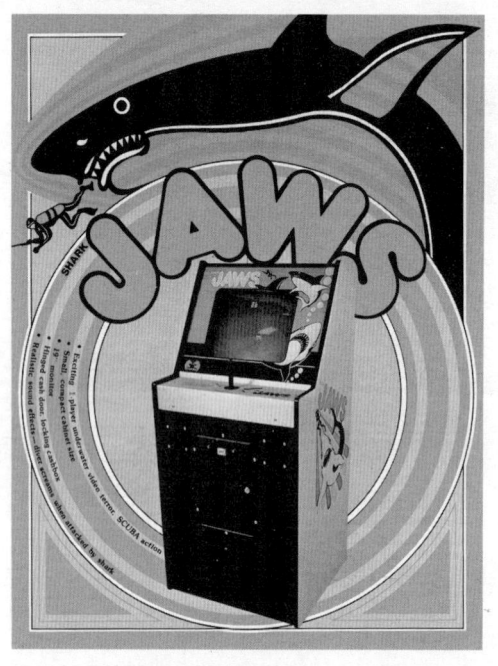

图3-3 《大白鲨鱼》的宣传单强调了游戏的鲨鱼主题，同时大幅缩减了"shark"这个词在标题中的字面体现；游戏标题很容易被误读为仅仅是"Jaws"

雅达利的《抓住它》（*Gotcha*，1973）也曾引发过一系列争议。因为其一对圆形的粉红橡胶控制器看起来太像女性胸部了，这让一些评论家感到不安——尤其是操作游戏时需要挤压这些控制器。总体而言，即使在将粉红色控制器替换为标准操纵杆后，《抓住它》的市场表现仍然不佳。然而，与《抓住它》的轻微争议相比，《死亡飞车》所引发的媒体关注和道德愤怒堪称铺天盖地。

《死亡飞车》延续了埃克西迪公司《撞车德比》（*Destruction Derby*，1975）的成功，取得了良好的销量。然而，虽然《撞车德比》只是市场上至少三款车祸游戏之一，但《死亡飞车》却被宣传为创新且令人兴奋的游戏！[1] 该游戏首次出现在行业杂志上发布的系列广告中的第一则，就是宣称游戏设计独特，并将其与历史上一些热衷于汽车和摩托车的"坏家伙"联系起来（见图3-4）。

---

[1] 1976年市面上能见到的追逐与撞车游戏包括：《冲撞赛车》（*Demolition Derby*，芝加哥硬币公司，1975）、《撞车德比》和《碰撞得分》（*Crash N' Score*，雅达利，1975）。

图3-4 这则关于《死亡飞车》的早期广告强调了它与埃克西迪公司早期成功的联系,同时暗示游戏的动作具有广泛的吸引力

《死亡飞车 98》

无法形容，与众不同，独树一帜！

《死亡飞车 98》能让玩家扮演他们想成为的角色

30 年代的黑帮

40 年代的突击队

50 年代的飙车族

60 年代的地狱天使

70 年代的街头赛车手

这款游戏第一次要求玩家"亲自参与"。

如果你喜欢《撞车德比》……

那就通过《死亡飞车 98》让你的盈利翻倍！[①]

广告展示了游戏机柜上的标志图片，内容包括驾驶肌肉车的恶鬼。广告中提到玩家可以"以自己想要的方式'深入'（get involved）其中"，暗示了游戏的受众为男性，但更重要的是，它暗示了游戏将提供一种沉浸且引人入胜的环境。

《重玩》杂志中的广告并未直接针对玩家，而是面向购买和在公共场所投放投币机的运营商。其目标

---

① 我将《死亡飞车 98》和《死亡飞车》视为同一款游戏。该公司似乎交替使用这两个名称，唯一的区别是在机柜图案上是否包含"98"。

不是说服个人去玩游戏，而是让运营商相信这款游戏会吸引更广泛的受众，并成为有利可图的投资。埃克西迪公司认为街机的画面是《死亡飞车》的主要卖点，因此炫目的招牌图形在广告中占据主导位置。对于运营商来说，单台投币机的投资相当大，向电子游戏的转型更是增加了每台机器所需的投资。新游戏的销售难度较大，尤其是在他们可以选择购买和投放在当地已取得成功的游戏时。广告中对《撞车德比》的提及，将这款新游戏与该公司过去的成功联系起来，同时整体广告文本则明示了游戏的独特性，能够吸引包括20世纪50年代赛车手或70年代街头赛车手在内的更多玩家，从而确保它会和《撞车德比》一样是个好的投资选择。[1]

《死亡飞车》的第二则广告采用了简单的排版风格，并附有一张街机机柜的照片。埃克西迪的市场和销售经理琳达·罗伯逊（Linda Robertson）认为，图形效果与游戏玩法同样重要："这款游戏的艺术设计……展示了骷髅、小妖精和墓地……肯定能立即吸引玩家

---

[1] 埃克西迪公司在同一期《重玩》杂志中继续为《撞车德比》做广告，同时刊登了《死亡飞车98》的首个广告。投币式街机市场的特点是某些游戏能持续热销数年，只要新机器仍有稳定的市场需求，公司通常会继续提供这些游戏。

的兴趣。游戏的玩法如此有趣，玩家一定会一次次回来玩。"[1] 广告显然更迎合运营商，还包含高利润和卓越技术服务的承诺：

> 都起开！
> 领头的来了！
> 埃克西迪出品的《死亡飞车》
> 一款追逐和碰撞游戏
> 但有独家玩法！

接下来的文字是游戏的技术规格列表，例如设置选项和屏幕尺寸。广告最后强调了游戏的盈利潜力，声称玩家会想要反复玩：

> 通过《死亡飞车》让你的利润翻倍
> 无法形容！
> 如此不同，独树一帜！
> 画面一见倾心
> 玩法令人着迷

---

[1] "Death Race from Exidy," 22.

玩家流连忘返[1]

这则广告在多个地方迎合了逐利的动机，承诺双倍利润与回头客，并提供全天候运维以避免因机器停机而导致利润受损。在第三则广告中，机柜和上面的图形元素占据了广告的大部分，广告中还展示了一张机柜的照片。广告多次出现埃克西迪公司的名字，但主文案则简单写道："新款！《死亡飞车》。它让人着迷！追逐怪物真有趣。"[2]（见图3-5）虽然直到春季采购结束，运营商投放机器后争议才开始发酵，但这则广告明确表明玩家追逐的是"怪物"，而非人类。

游戏《死亡飞车》的所有广告文案和艺术作品都将游戏与以男性主导的汽车文化联系起来，并暗示（无论是隐晦还是明确）目标玩家将是男性。即使在第一则广告中试图引入一系列文化参照，但这些参照也明显偏向男性玩家。此外，这些参照还将游戏与早期以男性为主的技术联系起来，从摩托车、飙车族到机关枪和其他军事武器都涵盖其中。

---

[1] "STEP ASIDE！" 15.
[2] "New! Death Race by Exidy," 9.

图3-5 "追逐怪物真有趣"这句广告语旨在让《死亡飞车》游戏免受宣扬驾车杀人的指责

《死亡飞车》的游戏玩法与一些晚近的游戏类似，如《恶煞车手》(Carmageddon，1997)和《侠盗猎车手》，这些游戏都允许玩家在游戏世界中驾驶车辆碾压人类或人形角色。《死亡飞车》可以单人或双人进行，运营商可以调整游戏设置，使玩家在每局购买中拥有80秒到135秒的游戏时间，单人游戏的费用为25美分，双人游戏的费用为50美分。每个玩家通过方向盘、踏板和换挡杆操作屏幕上的任何一辆车。目标是撞击尽可能多的"格林姆林"（gremlins）。每个被撞击的格林姆林都会在游戏中留下一个十字形墓碑，成为游戏中的障碍物；因此，每局游戏的场地都是独特的，具体取决于被撞击的格林姆林数量和位置。[1]

格林姆林只能在中央的"合法游戏场地"内被撞击。在双人模式中，玩家彼此竞争，看谁能获得更多的击杀数。因此，一名玩家可能会故意撞向另一名以阻止对方撞击格林姆林。游戏根据玩家的得分对他们进行排名：1—3分为"追骷髅者"（skeleton chaser），4—10分为"碎骨者"（bone cracker），11—20分为"格林姆林猎手"（gremlin hunter），得分超过21分的为"专家驾驶员"（expert driver），进一步强化了游戏的恐怖主题。[2]

与华丽的机柜图案相比，游戏中的画面非常简陋。"格林姆林"是火柴人，汽车则是简单的带轮方块。因此，游戏的"暴力性"极大程度上依赖于上下文。然

---

[1] Exidy, "Death Race Exidy Service Manual."
[2] "New! Death Race by Exidy," 9.

而，将《死亡飞车》中的黑白像素视作血腥暴力并非完全是幻想。正是上下文使改革者的批评如此坚固。电影《死亡飞车2000》已经成为暴力电影的典型例子，甚至没看过的人也耳熟能详。尽管电影的传播范围有限，像影评人罗杰·艾伯特这样的评论使公众对任何与这部电影有关的媒体产生了愤怒情绪。由于游戏的标题故意将其与电影关联起来，电影的故事情节也成了游戏的叙事背景。无论埃克西迪的高管们多少次声称这些角色是"格林姆林"，或者无数次在广告中强调游戏的目标是追逐"怪物"，要完全切断游戏与电影中攻击行人场景的关联也几乎不可能。在发行后短短几个月内，《死亡飞车》就引发了全国性争议，并在包括《纽约时报》和《60分钟》在内的重要新闻媒体上获得了广泛的报道。埃克西迪的高管们在接受采访时明确表示，公司认为这场争议既令人烦恼又是一个不错的宣传机会。

游玩中的暴力叙事

这场讨论中一个特殊之处是1976年其他投币式电子游戏所构成的大环境。尽管二手市场的活跃确实扩大了可购买游戏的数量，但这里我专注于通过经销商出售的新机器。即使只粗略浏览一下新机器的列表，也可以明显看出《死亡飞车》并不是市面上唯一的暴力游戏。雅达利在 1976 年推出了五款可归类为暴力的游戏：名字直白的《警察与强盗》(*Cops 'N' Robbers*)；追逐碰撞游戏《碰撞得分》；以狂野西部为主题的枪战游戏《亡命徒》(*OUTLAW*)；模拟喷气机空战的《喷气战机》(*Jetfighter*)；以及八人坦克战争游戏《坦克 8》(*TANK 8*)。芝加哥硬币公司则推出了追逐碰撞游戏《冲撞赛车》。伊莱克拉公司推出的游戏包括《复仇者》(*AVENGER*)，这是一款玩家驾驶战斗机的滚动射击游戏。迪吉多公司推出了一款名为《空战》(*AIR COMBAT*)的喷气机战斗游戏，名字同样直白。梅多斯公司推出了一款《炸弹来袭》(*Bombs Away*)，玩家在游戏中需驾驶轰炸机击沉船只，而欢乐游戏公司则推出了一款名为《双翼飞机》(*BiPlane*)的搜寻与摧毁类飞行游戏。

《死亡飞车》并不是暴力游戏中的孤立事件；它存在于一个充斥着竞争性暴力游戏的领域中，其他游戏的暴力设定同样明显。尽管这些游戏中有着显而易见的暴力元素，但并没有引发像《死亡飞车》那样的广泛关注。公众反应表明,相较于其他游戏中显著的"人对人"暴力,《死亡飞车》中的怪物追逐令人恐惧加倍。对《死亡飞车》的特定反应可能是由多个因素导致的。首先,该游戏华丽的街机外壳设计使其在街机厅中与其他游戏区分开来。尽管游戏画面在今天看来相对简陋,它却罕见地以类人形目标为主要攻击对象。而像《亡命徒》和《坦克8》这样的"人对人"暴力游戏,则符合社会普遍接受的文化和历史暴力叙事。尤其是军事类游戏,并不会打破政府垄断暴力的合法性。战争通常被正当化,至少被视为一种防御行为,甚至被美化为维护某种理想或彰显国家实力的手段。而狂野西部的私刑往往被浪漫化为该地区"文明化"的关键步骤。这里所列其他游戏中的暴力幻想也可能符合被接受的暴力现实。

许多游戏中的暴力被忽视的原因可能在于它们并未被视为针对人类的暴力;虽然坦克、飞机和潜艇显然是由人操纵的,但这些人类角色从未出现在屏幕上,甚至几乎从未被提及。诺兰·布什内尔曾暗示了这一点:

> 我们对那款游戏(《死亡飞车》)真的很不满

意。我们（雅达利）有一条内部规定，那就是不允许对人使用暴力。你可以炸毁坦克或飞碟，但你不能炸毁人。我们觉得这不合适，而且在我任期内我们始终坚持这一点。[1]

当然，雅达利的《亡命徒》直接违反了这一所谓的政策。无论对人类角色的暴力边界在哪里，雅达利和其他公司所描绘的暴力现实与游戏类似，都是受特定的战斗规则所支配。快枪决斗的比赛通常在十步之内开始，任何形式的有限战争都基于交战规则。从这个角度来看，正如詹姆斯·坎贝尔（James Campbell）所指出的，一旦战争的恐怖被简化为披着怀旧外衣的历史叙事，即使是所谓的如同地狱般的战争，也可以被当作游戏。[2] 因此，以战争和枪战为基础的电子游戏可能不会引起冒犯，因为它们基于已经在某种程度上被游戏化的现实。而《死亡飞车》并不符合这些暴力现实，它呈现了一个虚构的场景，而这一场景最接近的现实情况是交通肇事逃逸。游戏中呈现的现实过于无序，也过度暗示暴力的混乱。因此，反对游戏或许

---

[1] Kent, *Ultimate History of Video Games*.
[2] Campbell, "Just Less Than Total War," 183-200.

并非针对暴力本身,而是针对这种暴力的不受约束,以及其所暗示的暴力超出了社会接受的秩序。

调解混乱

1976年,市场上已有几十款电子游戏,运营商们争相将最成功的机器放置在黄金地段。根据《重玩》杂志在1975年10月报道热门游戏表现时,距离电子游戏在投币游戏行业兴起仅仅过去三年,电子游戏在线路收入已占据了相当大比例。每台街机的每周收入约为43美元,超越了除台球桌外的其他类型游戏机,台球桌以每周约44美元的收入略胜一筹。在酒吧和小酒馆中,电子游戏与沙壶球并列为第三受欢迎的游戏类型,仅次于台球桌和弹球机。在没有明确针对成年人的场所里电子游戏的表现得更好:在餐馆和其他餐饮场所,它们仅次于弹球机位列第二。[①] 对于电子游戏的传播,地方政府通过分区规划、法规限制和其他地方性措施试图加以控制,反映了人们对这些游戏的

---

① "Replay Route Analysis," 38.

普遍不安，尤其是担心年轻玩家接触后可能因此受到伤害。《死亡飞车》所描绘的暴力行为成了群众广泛不安的导火索，特别是在年轻人能接触这些游戏的情况下。上述的多个因素可能促成了人们对这款游戏的反应，而不同的因素可能激发了不同的人群。

一旦《死亡飞车》成为焦点，它便吸引了媒体的高度关注。以新闻报道的形式出现合法化了大众的担忧，进一步提高了对问题的关注。《纽约时报》在1976年12月的一篇文章指出，该游戏不仅引起了地方当局的注意，还吸引了国家安全委员会的关注。文章中，作者将游戏中的火柴人目标称为"象征性的行人"，并广泛引用了国家安全委员会研究部门经理、行为心理学家杰拉尔德·德里森（Gerald Driessen）的观点。德里森指出，1975年有近九千名行人因交通事故死亡，并认为电子游戏暴力与电视暴力有着本质上的不同：

在电视上，暴力是被动的……在这款游戏中，玩家主动创造暴力。玩家不再是旁观者而是整个过程的参与者。我确信大多数玩这款游戏的人并不会跳进车里去撞行人……但是千分之一呢？

百万分之一呢？想到如果继续鼓励这种行为接下来会发生什么，我会不寒而栗。那将相当血腥。[①]

在文章中，埃克西迪公司的总经理菲尔·布鲁克斯（Phil Brooks）表示游戏实际上并未展示血腥暴力："如果我们想要让车子碾过行人，我们可以做到让人毛骨悚然。"他接着评论道，精灵毁灭时发出的声音是"哗"的一声，而不是尖叫或哀嚎："我们本可以再多花 8 美元制作轮胎摩擦声、呻吟声和尖叫声……但我们不会做那样的游戏，我们也是人类。"《纽约时报》发表该文章时，埃克西迪已经生产并售出了 900 台《死亡飞车》的机器（见图 3-6、图 3-7），布鲁克斯明确表示，不管对游戏的报道多么负面，都推动了销量。[②]

《纽约时报》在 1977 年 8 月再次发表了一篇文章总结了这款游戏，并引用了德里森的评论，但此处的语气有所不同。题为《后记：有争议的〈死亡飞车〉游戏到达"终点线"》（Controversial 'Death Race' Game Reaches 'Fin-ish' Line）。这篇文章试图为这场持

[①] Blumenthal, "'Death Race' Game Gains Favor."
[②] Blumenthal, "'Death Race' Game Gains Favor."

第三章 适应暴力

图3-6 《死亡飞车》游戏机展示了恐怖风格的图形和双人控制器。照片由Rob Boudon（罗布·布登）拍摄

图3-7　1976年，埃克西迪公司的员工聚集在《死亡飞车》街机机柜的周围

续了大半年的争议画上句号。埃克西迪公司在1977年早些时候已经停止了《死亡飞车》的生产，尽管现存的机器可能仍存在问题，但这款游戏似乎不再构成明显的威胁。文章还描述了记者在洛杉矶韦斯特伍德（Westwood）电子娱乐中心看到的一幕，一名小女孩在父亲的监护下玩这款游戏，打出了6次命中，父亲鼓励她说："你真是紧追不放啊。"文章最后引用了一位13岁的电玩迷的回应，当问到游戏是否会让他变得暴力时，他说："那真是太蠢了，况且我连车都

不会开。"① 总之，该问题似乎得到了某种程度上的解决，不再被认为是严重威胁，尽管孩子们仍在玩这款有争议的游戏。

当埃克西迪最初开始生产《死亡飞车》时，公司并未将其视为一个重要的项目。据20世纪80年代担任埃克西迪执行副总裁的保罗·雅各布斯（Paul Jacobs）说，该游戏"最初被公司视为一款短期的过渡性作品。"② 该游戏表现不错但并未引起太多关注，似乎也没有成为热门作品的潜质，直到美联社（Associated Press）驻西雅图的记者撰写了一篇文章，质疑了这款游戏是否适合儿童玩耍。这篇报道引起了公众的兴趣，也促使其他媒体开始跟进。

在为这款游戏辩护时，公司内部很少有人谈及游戏的预期受众；相反，公司试图淡化游戏的暴力性，并强调公众的关注对公司有利。雅各布斯重复了这种观点，认为媒体的关注有助于提升公司的形象，推动了游戏的销售，并提升整个电子游戏行业的形象：

> 我们一点也不羞于谈论《死亡飞车》……最终

---

① Harvey, "Postscript."
② Brainard, "Exidy," 93-99, 100-102.

的结果是我们处理得非常好,媒体的关注对整个行业都有好处。至于游戏,媒体的关注度比我们想象的更受欢迎……我们生产的机器数量是最初计划的十倍以上。①

随着媒体纷纷关注埃克西迪品牌,即使这种关注是负面的,并采访了他们的高管,公司的知名度在那些负责采购游戏的运营商中大大提高。《游戏评测》上一篇文章报道了该游戏的成功,并称雅各布斯在最初的美联社报道中"被严重误引",还引用了雅各布"兴高采烈"的话:"公众对《死亡飞车》的普遍接受可以通过投币箱来直接体现,里面总是装满硬币!"②《死亡飞车》的恶名不仅推动了原版游戏的销售,还促使埃克西迪在1977年推出了续作《超级死亡追逐》(*Super Death Chase*)③。在《游戏评测》的另一篇文章

---

① Brainard,"Exidy," 93-99,100-102.
② "Death Race Rerun," 32.
③ 《死亡飞车98》于1976年3月首次在《重玩》杂志上刊登广告,而《死亡飞车》则首次在1976年4月那一期杂志上刊登广告。鉴于这些广告彼此之间的时间接近,并且与其他关于《死亡飞车》的报道中未提及《死亡飞车98》,它们似乎是同一宣传活动的一部分。根据当时行业报道提供的证据及我的理解,制造商似乎将这两个名称互换使用。

第三章 适应暴力

中，凯茜·布雷纳德（Kathy Brainard）回顾了埃克西迪早期成功的十年历程，她提到《死亡飞车》"比之前任何游戏都获得了更多的媒体关注，甚至超过了《吃豆人》"。[①]虽然布雷纳德的说法有些夸张，但它确实凸显了《死亡飞车》的恶名及其带来的影响。除了帮助公司成为一个值得关注的行业参与者，《死亡飞车》还推动了销售并巩固了公司的财务状况。

持久影响

《死亡飞车》不仅帮助埃克西迪确立了品牌，还为未来关于电子游戏的道德恐慌设定了模式。虽然《死亡飞车》可能是首例，但随后发布的许多游戏也引发了争议，其中不少游戏因曝光度提高而销量激增。20世纪70年代末到80年代初，公众对电子游戏的讨论从对个别游戏的担忧转向了对街机厅的总体关注，暴力问题一直在背景中潜伏，尤其是在某些游戏发布或青年人出现令人震惊的暴力行为时，这类争议

[①] Brainard, "Exidy," 93-99, 100-102.

往往再度引发了广泛关注。两款备受争议的系列游戏，《死亡赛车》和《侠盗猎车手》或多或少从《死亡飞车2000》和《死亡飞车》的遗产中汲取了灵感。

1997年，英国Stainless Games（不锈钢游戏公司）发布了《死亡赛车》，引发的公众反应与《死亡飞车》极为相似。《死亡赛车》是一款带有载具战斗元素的赛车游戏，玩家可以通过破坏其他车辆、收集奖励或撞击行人来获得额外时间。与《死亡飞车》一样，这款游戏呈现的暴力内容超出了人们对暴力行为的传统接受范围。在美国，娱乐软件分级委员会（Entertainment Software Ratings Board，简称ESRB）给该游戏评定为"M"级，这是该委员会的第二严格等级，表示该游戏仅适合年满17岁的玩家。此外，这款游戏在包括英国在内的其他国家受到审查，英国的审查机构要求将行人受害者的血液颜色从红色改为绿色，以便声称这些受害者并非人类。[1] 与《死亡飞车》一样，这些争议并未阻碍销量，反而推动了销量的增长。公司联合创始人兼首席程序员帕特里克·巴克兰（Patrick Buckland）表示："我们此前不为人知，品牌也

---

[1] Poole, *Trigger Happy*.

不为人知……游戏必须靠自己站稳脚跟，也许没有暴力元素这些都将无法做到——尽管它确实获得了极高评价。"①

不论好评与否，如果没有围绕《死亡赛车》的争议，该游戏不会在游戏刊物之外引起太多关注。作为一家小型游戏工作室，Stainless Games 没有足够的资源进行大规模广告或宣传活动。正如巴克兰所指出的，如果没有暴力元素，该游戏的销量可能不太理想。即使拥有良好评价，《死亡赛车》也无法吸引忠实游戏玩家群体以外的受众，只有因为争议内容才获得主流媒体的关注。

另一个充满狂欢式暴力色彩的赛车游戏的代表是R星游戏公司的"侠盗猎车手"系列，首作发布于《死亡赛车》同年。在《侠盗猎车手》游戏中，主角是一名渴望在黑社会中崛起的罪犯，通过完成任务逐步提升地位；游戏内容包括枪支暴力、醉驾、毒品交易和车辆暴力（如撞击行人后逃逸）等。值得注意的是，该系列所有游戏的核心叙事均由男性角色担纲。当其被批评这一点时，创意副总裁丹·豪瑟（Dan

---

① "Making of ... Carmageddon."

Houser）为选择男性角色的决定进行辩护，称"男性化概念对这个故事至关重要。"[1]

"侠盗猎车手"系列因极具争议而被《吉尼斯世界纪录》评为"历史上最具争议的电子游戏系列"。[2]同《死亡飞车》和《死亡赛车》一样，《侠盗猎车手》也将暴力聚焦于既定社会秩序之外。这种暴力不同于战争、西部荒野或警匪题材中的暴力，那些通常被认为是维持秩序的必要手段；相反，《侠盗猎车手》展现的是一种鲁莽甚至有时显得愉悦的暴力。此外，在一些知名的案件中，游戏被指责为暴力事件的诱因，进一步加剧了这一争议。2003年，16岁的威廉·巴克纳（William Buckner）和14岁的继兄约书亚·巴克纳（Joshua Buckner）用步枪向车辆开枪，导致一人死亡，另一人重伤。两人告诉警方，他们受到《侠盗猎车手Ⅲ》的启发而决定向汽车射击。[3]在另一场诉讼中，原告将两名警察和一名接警员死于枪击归咎于《侠盗猎车手》，而凶手是一名17岁的少年。

随着《死亡赛车》和"侠盗猎车手"系列等游戏

---

[1] Renaudin, "GTA 5 Doesn't Include Female Protagonist."
[2] Brady Games, *Guinness World Records 2009 Gamer's Edition*.
[3] "Suit: Video Game Sparked Police Shootings."

在画面、音效及其他设计元素上的日益精细，关于这些游戏的争论也愈加激烈。新兴媒体技术的应用使得这些游戏被认为构成了新的、独特的威胁，帮助它们在公众讨论中与早期游戏区分开。从今天的媒体环境来看，《死亡飞车》及其引发的争议似乎显得离奇，但它在塑造公众对电子游戏的看法和电子游戏适宜受众的讨论中依旧占据关键地位。无论是《死亡飞车》还是这些更近代的游戏系列都表明，争议并不会阻碍暴力电子游戏的制作；实际上，围绕暴力的公众话语不仅反复强化了电子游戏与暴力的关联，还提升了以暴力见长的游戏的知名度。

销量数据进一步表明，争议确实推动了销量。2010年，娱乐软件分级委员会报告显示，只有5%的游戏获得了"M"级，即"成熟"（"Mature"）评级，但当年十大畅销游戏中有五款被评为"M"级。[①]这五款畅销游戏分别是《使命召唤：黑色行动》（*Call of Duty: Black Ops*）、《光环：致远星》（*Halo: Reach*）、《荒野大镖客：救赎》（*Red Dead Redemption*）、《使命召唤：现代战争2》（*Call of Duty: Modern Warfare 2*）和《刺客

---

① Narcisse, "Games Rated 'Mature.'"

信条：兄弟会》（*Assassin's Creed: Brotherhood*）——主要因暴力内容而被评为"M"级。值得注意的是，其中一些游戏如"使命召唤"系列描绘了军事化暴力，而《荒野大镖客：救赎》则涉及西部荒野暴力，这类暴力较《死亡飞车》、《死亡赛车》和《侠盗猎车手》中的越界暴力更符合公众接受的讨论范畴，因此争议性相对较低。然而，这些游戏依然以暴力为主，并常被视为暴力游戏的代表作，同时也占据着畅销榜单。暴力游戏因博得眼球而成为最受欢迎的作品，这进一步使其正常化。像《死亡飞车》、《侠盗猎车手》和《使命召唤》这样的游戏引发了大量讨论，这种讨论影响到非玩家群体，从而使暴力成为电子游戏这一媒介的重要组成部分。从1976年至今，暴力游戏在制造或至少在实际游玩和公众讨论中已变得非常普遍，以至无法将暴力游戏与更广泛的电子游戏类别分开。此外，这些游戏中男性主角的设定及其与传统男性领域（如汽车文化和军事）的主题关联性，也推动了将游戏呈现为一种男性化的活动。

《死亡飞车》事件引发了围绕道德恐慌如何推动暴力游戏的制作和发行的深刻思考，同时也促使暴力内容在整个媒介中逐渐正常化。在电子游戏暴力的历史中，尤其是在关于媒介文化和青少年道德恐慌的泛化历史中，公众争议何以塑造特定类型游戏的工业生产和发行，成为一个值得深入研究与探讨的课题。

第四章 街机厅的无政府状态

监管投币式电子游戏

尽管1976年针对《死亡飞车》的反应可能是最早的有关电子游戏的道德恐慌，但绝非最后一次。投币式电子游戏在20世纪70年代中期至80年代初期仍是争议的焦点。在此期间，电子游戏迅速普及并被视为科技进步的象征，但许多社区通过区域划分条例、法规和其他限制措施来反对街机厅。虽然这些措施反映了持续性抑制投币娱乐行业的努力（无论是否公平，该行业长期以来都与有组织的犯罪活动有关），但随着电子游戏的影响力不断上升，针对该行业的敌意再次复燃。社区领袖在其管控投币娱乐业务的行动中，往往会明确提及电子游戏。即使管控措施采取了更为普遍的方式，其时机也具有启示意义——正好与电子游戏普及的高峰期相吻合。

罗尼·拉姆（Ronnie Lamm）来自纽约州长岛布鲁克海文（Brookhaven），因在其社区推动对电子游戏的管控而受到全国关注。在 1982 年《纽约时报》的一篇文章中,她总结了她所在城镇对电子游戏的抵制行动。

> 我们的社区正在变得像拉斯维加斯,每家商店里都有吃角子老虎机(one-armed bandits,一种单臂老虎机)。我们请求布鲁克海文镇暂停发放任何新的街机厅许可。①

拉姆和布鲁克海文的其他倡议者并非孤军奋战。纽约州欧文顿(Irvington)的托管委员会对新街机厅的开设实施了暂停令,而纽约市林布鲁克关于是否禁止未成年人使用投币式电子游戏的辩论也引起了全国的关注②。这些努力不仅限于小城镇或郊区,波士顿、旧金山,甚至是投币娱乐行业中心芝加哥等大城市也认真考虑或实施了相关法规。美国各地的社区通过新法规或重新执行现有但被忽视的政策来抵制电子游戏的传播。虽然这些努力往往是局部的,但它们同样是关于电子游戏的价值、潜在危险及其对青少年是否合适接触等更具国家性讨论的一部分。

---

① Kerr, "Issue and Debate."
② Collins, "Children's Video Games."

道德卫士和潜在的监管者常常与投币娱乐行业，特别是运营商发生直接冲突。后者通过公关反击，试图将电子游戏塑造成健康且有益的活动。行业支持者如沃尔特·戴伊通过流行媒体助力来宣扬电子游戏玩家的优良特质，其中包括像《电子世界争霸战》和《战争游戏》这样的好莱坞大片，以及知名报刊上的正面报道。然而，即使是最为赞美的报道也会透露出矛盾之处。戴伊承认，那些聚集在奥塔姆瓦的冠军玩家们曾被酒店驱逐出去，尽管观众被引导去同情并赞赏《电子世界争霸战》和《战争游戏》的主角，这些主角依然表现出一些与既定社会秩序对立的倾向。因此即使受到赞扬，电子游戏仍被视为鼓励男孩的破坏性行为。并非所有人都被电子游戏能够培养科技素养、解决问题能力甚至手眼协调等潜在积极价值的论点所吸引。虽然许多游戏支持者用"男孩总是顽皮"（"boys will be boys"）这种陈词滥调来淡化这些破坏行为——因为玩家通常被假定为男孩——但那些致力于限制接触的人却也引用相同类型的问题来推动监管，认为电子游戏正在腐化一代男孩的品行。

在本章中，我详细描述了20世纪70年代末至80年代初，社会为监管和限制投币式电子游戏及街机厅所采取的措施。我将这些措施与旨在更广泛限制投币游戏的监管体系联系起来，包括更早期针对弹球机和赌博机的法规。我认为电子游戏这一新兴技术对青少年的直接吸引力使得上述监管措施在许多社区被重新激活。本章指出，归咎于街机厅的种种弊端同时反映了对青少年犯罪和投币娱乐行业的固有焦虑，以及对正在全国发生的技术、文化和经济变革的新焦虑。我主张，对电子游戏接触的管控措施很大程度上源于哪些活动应被正确地纳入童年，尤其是男孩童年经历的讨论。通过引用美国最高法院关于限制街机厅的裁决，我认为在将青少年构建为消费者民权的过程中，街机厅起到了关键作用。

投币式游戏机的可疑历史

投币式电子游戏监管的措施广泛分布在美国各地，其源于长期存在对投币行业的质疑。现有法规在多个社区中促成或加剧了对各种投币设备的监管，刻板印象和历史背景也发挥了相似的作用。投币行业因其与洗钱和有组织犯罪活动的联系——无论是否公正——以及与赌博长期的文化历史勾连而备受打击。此外，人们普遍认为娱乐设备是对休闲时间的一种无意义浪费而饱受诟病。该行业所面临的三个声誉问题均源自长期的历史根源，对行业赢得尊重和体面也构成了重大挑战。更重要的是，这些问题创造了一种环境，使得电子游戏仅因模糊的关联，也能轻易在道德上被质疑。

犯罪嫌疑长期困扰着投币行业。有证据表明，这类设备的运营总是与各种非法活动有关联，最显著的便是洗钱活动，只因这些机器为大量现金流入提供了便捷的掩饰。臭名昭著的艾尔·卡彭（Al Capone）曾利用大量芝加哥的投币式自助洗衣店，将其非法赌博和敲诈所得的利润以隐秘的方式"清洗"干净。1946年，据《芝加哥太阳报》报道，芝加哥犯罪集团（Chicago Syndicate）占据了该市大约75%的投币式音乐业务，且有约5000台弹球机在芝加哥非法运营。[1] 1967年，芝加哥犯罪委员会（Chicago Crime Commission）发布的一份报告揭露了投币式自动贩卖机业务中的有组织犯罪活动。[2] 虽然芝加哥只提供了投

---

[1] Lombardo, *Organized Crime in Chicago*, 95.

[2] Lombardo, *Organized Crime in Chicago*, 140.

币行业与犯罪活动关联的骇人事例,但这种联系仍被认为是普遍存在的。直至20世纪70年代,投币行业仍饱受与有组织犯罪的牵连之苦。其中一些条例,比如得克萨斯州梅斯基特市条例,在"梅斯基特市诉阿拉丁城堡公司案"(City of Mesquite v. Aladdin's Castle, Inc.)中受到质疑,正是对这些牵连作出的回应。根据梅斯基特条例,申请经营投币式娱乐机的许可证将由警察局长进行评估,警察局长会根据申请人是否与"犯罪分子有关联"来给出建议。[1]1983年,在马萨诸塞州马什菲尔德,托马斯·杰克逊(Thomas Jackson),一位前马萨诸塞州缉毒官员兼马什菲尔德反破坏委员会(Marshfield Vandalism Committee)主席,提议全面禁止投币式电子游戏,他声称当地的街机厅被怀疑从事毒品交易,而当地的投币行业由"恶棍"(hoods)操控。杰克逊说:"我不想让我的孩子由那些人来监管。"[2](马什菲尔德的禁令颁布并一直持续到2014年。)与许多条例类似,这些措施是为了以更广泛的方式预防犯罪行为,但实际上针对的是特定的投币行业,反映了基于行业的假设,认为其与犯罪存在勾连的偏见。

---

[1] 美国得克萨斯州梅斯基特市《市政法典》1353号(1977年)。
[2] Shaw, "News," 58-59.

投币式赌博机与整个投币行业间的联系进一步加深了人们对投币设备的不良印象。在投币行业与有组织犯罪之间的联系方面，行业可以为自身的正当性进行辩解，但赌博问题则更为棘手。毕竟，许多投币式设备制造商都参与过老虎机或其他赌博设备的生产，而赌博一直是许多制造商的主要收入来源。例如，WMS工业公司（WMS Industries, Inc.）早已脱离其作为威廉姆斯电子公司（Williams Electronics）时以投币式弹球机和电子游戏闻名的业务，自20世纪90年代以来更专注于老虎机和其他赌博设备的生产。其他许多投币式设备制造商在不同类型的设备生产领域进进出出，其中就包括赌博机的生产。关于哪些设备是赌博机而哪些属于技巧游戏的争议，长期是主导投币行业政策争论的焦点，而这两类设备之间的模糊界限使得即便投币式游戏机与赌博行为明显无关，投币设备也容易被贴上赌博的标签。

投币式赌博机和其他投币式游戏机在外形上也往往相似，这可能与制造和设计过程有关。这些设备的相似极富暗示性，进一步加剧了所有投币游戏与投币赌博间的联想。弹球机尤其受到这种联想的影响，因为围绕弹球机分销和使用法规的争论一直持续到 20 世纪 70 年代，原因在于该游戏的早期形式可以被视作赌博装置。由于赌博的长期禁令，投币式赌博机与投币游戏之间的联系进一步加深了整个投币行业的负面声誉。限制接触投币游戏的措施经常强调这些关联，声称相关游戏实际上是一种赌博形式，或者即使这些游戏本身不是赌博设备，也会鼓励赌博行为。

影响投币行业的第三个长期问题是更普遍存在的一种倾向，即将休闲活动引向具有建设性或被视为高尚的活动。19 世纪末的美国改革者将注意力投向工人阶级的娱乐活动时，投币式娱乐和游乐场中的项目在道德上饱受质疑。围绕如何恰当利用业余时间的讨论推动了 20 世纪晚期许多景观和城市设计，这在哥伦比亚博览会的"白城"（White City）中尤为明显，尽管组织者试图引导，但游乐场仍然成为最受欢迎的景点[1]。廉价的娱乐活动被视为轻浮或浪费，被描绘为工人阶级不当的财务管理，或这些娱乐项目腐化了社会。总之改革者对投币式娱乐、游乐场游戏及其他娱乐形式的攻击产生了深远的影响。

---

[1] deWinter, "Midway in the Museum."

监管弹球机

弹球机为有关投币式电子游戏的辩论提供了最明确的政策先例。弹球机与投币式电子游戏由同一行业生产，并通过相同的渠道分销。正如后来的投币式电子游戏一样，弹球机与青少年犯罪联系在一起，这种关联推动了监管措施的发展。此外，弹球机也因投币行业与赌博和非法犯罪活动的关联而受到影响，尤其是针对弹球作为一种概率游戏（game of chance）的攻击，推动了相关监管措施落地。值得注意的是，弹球机禁令一直持续到20世纪中期，在极少数情况下，甚至延续到21世纪。正因如此，弹球机的法规和禁令在监管和舆论层面都为投币式电子游戏的接受和处理提供了关键先例。

玩家操控的弹球游戏挡板，现如今已成为弹球游戏中的标配，但其实直到1947年才被引入，这意味着早期的机器依赖运气而非玩家的技巧。早期的弹球机有时会提供现金或其他奖品，并且通常由生产老虎机的公司制造。例如，巴利公司就是一个典型厂商，后来它成为最著名的弹球机制造商之一，但最初却是以生产老虎机起家的。

现金奖励或可兑换现金的免费游戏与赌博设备制造之间的关联,再加上投币行业的恶劣声誉,构成了反对弹球机的有力论据。社区负责人利用这些因素来推动对弹球机的监管;即便在挡板引入后的几十年里,这些游戏仍受到严格监管,并常被视为赌博设备对待。

20世纪40年代对弹球机的监管往往强调它作为赌博设备的属性,改革者们也强调弹球机对年轻玩家的吸引力,这些担忧得到了法院的回应。1941年,新泽西州最高法院的约瑟夫·L.博丁(Joseph L. Bodine)法官谴责了弹球机:

> 你不必争论这是不是一种赌博设备。我已经与同事们讨论过了,他们同意这就是一种赌博设备。男人和男孩不会站在那里不停地往墙里投五分钱而不期望回报。在这个时代,或许年轻人已经堕落到这种地步,认为这是正常的行为,但如果真是这样,某位医生应该把他们送进精神病院检查一下脑子。[1]

---

[1] "Judges Denounce Pinball as Gambling."

值得注意的是，法官提到玩家时使用了"男人和男孩"这样的称呼。人们担忧弹球机反映了青少年（尤其是男孩和年轻男性）的堕落。这种担忧值得注意，并且在历史上有过多次体现。在成功的反弹球机运动中，纽约市市长菲奥雷洛·拉瓜迪亚（Fiorello LaGuardia）声称这些机器在骗取学生们的午饭钱；在相关的法庭诉讼中，一名 16 岁的男孩作证称他逃学并把午饭钱花在了弹球机上。[①] 同样，这些为防止年轻人逃课或将午饭钱用在弹球游戏上的法规也对弹球机进行了污名化，将弹球与青少年犯罪和反社会行为联系在一起。

关于青少年犯罪与弹球机之间的联系，以及弹球机在某种程度上导致年轻玩家学坏的隐含指控，即使在 20 世纪 70 年代弹球机禁令解除后仍然持续存在，并成为美国电影和电视中的一个标志。在电视剧《欢乐时光》（Happy Days）中，油头青年亚瑟·方扎雷利（Arthur Fonzarelli），更广为人知的名字是"方兹"（The Fonz），他被描绘成玩弹球机的形象；而在 1979 年的电影《俏娃娃》中，年轻的布鲁克·希尔兹

[①] "Pinballs as 'Racket' Fought by Mayor."

(Brooke Shields)饰演主角——一个小学年纪的逃家少女和弹球机高手。在好莱坞将弹球机浪漫化为青少年叛逆象征的背景下,那些制定政策的官员仍然担心游戏对现实世界的影响。当1974年洛杉矶的弹球机禁令被加利福尼亚最高法院推翻时,法官路易斯·伯克(Louis Burke)在其反对意见中表达了对青少年的担忧:"这些游戏对孩子们有特别的吸引力,合理地可以被视为一种公认的时间和金钱浪费,助长游荡、赌博及其他无益的习惯。"①

伯克在1974年的担忧出现在电子游戏早期成功之后,并在某种程度上预示了人们对投币式电子游戏日益增长的不安。纽约市禁令的解除也成为这座城市丰富多彩历史中的一段趣事。1976年,记者兼弹球玩家罗杰·夏普(Roger Sharpe)在市议会听证会上进行了一场现场演示,展示了他的弹球技巧,以帮助重新评估这项长期的禁令。②

1974年,《乓》对大多数美国人来说早已耳熟能详,电子游戏制造业的爆炸式增长已经开始,投币式电子游戏从酒吧娱乐逐渐转变为全民热潮的过程正在进行。

---

① 科萨克诉洛杉矶市案,11 Cal.3d 726(1974)。
② Porges, "Eleven Things You Didn't Know about Pinball History."

弹球机的黄金时代已经过去,机器不再成为紧迫的问题,但几十年来围绕弹球游戏的公共辩论和监管为处理投币式电子游戏这一新兴技术设立了重要的先例,而这种新技术在当时正迈入属于自己的黄金时代。

正如我在本书中所论述的那样,电子游戏出现在文化变革的时刻。解除美国几个主要城市的弹球机禁令便是这种变革之一。20世纪70年代中期,道德卫士们将注意力从投币式弹球机转向投币式电子游戏,认为这些新游戏引发了与弹球类似的问题,同时也带来了独属于电子游戏新技术的问题。与此同时,投币行业看到电子游戏中蕴含的机遇,试图借此解决长期存在的公共关系问题,并推动行业形象使其更加受人尊重。整个20世纪70年代至80年代,投币行业不断努力利用电子游戏与年轻人之间的联系以展示更有利的形象,尽管各地社区仍在推动对青少年玩游戏的监管工作。

未来在像素中

尽管在过去的几十年中投币行业声誉不佳,但到了20世纪70年代,该行业的从业者便致力于行业职业化,并推动社会认可这是个合法商业。服务于投币行业的两大商业杂志《重玩》和《游戏评测》都创办于20世纪70年代中期。这两份杂志通过提供专业人士的特稿、行业新闻动态,以及行业现状报告和各个投币机器的收入排名等商业建议,旨在推动行业的职业化。《重玩》将家庭娱乐中心等某些类型的场所呈现视为合适的经营模式,编辑的按语也时常指出行业内的不良行为,认为这些行为破坏了整个行业的合法性。《游戏评测》也包含类似的内容,并刊登了一系列题为"公关问题/公关解决方案"的长篇文章,这些文章从一本小册子中转载而来,名为《投币式娱乐游戏行业的社区关系手册》,由娱乐与音乐运营商协会、娱乐游戏制造商协会(Amusement Game Manufacturer Association)以及娱乐与自动售货机协会联合制作[①]。在《游戏评测》和《重玩》中,行业的尊严感给人感觉异常脆弱,来之不易且需要再而三的申明。

  虽然电子游戏持续引发争议,但也因其作为一项重大技术创新而备受关注。投身于投币游戏行业声誉建设的人不仅看重电子游戏的盈利能力,还将其视为

---

① "PR Problems/PR Solutions," 130-132.

一个将行业重新定位为提供健康主流娱乐的机会。对一些社区负责人而言,投币式电子游戏对年轻人的吸引力显得十分有害,但对行业而言,这却是个积极信号,彰显了这些游戏的文化意义和行业的正当性。行业报道强调了这些游戏本身的固有价值,突出了竞技玩家所需的手眼协调和技能水平,以及这些游戏如何以一种平易近人的方式运用计算机尖端技术。当然,技能一直是投币游戏在面对赌博设备监管时的重要辩护点,因此这是一种显而易见的策略。此外,从R.W. 康奈尔的观点来看,技术技能还将这些游戏与越来越受到认可和追捧的中产阶级男性气质联系起来。[1]

此外,将电子游戏与体育进行比较也是基于这种对技能的关注,试图将这些游戏置于一个鲜有的男性追求的合法文化背景中,使之易于理解。与体育的关联成为行业推动者和媒体报道解释电子游戏的一种方式。这种比较因职业"电子竞技"(e-sports)联赛而广为人知。将电子游戏定位为体育的努力有着悠久历史,因为投币游戏行业一直积极倡导并寻求这些比较。

---

[1] Connell, *Masculinities*, 54-56.

1983年，《重玩》杂志刊登了总统罗纳德·里根（Ronald Reagan）在沃尔特·迪士尼世界的艾波卡特中心（Epcot Center）对一群数学和科学成绩优异的学生发表的讲话，表达出他对电子游戏谨慎的认可：

> 许多年轻人在玩这些游戏时培养了令人难以置信的手、眼和大脑协调能力。空军认为这些孩子如果驾驶我们的战机，将会成为出色的飞行员……看一个12岁的孩子在玩《太空侵略者》时采取规避动作并多次得分，你就会欣赏到未来飞行员的能力……不过别误会我的意思。我并不希望这个国家的年轻人回家告诉他们的父母，总统说他们可以一直玩电子游戏。作业、运动和朋友仍然要放在第一位。

尽管里根将电子游戏与体育区分开来，并主张体育应当"优先"，但文章最后仍将投币游戏与体育进行了比较。

> 总统先生说得很对。不过，投币娱乐行业非常乐意您将我们的"运动"视为未来领导休闲或教

育活动的一股积极力量。①

通过将电子游戏技能与潜在的军事能力联系起来，里根将游戏置于民族主义、男性气质和技术先进性的背景中，这种对娱乐设备的框定符合行业对主流尊严的期望，同时暗示玩家可能是美国年轻人中一个独特但有价值的群体。

里根对玩家的勾勒与行业对技能、运动能力和技术的强调，以及《生活》杂志对破纪录玩家的报道，都是在将游戏和玩家视为文化发展的有益补充并加以解读。电子游戏正处于一个文化、经济和技术重大变革的时期，对游戏进行正面定位在某种程度上也是为了理解这些变化。对游戏进行的监管举措同样也指向这些变化。弗雷德里克·詹姆逊（Fredric Jameson）、大卫·哈维（David Harvey）及其他晚期资本主义批评家指出，在新奇娱乐和体验上花费是20世纪末经济变化的主要趋势之一；迈克尔·金梅尔（Michael Kimmel）也指出，这一趋势影响了年轻男性身份的形成。投币式电子游戏正是詹姆逊和哈维所强调的娱乐

---

① "President Reagan Makes Pro-Video Remarks," 16.

形式之一。

这些游戏的出现正值工作流迅速计算机化的时期,也是许多美国人能够轻松接触到的第一批计算机技术的时期。道德卫士对这些变化感到不安,并通过推动对投币行业的监管进行反击,尽管他们寻求将弹球机及其他投币娱乐的现有监管模式作为推进的策略。同时,该行业试图将电子游戏纳入技术进步和个人发展叙事,主张电子游戏正在帮助年轻人适应新的职业和经济现实,并将玩家呈现为聪明的、几乎像运动员一样的年轻群体。[①] 行业的体面和年轻玩家的体面通常被视为对抗监管的论据。讨论的焦点围绕年轻人——更具体说是男孩和年轻男性应有的追求展开,以及对文化和经济变化的解读,这些变化远远超出了小城镇市议会的监管范围。

尽管投币行业努力将自身定位为一群专业商人的集合,但大众媒体和行业媒体仍列举了许多社区为规范电子游戏传播所做的措施。其中一些措施是执行现有投币式电子游戏相关规定,另一些则表现为对投币式电子游戏的新一轮针对性监管。这些规定的重点具

[①] Kimmel, *Guyland*, 16-18.

有启示意义,表明了尽管这些行动是地方性的,但它们构成了全国性讨论的一部分,并将电子游戏视为一场新兴危机。虽然社会1976年对《死亡飞车》的反应集中于这款特定游戏,但对青少年从游戏中学坏的担忧,在针对投币式电子游戏的监管中延续了下来。即使行业组织起来反对监管并争取被接纳,许多社区仍将电子游戏视为对社会秩序的潜在威胁以及青少年文化中可能面临的一场危机。这些监管揭示了围绕电子游戏日益加剧的紧张情绪,并提供了大众如何看待投币行业和新兴玩家群体的看法。

对电子游戏的监管努力依赖于各种策略。虽然极少有像对弹球机实施全面禁令那样的措施——尽管马什菲尔德是一个有趣的例外,但许可和税收政策很常见,许多城镇还考虑了基于年龄的限制。这些担忧几乎与推动弹球机监管的原因相同。在1981年《纽约时报》一篇关于纽约州欧文顿拟监管电子游戏的文章中,作者总结了社区的担忧:"许多家长抱怨这些机器花光了孩子们的午饭钱,还让他们上课迟到。"拉姆因反对布鲁克海文投币式电子游戏的全国性活动而受到关注,她在美国公共广播公司《麦克尼尔/里尔新闻小时》(*MacNeil/Lehrer NewsHour*)的采访中表示,电子游戏在她的社区兴起,导致越来越多上小学的孩子失去了午饭钱。[1]

在另一篇关于欧文顿推动监管的文章中,提出在"上学日的课后限制游戏时间"的露丝·德维沃(Ruth DeVivo)被形容为把游戏与赌博相提并论的人:"德维沃夫人表示,这些机器向高分玩家提供的免费游戏等同于'赌博',并且这些游戏诱使年轻人'行为改变'。"[2]在林布鲁克倡导监管时,林布鲁克家长教师协会中央委员会的前主席苏珊·鲁赫曼(Susan Ruchman)指出了类似的社区问题:"这些游戏中心带来了不良影响。它们在上学时间开放,诱使一些学生逃学。"[3]马萨诸塞州马尔伯勒(Marlboro)实施了一项禁止18岁以下未成年人在晚上10点后或上学日玩投币弹球以及电子游戏的禁令,其正当理由是对毒品交易的担忧。而伊利诺伊州布拉德利(Bradley)的一项条例禁止16岁以下的青少年在"购物中心街机厅"玩电子游戏。布拉德利市市长还表示,这些游戏诱使孩子们浪费午饭和课本钱。[4]将电子游戏视为赌博并与

---

[1] 作者采访麦克尼尔。
[2] Feron, "Westchester Journal."
[3] Abramson, "Game Parlors Face Curbs."
[4] Associated Press, "Illinois, Massachusetts Towns Ban Video Games."

青少年犯罪联系起来的说法延续了支持弹球机监管禁令的理由。

许多社区注重限制街机厅的扩张，如林布鲁克的情况那样；或限制青少年进入，就像在欧文顿讨论的那样，但最终放弃了这一举措。在这两个社区，机器的许可制度或限制单个商户内机器数量的规定也很常见。通过年龄来限制游玩的频率凸显了投币式电子游戏被视为青少年问题的严峻程度。在这些地方性监管举措中，最著名的是得克萨斯州梅斯基特市通过的一项条例，该条例拟限制青少年接触投币式电子游戏，并要求申请机器许可或开设街机厅的人接受警察局长的审查，以评估是否与犯罪分子有联系。这一条例在法院系统中经历了一系列广泛的报道和诉讼过程。例如，布拉德利和马尔伯勒的青少年禁令就颁布于联邦上诉法院推翻梅斯基特市法规和美国最高法院最终裁决之间。虽然全国各地出台的监管措施有所不同，但这些关于实施监管的讨论和法规的出台体现了大众对投币式电子游戏产生的影响有着共同的假设与担忧。

在 20 世纪 70 年代，由于政府对有组织犯罪的成功打击，推动投币行业向专业化发展变得愈加可能。1975 年，美国司法部甚至表示，新型游戏并未吸引有组织犯罪的介入[1]。同一时期,《重玩》和《游戏评测》的创办表明了行业的增长,这种增长主要靠投币式电子游戏的成功推动,也显示了行业推动专业化和建立良好声誉的动力。在报道禁令及其他监管投币游戏的措施时,行业媒体营造了偏远城镇运营商之间的共同关切。正如大众媒体将城镇对游戏的监管措施呈现为一场全国性讨论,行业媒体则将地方性监管驱动描述为对整个行业的广泛攻击。通过将投币运营商视为面临全国性压力的专业行业成员,行业刊物促进了基层行业成员间更广泛的团结,并时常指导读者如何呈现合适的商业行为以及开展有效的游说。在《游戏评测》杂志某一期中,甚至提供了一个可复制的标志(见图 4-1)。

专业协会是另一个关键平台,用于在运营商及行业其他成员之间培养联盟。行业期刊和专业协会都将专业化、网络建设和公共关系运营视为对抗监管的潜在武器。许多州的区域性专业协会为那些面临反电子游戏活动的运营商提供了重要的信息和支持来源,并

---

[1] "有趣的是,这些新机器似乎并未引起黑手党的关注,而黑手党曾是纽约和芝加哥投币式机器的重要运营商。'这一切似乎都已经解决了',美国司法部有组织犯罪和敲诈勒索科副主任爱德华·乔伊斯说。"(Range, "Space Age Pinball Machine")

> **ATTENTION!**
> **No Student Under 18 Allowed to Play These Games During School Hours**
>
> *Cut out or reproduce; post in the arcade*

图4-1 1982年,《游戏评测》杂志为街机老板提供了用于张贴的可复制标识,旨在警告学生上课期间不得游玩

经常为行业呈现一个体面且值得尊重的形象。例如,纽约州投币协会(New York State Coin Association)会长米莉·麦卡锡(Millie McCarthy)曾向《纽约时报》谈及州内运营商面临的日益增加的监管。[1]在国家层

---

[1] Kerr, "Issue and Debate."

面，娱乐游戏制造商协会执行董事格伦·布拉斯韦尔（Glenn Braswell）则成功反驳了美国公共卫生局局长C.埃弗里特·库普（C. Everett Koop）将电子游戏指责为对儿童有害的言论。在《电子游戏制造商抨击公共卫生局局长》（Video Game Makers Rap Surgeon General）一文中，引用了布拉斯韦尔对库普的回应："我们必须郑重地提醒您，您的唯一官方职责和权力是搜寻科学证据。您随意的评论损害了您崇高职位的公正性，并对美国主要产业的多个部门造成了巨大的潜在破坏。"[①] 鉴于库普对电子游戏的谴责被广泛传播，而库普自己也承认这些言论更多基于个人印象而非科学依据，布拉斯韦尔在《纽约时报》上的回应成为本地运营商在应对监管努力中争取生存的一大支持。

道德卫士们竭力主张将监管作为保护青少年的手段，反映了电子游戏与青少年之间紧密联系的力量。而行业对这些监管的抵制则凸显了年轻消费者对行业运作的重要性。社区负责人希望"保护"孩子免受电子游戏不良影响，与投币行业希望维持年轻玩家

---

① Williams, "Video Game Makers Rap Surgeon General."

这一客户群体的需求之间的冲突，引发了行业内外的广泛讨论。游戏行业对这一冲突的回应包括推动专业化和规范化。当然，这一推动也涉及识别和排除害群之马。在《重玩》杂志中，街机厅老板因其干净、适合家庭的营业环境而受到赞扬，家庭娱乐中心被誉为行业令人振奋的发展方向。这些类型企业的成功及其与行业的密切联系可以从"查克·E.芝士比萨时光剧场"（Chuck E. Cheese's Pizza Time Theatre）的成功中得到验证，这是一家由诺兰·布什内尔创办的家庭娱乐中心连锁店。尽管成功的家庭娱乐中心为行业的健康形象提供了明显证据，并在行业期刊中受到赞扬，但同一刊物中的社论有时却批评其他街机厅经营者，指责他们的服务差、店面脏乱或维护不善等违规行为。行业期刊试图通过建立负罪感促使运营商和街机厅老板遵从行业的更高理想，同时提供积极的榜样。《游戏评测》杂志中的一篇关于芝加哥游戏公司街机厅的专题文章，标题颇具挑衅性："清理街机厅：赶走混混，迎来家庭。"文章讲述了埃里克·"瑞奇"·罗斯纳（Erick "Ricky" Rothner）的成功经历。罗斯纳接管了前任老板的这家街机厅，并通过调整布局方便监督，以及与当地执法部门合作来增加营业额。文章提到，在三晚内有五名年轻顾客被逮捕，之后"青少年问题"就得到了解决。该街机厅业务增长被视为罗斯纳策略有效性的进一步证明。①

电子游戏使投币行业更为显眼，这既带来了业务增长也引来了更多审视。1982年，《重玩》杂志的发行人埃德·阿德伦（Ed Adlum）在接受《纽约时报》采访时表示，该行业在过去十年中迅猛发展："十年前，我们还是一个做得不温不火的小行业。如今，人们抱怨说，除了殡仪馆，他们走进任何一家店都会被电子游戏机硬控。"② 十年间市场的显著增长和投币游戏的迅速传播与1972年游戏《乓》发布后引发的电子游戏生产热潮相吻合，这场热潮为投币行业从业者带来了激动人心的扩张机会。在争取合法性的过程中，以投币游戏为特色的家庭友好型娱乐中心不断增长，投币行业也持续争取吸引年轻玩家的机会。同时，行业也利用游戏对年轻人的吸引力来影响其在主流社会中的可接受度。

同样，行业内的热潮也意味着投币式电子游戏在美国社区迅速传播。电子游戏突然出现在美国各地的加油站、熟食店和保龄球馆，引发了大众对这些游戏

---

① Licata, "Cleaning Up an Arcade," 46.
② Kerr, "Issue and Debate."

可能产生不良影响的严重担忧。数十个城镇的投币行业与社区负责人之间的冲突凸显了这些问题，也揭示了投币行业长期以来与有组织犯罪和青少年犯罪的关联。就在投币行业利用电子游戏努力迈向健康发展之际，道德卫士们仍试图将电子游戏与弹球机及其他前身联系起来，表达对新兴电子游戏技术的担忧。投币行业则在大众媒体帮助下，将玩家塑造成聪明的年轻人，力图将电子游戏展示为一种积极的活动。行业媒体在报道诸如由 7-11 便利店赞助的得克萨斯州电子游戏锦标赛（见图 4-2）等比赛和其他活动时，突出强调了比赛的家庭氛围以及与知名企业和慈善组织的联系。

  尽管投币行业努力应对，但潜在的监管者依然通过攻击投币式电子游戏来表达对美国男孩日益加剧的焦虑——包括他们对技术的获取和使用、如何合理安排休闲时间，以及是否能恰当地体现男性气质等。这些焦虑清楚地体现在依据市政条例和围绕这些条例展开的案件中。对投币式电子游戏所涉及的法律考量不仅揭示了电子游戏的具体弊端，还展示了改革者试图限制其传播的方式。除了反映电子游戏作为新兴技术所伴随的担忧，这些案件也体现了青少年对消费者权益的全新认识。

图4-2 《重玩》杂志重点介绍了1982年得克萨斯州电子游戏锦标赛的积极意义，强调了年轻参与者笑容洋溢的面庞

那些为年轻玩家争取游玩游戏权利的人，实际上是在为玩家作为消费者购买游戏这一商品的权利而斗争。最终，根据美国最高法院在梅斯基特市案中的裁决，法院支持了这种对青少年权利的主张，认为游戏受言论自由保护，因此不能被限制。此案与20世纪70年代至80年代其他电子游戏传播相关的案件一样，表明电子游戏成为社区负责人、年轻人和投币行业之间价值冲突的焦点。

许多政策集中关注青少年犯罪问题，声称这些游戏会引发不良行为，或成为掩盖此类行为的工具。这些政策声称游戏吸引特定的青少年或引发某些行为，暗示新兴的电子游戏粉丝群体——如今称为"玩家"，当时有时被称为"游戏痴"（"vidiots"）（如一本昙花一现的杂志标题那样，见图4-3）——是一个拥有自己社交准则和价值观的独特青少年群体。在某些方面，20世纪70年代末和80年代初的玩家被视为之前青少年亚文化的一部分；例如，弹球机与不良青年群体间的关联使得针对弹球机的管控一直持续到20世纪中期。然而，电子游戏被视为一种新现象，至少是新到足以引发又一轮担忧，因此聚集在这些游戏周围的年轻人也被视为新一代。在某种程度上，他们确实是新一代。在战后经济繁荣消退、工业发展如锈蚀齿轮般停滞的电脑化时代，20世纪70年代和80年代的年轻人面临独特的文化和经济挑战。他们也面对并需要拥抱计算机化，而电子游戏恰是这种技术变革中最显著的象征之一。

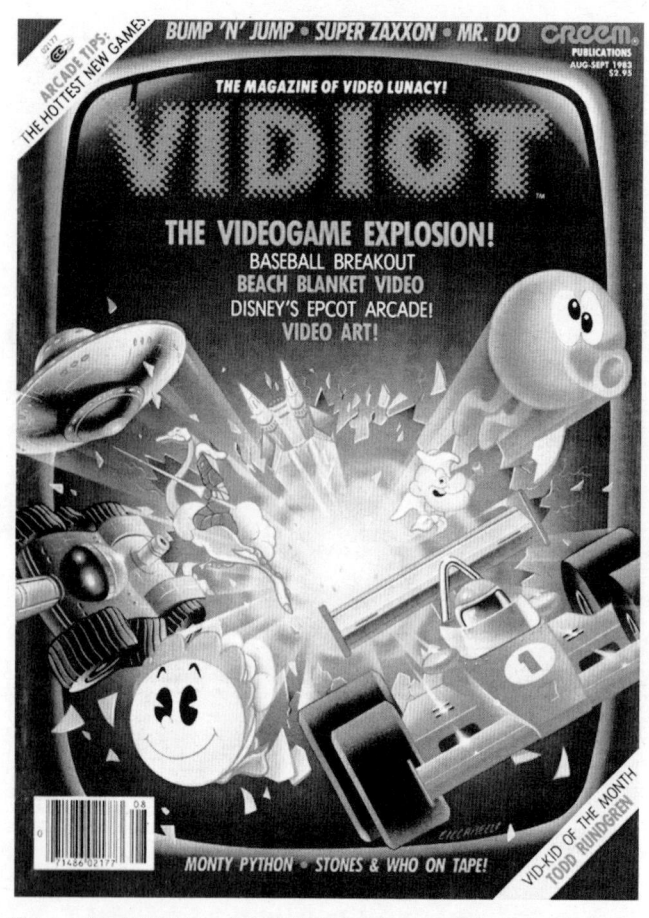

图4-3 《电子游戏迷》杂志意在面向玩家,但它最终作为寄售商品向运营商进行广告宣传。这里展示的是1983年8—9月刊

投币式法律斗争

在美国各地，街机厅老板和投币行业的从业者反对监管，为游戏价值以及玩游戏的青少年健康形象辩护。然而，这些游说和公共关系努力并不总是有效。许多社区通过了相关条例，至少在其中一些社区，当地商家通过法律手段反击，提起诉讼以阻止投币式电子游戏禁令或运营限制的执行。

这些案件颇具启示性，不仅因为它们频繁声称电子游戏理应受到言论自由的保护，还因为它们提供了城镇条例的具体内容及其背后的根本原因。有时这些案件甚至带着一丝尴尬。即使投币行业的倡导者败诉——而这种情况常常发生，这些案件仍然记录了投币式电子游戏试图融入主流文化的抗争。此外，这些案件再次表明，围绕电子游戏的冲突是一场通过地方和社区立法驱动的全国性对话，解释了为何奥塔姆瓦将电子游戏作为社区身份象征引起了如此多的关注。

与其他社区类似，纽约州布法罗市基于现存的投币式设备管理条例制定了电子游戏的管理条例，布法罗市于1952年颁布了一项旨在针对弹球游戏等"赌博设备"的限制性经营许可。1980年，16家分销商因未获得投币式电子游戏的许可证而向法院申请，主要涉及6个游戏：《太空侵略者》《小蜜蜂》《双人棒球》（Double play）、《月球救援》（Lunar Rescue）、《爆破彗星》（Asteroids）、《宇宙游击队》（Cosmic Guerilla），尽管在某些情况下，完全相同的游戏已被授予了许可证。

纽约州最高法院的法官塞缪尔·L.格林（Samuel L. Green）裁定经销商胜诉，强调这些游戏是技术型游戏，而布法罗市对相关条例的执行显然是武断的。格林还以一种庆祝的语调作结，这很可能让原告和其他经销商感到欣慰。

如今，投币式电子游戏布满购物中心、电影院、保龄球馆、溜冰场、比萨店和社区杂货店。这类电子游戏最初几年前在日本推出，并在过去一两年里大规模进入美国市场，最近还被改编为家庭娱乐用的电视版。纽约市最近举办了一场由知名电子游戏制造商和分销商赞助的《太空侵略者》比赛，吸引了超过4000名参赛者，冠军奖品不出所料是一台价值2000美元的《爆破彗星》桌面游戏机。(《纽约时报》1980年11月9日，第24页。)因此，当代电子游戏的制造、分销和运营环境与1952年布法罗市的情况早已大相径庭。现在，是时候让布法罗市与其周边社区一起进入电子时代的投币娱乐行业了。[1]

将这些游戏置于日常娱乐空间和由"知名制造商和分销商赞助"的比赛背景下，格林强调了他们的合法性，并将其定位为该州公共文化中受欢迎的一部分。

然而，格林对这些游戏的热情并不一定得到同事们的认可。在格林鼓励布法罗市更新其投币式游戏条例以更好地反映文化和技术变革的两年后，纽约市的准街机厅经营者仍在与分区和许可法规作斗争。1982年，一起联邦地区法院案件涉及美国最佳家庭娱乐场公司（America's Best Family Showplace Corporation）试图在皇后区开设一家电子游戏主题餐厅。根据一项条例，该市拒绝了这家餐厅的申请，因为条例规定每

---

[1] 韦内克投币公司（WNEK）诉布法罗市案，107 Misc. 2d 353——纽约：最高法院，伊利县，1980年。

个场所的投币设备数量不得超过4台。这家餐厅计划在其拟设的40张餐桌中各嵌入一台电子游戏机设备。尽管某些企业可以申请特殊的街机厅许可证以获得4台以上的投币设备，但美国最佳家庭娱乐场公司未能获得该许可证。

在向法院提请诉讼时，原告（美国最佳家庭娱乐场公司）试图为电子游戏的艺术价值辩护，将其比作电影，称其为"'在屏幕上进行的视觉和听觉呈现，包含玩家参与的幻想体验'"。[①]然而，法院并未认同这一比较，也未接受原告关于美国最高法院曾裁定投币观看现场真人表演为一种保护言论的论点。在否定电子游戏作为言论自由这一主张时，麦克劳克林（McLaughlin）对游戏本身的评价相当简短。他将电子游戏简要地与其他类型的游戏（如弹球、棒球和国际象棋）进行比较，以强调其"纯粹是娱乐，没有信息元素"的特点。颇具讽刺意味的是，这种可能让行业支持者感到满意的体育类比，在这里却被用来证明对游戏进行持续监管的合理性。

格林和麦克劳克林的裁决都并非个案。涉及类

---

① 美国拜斯特家庭娱乐场所诉纽约市，536 F. Supp. 170——纽约东区地方法院。

似问题并得出相似结论的案件在全美法院屡见不鲜。例如，1983年，马萨诸塞州最高法院维持了一项对1001娱乐公司（1001 Plays, Inc.）所有者的不利裁决，该公司在开设波士顿街机厅的许可被拒绝后提起诉讼。[①] 同样，当马尔登娱乐公司（Malden Amusement Company）在马萨诸塞州马尔登市经营50台"电子游戏设备"的许可被拒绝时，该公司也同样向法院提出诉讼，并在1983年的联邦地区法院裁决中败诉。[②] 此外，两家比萨店的所有者起诉纽约市，试图保住他们的电子游戏许可证，因为他们发现这些店离当地学校不到60米。消费者事务部（Department of Consumer Affairs）的规定要求包括电子游戏在内的"公共展示设备"必须远离学校60米以外，原告最终败诉。[③] 对学校附近的游戏禁令以及基于年龄的限制，表明人们对游戏的担忧更多是针对年轻人玩游戏，而非普遍意义上的顾虑。

涉及电子游戏条例的两起最知名案件都被上诉到

---

① 1001娱乐公司诉波士顿市市长，444 NE 2d 931——马萨诸塞州：最高司法法院，1983年。
② 马尔登娱乐公司诉马尔登市，582 F. Supp. 297——马萨诸塞州地区法院，1983年。
③ 汤米与蒂娜诉部门，117 Misc. 2d 415——纽约：最高法院，1983年。

美国最高法院，尽管法院拒绝审理其中一案。在该案中，马萨诸塞州马什菲尔德市的商户诉求官方宣布对投币式电子游戏的全面禁令违宪。州最高司法法院（Supreme Judicial Court）维持了这一禁令，该禁令于1983年12月生效。该社区约有两万人口，禁令的实施使之前运营的大约70台游戏机的利润从1981年和1982年的峰值大幅下降。尽管马什菲尔德全面禁止游戏的做法较为罕见，但为这一措施提供支持的理由并不独特。

镇民选举委员会（board of selectmen）最初提议限制游戏的数量和放置位置，但镇民否决了这一提案，并以191票对19票的结果决定全面禁止机械和电子娱乐游戏。与其他社区一样，最初的提案和后来的全面禁令都旨在限制青少年接触电子游戏，且对毒品和有组织犯罪的担忧加剧了支持力度。[①] 马萨诸塞州最高法院在审理此案时，并未被有关电子游戏符合言论自由保护的主张所说服，甚至将其称为"本质上只是技术更先进的弹球机"。法院也未采纳禁令与州法律不符并违反州和联邦宪法中程序正当及

---

① Clendinen, "Massachusetts Town Exiles Pac-Man."

平等保护条款的说法。[1]

美国最高法院受理了第二起与电子游戏相关的案件。在"阿拉丁城堡公司诉梅斯基特市案"（Aladdin's Castle, Inc. v. City of Mesquite）中，法院裁定驳回一项基于年龄的规定，该规定原本禁止未满17岁的青少年在没有成年人陪同的情况下进入街机厅。尽管法院将部分条例发回下级法院要求进一步澄清，最终裁决仍使该条例无效。法院认为，这项年龄限制缺乏合理依据，因为电子游戏，或至少青少年接触这些游戏的权利，应该受到言论和集会自由的保护。多数意见还指出，该条例将侵犯未成年人的正当程序权利，甚至表示"无法得出投币式娱乐设备会对儿童在身心或道德上构成威胁的结论，也不存在让'国家调整其法律体系，以考虑儿童的脆弱性及其对"关怀、同情和父爱关注"的需求'"。[2]

尽管马什菲尔德和梅斯基特案件的结果大不相同，但有趣的是，两者的影响都持续了相当长的时

---

[1] 马什菲尔德家庭滑冰场公司诉马什菲尔德市，450 NE 2d 605——马萨诸塞州：最高司法法院，1983年。
[2] 阿拉丁城堡公司诉梅斯基特市，630 F. 2d 1029——美国第五巡回上诉法院，1980年。

间。[①]2011年，选民维持了马什菲尔德的禁令，该禁令持续了32年，直到2014年才被撤销。[②]电子游戏在许多社区仍然是个有争议的话题，但关注点已转向如今更为常见的主机游戏和电脑游戏上。马什菲尔德和梅斯基特都关心游戏对年轻玩家的影响以及这些游戏在社区中的合理定位。尽管马什菲尔德的禁令曾长期有效，至少持续了几十年，但它的起源和存在始终是一种异常，被称为"马什菲尔德迈出了孤独的一步。"[③]相比之下，梅斯基特的条例更符合其他社区的努力，而随着时间的推移，这项条例——或者说这项条例的失败——对电子游戏在青少年文化中的地位影响更大。

最高法院对梅斯基特案的裁决为接受游戏作为言论自由提供了一个先例，同时也提供了保护青少年接触商业娱乐的先例。为了维护青少年接触电子游戏的权利，法院的裁决还借鉴了几十年间有里程碑意义的言论自由案件所日益增强的消费者权利意识。在当时关于青少年接触电子游戏的公众辩论中，有几个关键

---

① "Marshfield Voters Keep Longstanding Video Game Ban."
② Baker, "After Thirty-Two Years."
③ Clendinen, "Massachusetts Town Exiles Pac-Man."

问题：投币式商业娱乐对年轻玩家是否合适，这些游戏整体上是否体面；电子游戏在新兴计算机文化中的地位如何，以及这些游戏是否可以被视为一种表达或言论形式；还有由社区而非家长来规范年轻人行为是否可行。

然而，贯穿于电子游戏监管及相关案件的是对美国青少年的日益加剧的焦虑——这种焦虑经常表现为对男孩和年轻男性的担忧。无论是社区推动监管游戏，还是行业抵制这些监管，玩家都被明确地或暗示性地描述为男孩。这背后有许多原因，包括男孩在多种公共青少年文化中的主导地位，以及与女孩相比对男孩的监管相对宽松。不管怎样，有关电子游戏的辩论实际上是将玩家框定在男孩和年轻男性中，负面形象是他们被描述为逃学的少年、浪费午餐钱，甚至为了打游戏而偷窃；而正面形象则是技术娴熟、聪明、有创造力和竞争力的男孩，参与着一项新的美国人的消遣活动。

随着众多案件在美国各地法院中受理，电子游戏逐渐进入主流，并形成一种文化形式；这些案件的争议点不在于游戏是否会存在，而在于它们将以何种形式存在，不在于是否会有玩家，而在于这些玩家能否被视作除了不良少年之外的群体。在"阿拉丁城堡诉梅斯基特市案"中,美国最高法院实际上站在年轻人一边,捍卫他们轻松接触这些游戏的权利,将其视为一种新的宪法权利——购买和玩游戏的权利。

第五章　游戏拯救末日
《电子世界争霸战》《战争游戏》与作为主角的玩家

早期好莱坞叙事电影中将游戏玩家描绘为非典型英雄，大量借用了流行媒体报道中的惯用手法，以及动作和科幻类型电影现有的叙事手法。这些电影延续了一个长久的传统，探讨人们对新兴"智能"机器的不安，并巧妙地融入了新兴的电子游戏与黑客文化。在《电子世界争霸战》和《战争游戏》这两部被深入讨论的影片中，这种文化被设定为男孩的领域，暗示男孩技术专家/玩家（见图5-1）是解决智能机器问题的关键，是应对计算机技术失控危险的重要防线。

到20世纪60年代，新兴计算机技术的潜力成为电影制作者，尤其是动作片和科幻片导演热衷探讨的话题。就像之前文学反乌托邦作品一样，电影对新机器的审视往往揭示着对机器潜在力量的不安。斯坦利·库布里克（Stanley Kubrick）发现计算机化是个

图5-1 在1983年的电影《战争游戏》中，观众第一次见到大卫时，他正在玩《小蜜蜂》游戏，并且即将取得高分

特别令人不安的话题，他通过电影《奇爱博士》(*Dr. Strangelove*，1964)中计算机网络操控的末日装置以及他标志性的科幻作品《2001：太空漫游》(*2001: A Space Odyssey*，1968)探讨这一主题。在后者中，哈尔9000（HAL 9000）电脑发生故障并终结了"发现一号"大部分船员的生命。随着计算机在20世纪70年代和80年代进入消费市场，无论计算机技术是通过个人电脑还是通过从高级计算器到投币式电子游戏等各种产品进行普及，人们对计算机化的焦虑都进一步加剧。

事实证明，电子游戏是一种独特且令人困惑的计算机化形式,令那些担心游戏影响青少年的道德卫士们产生警觉。然而,不论是否令人不安,这些游戏都提供了一种最为广泛且易于接触的计算机技术形式。[1] 电子游戏之所以越来越受欢迎,正是因为它们提供了接触新兴计算机技术的机会。《生活》杂志在1982年"年度图片"特刊中对电子游戏进行专题报道,将街机厅描绘为一种既定的文化狂热;那个时期关于电子游戏的电影展现了街机厅在大众想象中占据的重要地位,这些电影不仅围绕游戏构建虚构的叙事,还探讨了游戏文化的可能性和风险。

电子游戏在美国的流行和商业成功使其成为商业片制作人眼中极具吸引力的话题,他们希望借助游戏已有的知名度获利。这些早期电子游戏电影中最知名的两部——《电子世界争霸战》和《战争游戏》在1983年雅达利大崩溃前夕上映。在这两部电影中,年轻的男主角与成人滥用计算机技术催生的危险计算机实体对抗。尽管这两部电影最终都以人类战胜数字风险而圆满收场,但它们的主要叙事张力来源于公众对这些迅速普及的技术、其社会角色及潜在力量的不

---

[1] Slovin, "Hot Circuits," 137-154.

安。借鉴由库布里克两部影片所奠定的电影传统,《电子世界争霸战》和《战争游戏》成为将男性气质、暴力和年轻人联系到新兴数字环境中重要的里程碑。

尽管这两部电影在视觉美学上有所不同,但它们都大量依赖动作片的类型惯例,并瞄准年轻的、假定为男性的观众群体。每部电影都围绕男主角的冒险展开,突出电子游戏和黑客行为,这些行为在电影中常常被混为一谈。值得注意的是,在两部影片中,计算机都带有奇异的光彩;由于市场对新兴计算机技术的痴迷,这种新奇感重新塑造了一种现在常见于犯罪、间谍活动,甚至医学在媒体呈现中的主题。[1]

在《电子世界争霸战》和《战争游戏》中,以及更广泛探讨计算机化的其他影片中,掌握计算机技术是年轻男性精英的专属。年长的角色往往无法完全理解这些机器及其本质,表现出不必要的恐惧或盲目的忠诚,反映出一种缺乏灵活思维所带来的局限。在这种背景下,这两部影片探讨了虚拟性的意

---

[1] 许多犯罪类剧集,例如"识骨寻踪"系列(2005)、《犯罪现场调查》(2000)、《犯罪心理》(2005)以及"法律与秩序"系列(1990),都体现了这一趋势。与此同时,虽然医疗剧如《整容室》(*Nip/Tuck*,2003)、《豪斯医生》(2004)和《护士当家》(2009)表面上关注患者的治疗过程,但它们往往沉迷于展示医疗技术的运用。

义，将思想开放的角色置于"真实"边缘的境地，并在《电子世界争霸战》中将角色拉入一个非物质的"虚拟"世界中。然而，面对计算机技术意味着直接参与对现实世界有重大影响的对抗中；电影所呈现的"虚拟"世界并非一个安全的游乐场，而是一个时常威胁机器之外"真实"世界安全的陌生领域。贯穿影片始终的年轻男性——一个被大众视为社会中最具适应性的群体——尽管这种看法可能并不完全准确，被描绘成最有能力探索这片陌生且充满敌意领域的冒险者。

这些充斥着暴力的数字世界，处于高度复杂程序的领域——这些程序如此先进，以至于它们的人工智能威胁到人类的有机/自然智能。这种对淘汰人类的威胁还伴随着消灭或奴役人类的恐惧，即机器制造者变为服务于他们所制造机器的可能。正如汤姆·恩格尔哈特（Tom Engelhardt）在《胜利文化的终结》（*The End of Victory Culture*）中所指出的，20世纪80年代初的电影制作人开始关注日益机械化和计算机化的战争。这种战争形式的变化也意味着战争电影和冲突叙事可直接面向年轻人。恩格尔哈特写道："未来的战争将是机器对机器的较量，是一种血腥消失、以特效呈现的战争故事，旨在迎合儿童观众消费。"[1] 对技术的依赖使社会同战争的实际暴力产生了疏离感，这推动了里根时代的多个研究项目，包括为美国人提供防导弹保护盾的战略防御倡议（Strategic Defense Initiative）。[2] 现代战争的虚拟性也体现在利用电子游戏作为军事招募工具上，最显著的例子是《美国陆军》（America's Army，2002），这是一个系列电子游戏，作为美国军方的公关和招募手段。[3]

《电子世界争霸战》和《战争游戏》中的电脑与人类冲突叙事，是电影对技术化战争感兴趣的体现之一。恩格尔哈特指出，《战争游戏》也反映了20世纪80年代初日益增长的反核情绪。[4] 与同期的其他动作片［如《第一滴血》（First Blood，1982）或《赤色黎明》（Red Dawn，1984）］将冲突描绘为鲜活的人类角色为捍卫民族主义信仰而战斗至死不同，《电子世界争霸战》《战争游戏》以及后来的"终结者"和"黑客帝国"系列，呈现的则是电脑/机器与人类间的冲

---

[1] Engelhardt, *End of Victory Culture*, 269.
[2] Engelhardt, *End of Victory Culture*, 272.
[3] Huntemann, "Interview with Colonel Casey Wardynski," 178-188.
[4] Engelhardt, *End of Victory Culture*, 271.

突。① "黑客帝国"和"终结者"系列的长期成功及其作为跨媒介叙事的广泛影响，凸显了人机冲突叙事的广泛吸引力。②

因此，这些电影中主角的理想品质并非《第一滴血》中约翰·兰博（John Rambo）的那种蛮力，而是与超级智能机器对抗的智力。实际上，在将《战争游戏》与诸如《洛奇4》（*Rocky IV*）、查克·诺里斯（Chuck Norris）的动作片以及"兰博"系列等"英雄复兴电影"进行比较时，迈克尔·瑞安（Michael Ryan）和道格拉斯·凯尔纳（Douglas Kellner）指出，《战争游戏》相对更自由，

---

① "终结者"系列包括1984年、1991年、2003年和2009年的电影，以及2008年的电视剧《莎拉·康纳编年史》。该系列还衍生出大量的电子游戏，首个正式授权的游戏是1990年发布的《终结者》DOS游戏。迄今为止，基于《终结者》电影的游戏有18款，还有8款基于《终结者》角色和概念的游戏，但并非直接改编自《终结者》电影。这些游戏中，尤其值得注意的是1992年推出的《机器警察对终结者》，它融合了《终结者》和《机器警察》两个系列（包括1987年、1990年和1993年的电影、电视剧、电子游戏以及漫画）。"黑客帝国"系列包括1999年的原版电影；2003年发布的两部续集；2003年推出的一系列动画短片；电子游戏包括《进入黑客帝国》（2003）和《黑客帝国：尼奥之路》（2005），以及一款名为《黑客帝国在线》的大型多人在线角色扮演游戏，运行时间为2005年至2009年；此外，还有《黑客帝国》漫画的连载时间为1999年至2004年。

② 请参见詹金斯关于跨媒体叙事的全面定义。

带有对军国主义的批判——或许因此也批判了血腥的男性气质。[1] 这些电影都围绕男性与机器间的冲突展开（女性仅在两部影片中扮演辅助、浪漫的角色），暗示男性气质与计算机化之间的紧密联系。它们反映出中产阶级男性气质与技术文化的日益关联，并为极客男性气质进行了一种颇有吸引力的捍卫：这些电影的主角并不逊于那些更具霸权感的男性，只是与他们不同而已。[2]

对机器与人类劳动者和思想家之间竞争的焦虑远早于电影的出现。对机器取代人类的担忧早在现代性初期就初见端倪。民间英雄约翰·亨利（John Henry）便是一个著名例子，他为保住自己以及工友们的工作，与一台蒸汽动力锤搏斗。这个传说很可能是以一位19世纪真实的铁路工人为原型，这位形象高大的人物在获胜后因劳累过度而死，他的传说早已超越了铁路时代的记忆成为神话。[3] 早期好莱坞电影本身就是现代性的产物，关注这些焦虑也在情理之中。在

---

[1] Ryan and Kellner, *Camera Politica*, 228.
[2] Carrigan, Connell, and Lee, "Toward a New Sociology of Masculinity," 551-604; Connell, *Masculinities*, 52-56; Taylor, *Raising the Stakes*, 112-116, 128-129.
[3] Grimes, "Taking Swings at a Myth."

《摩登时代》（*Modern Times*，1936）中，查理·卓别林（Charlie Chaplin）被一条高效的装配线折磨，这条流水线试图将他塑造成理想的工人；虽然这只是一种喜剧效果，但影片依然反映了现代工厂试图使工人动作合理化与机械化的真实焦虑。在 1952 年《我爱露西》（*I Love Lucy*）的"工作交换"一集中，露西和她的朋友埃塞尔面临与卓别林在《摩登时代》中饰演的角色相似的困境；她们在一家糖果厂工作，结果发现无法跟上传送带的速度，最终不得不把多余的巧克力塞进嘴里（见图 5-2）。

图5-2　在《我爱露西》的"工作交换"一集中，露西和埃瑟尔拼命往嘴里塞巧克力，试图跟上传送带的飞快速度

计算机化为这些焦虑增添了新的维度，使其不仅带来了机器与人类之间的就业竞争，还带来了在决策权和权威方面的竞争。在库布里克的《2001：太空漫游》中，这种对人类主导权的篡夺被呈现为飞船智能计算机从一位善意的助手/看护者变成一个执着于目标、自私自利的角色，完全无视船上人类船员的安全。然而，有时计算机化或机器人智能被描绘为友好甚至慈爱的形象。在1962年由雷·布拉德伯里（Ray Bradbury）编写的一集"阴阳魔界"（The Twilight Zone）中（改编自他的短篇小说《我歌唱电之体》），一个家庭适应了有位电动祖母的生活；她用传统祖母般的爱照顾家人，且没有死亡威胁的迫近，并且很可能比她年轻的孩子们活得更久。在1977年的"星球大战"系列中，机器人角色C-3PO是一位古怪的文化专家，旨在帮助人类处理语言、礼仪和习俗；他的搭档R2-D2以音调进行交流，似乎对他所服务的人类充满同情。尽管C-3PO和R2-D2在整个"星球大战"系列中主要服务于喜剧效果，但他们的角色模糊了人类与计算机或机器人间的界限。这种模糊的分界在科幻黑色电影《银翼杀手》（*Blade Runner*，1982）中得到了更为深刻的探索，影片讲述了追捕和消灭叛逃仿生人的故事，这些仿生人被称为复制人（replicants）。

《电子世界争霸战》和《战争游戏》在人机冲突题材电影中占据了重要地位；与其他科幻和动作片不同，这种冲突是通过计算机化的游戏体验来呈现的。当然，对人机冲突的聚焦也使这两部电影与同期的其他青少年电影区分开来，包括那些只涉及游戏文化表面的电影。特别是以街机为主题的《电子游戏狂潮》（*Joysticks*，1983），其灵感并不来自《电子世界争霸战》，而是来自《留校查看》（*Porky's*，1982），这一点从图 5-3 所示的电影海报便可见一斑。《电子游戏狂潮》中的街机厅作为青少年聚集的背景，便于展示代际冲突，唤起道德卫士对街机厅文化的焦虑，却忽略了游戏本身及过程。虽然《战争游戏》和《电子世界争霸战》中也存在年轻人与年长者之间的冲突，暗示青春活力是主角成功的必要特征，但主要的推动性冲突仍是人与计算机之间的对抗。

同期的其他电影也涉及并使用了电子游戏。《最后的星空战士》（*The Last Starfighter*，1984）遵循了年轻玩家被卷入重大冲突的模式，并将其置于成长电影的背景之中。影片的主角亚历克斯·罗根（Alex Rogen，见图 5-4）并未被描绘成技术专家，甚至也不怎么聪明；

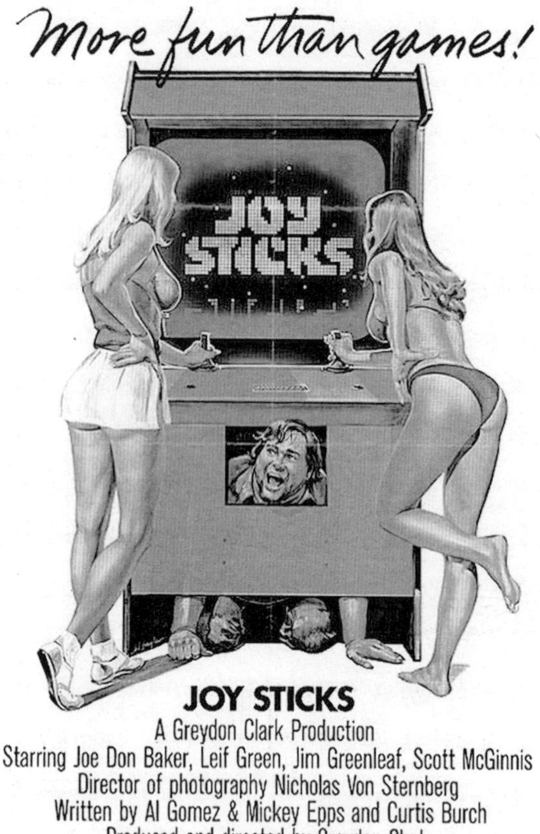

图5-3　在电影《电子游戏狂潮》的海报上，一名男子从街机柜内色眯眯地盯着两名女子

图5-4 《最后的星空战士》海报展示了年轻的亚历克斯·罗根，他即将踏上星际冒险并成为英雄

第五章 游戏拯救末日

他只是一个有天赋的玩家，渴望离开自己与世隔绝的小镇去见见更广阔的世界。虽然因无法获得学生贷款而未能搬离家乡上大学，但亚历克斯在通关《最后的星空战士》游戏后，被一支银河系防御部队招募为炮手（或星空战士）。他的星空战士身份完全基于其游戏技巧，影片的结尾，亚历克斯通过签署长期的星际军事服务实现了离开家乡的梦想。作为工人阶级的代表，亚历克斯具备技能但并不出众，他可以通过计算机技术接受培训和招募，但并未被塑造成这些技术的掌控者。

亚历克斯的经历虽然涉及男性气质与电子游戏和军事之间的联系，但其以一种奇幻的方式深刻地反映了许多美国人参军是为了筹集高等教育资金或寻找让他们离开家乡社区的工作机会。在这种背景下，亚历克斯作为工人阶级青年的身份，与《电子世界争霸战》和《战争游戏》的主角大相径庭，他缺乏具体的技术能力。此外，他被描绘为同龄社交群体的一员，这使他与《战争游戏》中社恐的戴维（David）和《电子世界争霸战》中冷淡的弗林（Flynn）形成鲜明对比。因此，考虑到美国军方长期以来对电子游戏的兴趣和招募策略，《最后的星空战士》确实值得深入探讨，当然，亚历克斯与弗林和戴维的相似仅限于年龄和游戏技巧。

鉴于冷战时期将技术成就和知识作为国际竞争领域的关键话术，男性气质、青春与暴力的融合并非一种偏离而是一种延续；这一时期值得注意的是，年轻男性气质与新兴娱乐媒介（电子游戏）明确关联，以及该媒介对暴力的呈现和模拟。随着时间的推移，男性气质、暴力、技术素养与游戏之间的联系变得紧密且持久，以至于自然化了。那些在计算机化时代有关男性气质可能意味着什么的抽象概念，通过流行文化对玩家的刻画变得具体，这些刻画进一步巩固了上述联系，并限制了电子游戏作为一种媒介潜在的多样性。这一过程显著影响了电子游戏产业的发展，塑造了人们对什么样的人玩游戏以及应制作何种游戏的观念。将游戏确立为一种特定的男性追求无疑导致女性玩家被边缘化，因为她们被认为并非典型受众，因此在假定以男性为主要消费者的商业市场中，她们的吸引力较弱。这种现象不仅限于游戏媒介。在媒体报道中，无论是将游戏塑造成有益和值得称赞的活动，如世界纪录的报道，还是将其视为有害和危险的行为，如对《死亡飞车》的报道，游戏主要属于年轻男性领域的观念都被视为理所当然。尽管前文讨论的海报和电视报道与《电子世界争霸战》和《战争游戏》中呈现的玩家身份有交集，但这两部好莱坞影片依然代表了一个独特的时刻。在这些电影中，电子游戏和玩家被特征化和叙事化，继而呈现给全国观众。摆脱了纪录片和新闻报道对游戏的限制，这些虚构的玩家以一种大众想象的视角展示了电子游戏的样貌。

在讲述20世纪80年代的信息化过程中，《电子世界争霸战》和《战争游戏》不仅将技术与男性气质紧密相连，还阐明了新兴的男性身份形式，强调计算机技术、军事化和现实世界暴力之间的紧密联系。这种联系源于计算机、电子游戏、互联网及相关技术作为军事技术的历史起源，旨在协助战争与防御工作。然而，《电子世界争霸战》和《战争游戏》所展示的对数字领域风险、价值和能力的理解并不限于军事层面。这种理解延续至今，其关键原则不仅与已确立的玩家角色类型相关，还与当代关于创业、技术发展和成功的观念联系在一起。通过巩固男性气质、技术和暴力在游戏中的联系，这些电影成为奠基性文本，构建了一种独特的、20世纪后期的男性身份形式，对电子游戏和更广泛的科技行业发展都产生了深远影响。为了进一步探讨这些主题、两部电影之间的联系及其历史意义，有必要对这两部影片进行总结。

《电子世界争霸战》概要

《电子世界争霸战》讲述了弗林的故事,他是一位才华横溢的程序员和娴熟的游戏玩家(见图5-5)。在科技公司ENCOM工作期间,弗林设计了5款游戏,其中包括大受欢迎的《空间妄想》(*Space Paranoids*)。他的同事艾德·迪林杰(Ed Dillinger)窃取了这些游戏的创意,并凭借其成功在公司内迅速升迁,随后还解雇了弗林。弗林后来开了一家成功的"弗林的街机厅",但他一直痴心于打败迪林杰,想要通过证明

图5-5 在《空间妄想》中,以屏幕视角展现弗林的身影及一群观众——主要是年轻女性围观他高超的游戏技术

《空间妄想》和其他游戏的作者身份来揭露他的罪行。被解雇的弗林从这些游戏的成功中没有获得任何经济利益，除了"弗林的街机厅"内投币机器带来的收入，而这显然不足以弥补他的才华。

晚上，弗林潜入ENCOM的计算机系统，试图寻找对抗迪林杰的证据。弗林的黑客行为引起了迪林杰的警觉，他暂时限制其对ENCOM系统的访问权限，这也让公司程序员艾伦·布拉德利（Alan Bradley）被迫中断了工作。艾伦正在开发一款名为TRON的程序，这个程序旨在检测并阻止ENCOM系统中的未授权行为。艾伦和他的女友洛拉（Lora），也就是弗林的前女友，开始寻找弗林，因为他们认为正是他的黑客行为导致了系统关闭。

弗林、洛拉和艾伦在下班后返回ENCOM大楼，洛拉在她的工作站为弗林登录系统。弗林与主控程序（Master Control Program，简称MCP）和其手下萨克（Sark）对峙时，艾伦和洛拉在大楼的其他终端处登录系统。MCP识别出弗林并使用激光将他吸入计算机游戏世界（见图5-6）。在这个虚拟世界中，作为"用户"的弗林与由网络外用户控制的程序互动，这些程序在MCP掌控系统之前被迫参与了一场角斗士画风的游戏。

图5-6 弗林被主控制程序吸入数字世界

借助艾伦开发的TRON程序以及一个名叫拉姆（Ram）的辅助程序，弗林逃离了竞技场。随后，TRON（由艾伦控制）和Yori（由洛拉控制）会合，他们潜入输入/输出通信塔。在那里，TRON与现实的艾伦通信并接收关键数据。弗林、TRON和Yori共同合作击败了MCP。MCP被摧毁后，弗林带着能够证明他是《空间妄想》创作者的文件，回到计算机之外的"现实"世界。影片在弗林作为ENCOM高管乘直升机抵达公司时落幕（见图5-7）。

整部电影反复展示了各种技术场景，从洛拉工作的实验室，到迪林杰那张未来感十足的办公桌界面，再到弗林街机厅内熙攘的空间。虽然影片中的计算机动画的使用较为节制（见图5-8），但电影始终

图5-7 在电影接近尾声时,弗林乘坐公司直升机抵达ENCOM大楼,朋友们在楼顶迎接他

图5-8 "光速摩托"竞赛是影片中为数不多的电脑动画场景

在提醒观众计算机技术在故事中存在的重要性。弗林在ENCOM计算机系统内部的冒险主要由充满特效的真人实景镜头构成,而弗林和他遇到的程序角色在这些场景中所穿的发光服装(见图5-9),进一步

暗示了计算机技术即使在不直接依赖它的情况下也存在。

图5-9　程序角色穿着的发光服饰是影片独特美学的一部分

《电子世界争霸战》最终是一部关于计算机技术的幻想，更多是呈现未来计算机技术的壮丽景象，而非专注于当时的技术现实。

电脑动画启发了《电子世界争霸战》，并推动了电影对这种媒介可能性的探索，电影中对电脑动画的有限使用成为其独特美学的一部分——这种美学更多地与构建虚拟电脑化世界的非数字特效紧密相连。这些美学选择使得电影的动作场景尽管在物理空间上相对有限，但叙事却能够在机器内部广阔的想象景观中展开。电影呈现的这些可能性充满诱惑，为观众展示了一个既充满科技之美又暗藏危险幻想的陌生环境。

战争游戏概要

《电子世界争霸战》的场面局限于ENCOM系统内相对狭小的虚拟世界,《战争游戏》则展开了一场更为宏大的冒险,角色们穿越了美国西海岸的多个地点。《战争游戏》的剧情始于一次导弹指挥演习中,一名导弹指挥官拒绝转动钥匙启动攻击,因为他担心这次攻击源于虚假的警报,不愿造成数千无辜之人的死亡。在总部,军官和政府特工评估如何提高导弹指挥的响应率,指出22%的导弹指挥官未能按要求发射导弹。麦基特里克(McKittrick)提议将人类排除在决策之外,依赖"战争行动预案响应(WOPR)"计算机做出判断。在一场争论之后,贝林格将军(General Berringer),被描绘成一个对人类指挥官有着过分信任的"老好人",于是上级决定将导弹系统的控制权交给WOPR接管。

与此同时,在西雅图,大卫正在街机厅玩《大蜜蜂》,随后匆忙赶去上生物课,结果还是迟到了。之后又因为开玩笑被送进了校长办公室。学校的校花詹妮弗（Jennifer，艾莉·西蒂扮演，见图5-10）用她的滑板车载大卫回家。到家后大卫邀请她上楼，展示自己为何不需要在暑假补修生物课。他登录学校的网络，利用他在办公室看到的密码更改了他和詹妮弗

图5-10　艾莉·西蒂（右）在1983年多伦多Video Invasion街机厅参加一场受《战争游戏》启发的宣传活动，与街机厅老板韦恩·弗罗姆和吉妮亚·弗罗姆合影

的成绩。詹妮弗要他把她的成绩改回去，大卫表面照做，在她离开后又重新把分数改高了。第二天，詹妮弗在大卫玩《大蜜蜂》时打断他，再次要求他把成绩改回来。在大卫家里，他告诉詹妮弗，他已经把成绩改高了，而且她还看到他正在用电脑非法拨打长途电话（电话飞客行为）到加利福尼亚。

他向詹妮弗解释说，他正在试图获取一款他在杂志上读到的游戏信息。他找到了一台未知的计算机，并认为它与这款游戏有关，于是尝试登录。当他登录失败并向系统请求帮助时，系统表示无法提供帮助，但在大卫输入"help games"（帮助游戏）后，系统回应道："游戏指的是具有战术和战略应用的模组、模拟和游戏"，并显示了一份从《福尔肯迷宫》(*Falken's Maze*) 到《全球核战争》(*Global Thermonuclear War*) 的游戏列表。大卫随后拜访了一些黑客朋友（见图5-11），他们建议他寻找系统的"后门"，并猜测这个后门可能与《福尔肯迷宫》游戏有关。

为了找到游戏的后门，大卫开始研究"福尔肯"。在图书馆，他发现了斯蒂芬·W. 福尔肯，一位游戏和计算机专家，他在1973年因妻子和儿子约书亚（Joshua）的去世而隐退。约书亚的名字竟然是系统的登录密码。大卫成功登录并启动了《全球核战争》游戏。然而，大卫玩的"游戏"在军事指挥中心引发了巨大骚动，官员们误以为俄罗斯正在发动袭击。

图5-11　大卫（右）拜访了两位黑客朋友，他们对如何访问《战争游戏》中的安全计算机系统给大卫提供建议

第二天，大卫在一家7-11便利店外被FBI特工逮捕。在拘留期间，他偷偷登录系统，意识到福尔肯命名为"约书亚"的系统无法分辨现实与游戏的区别。大卫逃脱后与詹妮弗一起前往俄勒冈州，寻找改名隐居的福尔肯。福尔肯起初拒绝帮助，但最终同意，三人返回总部试图阻止第三次世界大战。

大卫登录系统，并和约书亚玩井字棋（tic-tac-toe）。游戏每次都以平局告终。接着，大卫让约书亚与自己对弈，约书亚一再重复游戏，每次都无法取胜，逐渐耗尽系统的能量。约书亚意识到没有任何获胜的策略，之后它又模拟了多次全球核战争，最终得出结论："唯一的获胜方法就是不去玩。"电影以危机化解告终，而贝林格将军拖沓的判断被证明优于麦基特里克过于依赖技术的方案。

与《电子世界争霸战》充满奇幻特效和突破性计算机动画的视觉风格相比，《战争游戏》在电影拍摄上显得更为直白。虽然影片展示了大卫使用计算机和访问网络的场景（见图5-12），但我们很少看到技术的实际运作，镜头更多地表现那些从几米远的地方即可观察到的明显现象。存放WOPR的军事设施在视觉上令人震撼，巨大的屏幕和无穷无尽的控制面板彰显着技术的规模，而WOPR本身也极具压迫感。但影片很少将技术的物理表现作为焦点，镜头更多地集中在人类角色身上，以及他们试图控制计算机行为时的挣扎。

即便在大卫与约书亚积极交流的场景中，镜头也只是简短地示意了约书亚的屏幕输出，更多是侧重大卫、詹妮弗、福尔肯及其他角色对约书亚的反应。这些选择加之影片常见的定位镜头和文字叠加标示地点，以及一套可轻松融入军事或动作片的配乐；尽管其故事情节涉及科技元素，但《战争游戏》仍被置于一个更贴近传统动作电影的语境，而非纯粹的科幻片。

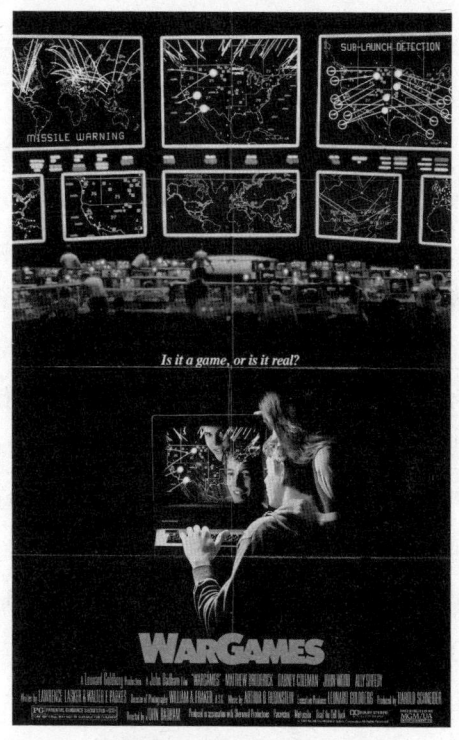

图5-12　在《战争游戏》海报的下半部分，大卫和詹妮弗开始了一场全球核战争游戏，而他们并未意识到这与海报上半部分的战争室场景有关

反 响

《电子世界争霸战》和《战争游戏》在制作和首映时都面临着巨大挑战。《电子世界争霸战》是迪士尼首次涉足电脑动画领域,尽管这部电影如今被视为电影技术创新的里程碑,但其初期反响却异常平淡。电影上映后迪士尼的股价大幅下跌。[①] 这样的市场反应或许无法避免,只因电影的失利发生在公司历经重大变革之时,包括严重超支的未来世界主题公园开幕、迪士尼频道和试金石影业(Touchstone Pictures)的推出,以及首席执行官罗恩·W. 米勒(Ron W. Miller)的离任。[②]

尽管米勒的项目最终被证明有利可图,但股东们对这些变化仍感到不安。此外,迪士尼的真人电影工作室长期以来表现不佳;在《电子世界争霸战》上映前,工作室自 1968 年的《万能金龟车》(*The Love Bug*)以来就没再有过显著的成功。乏力的宣传自然没能为这部电影提供帮助。当时,其他电影公司在

[①] "'Tron' Hurts Disney Stock."
[②] Stewart, *Disney War*, 45-48.

每部影片的宣传和广告上花费高达 1000 万美元，而迪士尼的广告与公关经理 E. 卡登·沃克（E. Cardon Walker）却拒绝提高哪怕一点微小的宣传预算，坚持认为"唯一值得花钱的宣传是免费的"[1]。这种保守的宣传策略进一步限制了《电子世界争霸战》触达更大观众群体的机会。

最终，《电子世界争霸战》取得了中等程度的成功，以约 1700 万美元的制作成本获得了 3300 万美元的票房收入。[2] 同样，《战争游戏》在上映前也面临了一些问题，导演约翰·贝德汉姆（John Badham）因原导演马丁·布雷斯特（Martin Brest）与制片方产生分歧而火线上任。[3] 然而，《战争游戏》成为米高梅电影公司（MGM）的票房大片，仅在美国就收获超过 7900 万美元的票房，而制作成本仅为 1200 万美元，成为 1983 年美国票房第五高的电影。[4]

两部电影都获得了批评界的一致认可。《电子世

---

[1] Stewart, *Disney War*, 45.
[2] 互联网电影数据库，《〈电子世界争霸战〉(1982) 票房/商业数据》。
[3] "Badham Replaces Brest as 'War Games' Helmer," 7.
[4] 互联网电影数据库，《〈战争游戏〉(1983) 票房/商业数据》；互联网电影数据库，《〈星球大战：绝地归来〉(1983) 票房/商业数据》；票房魔（网），《1983 年国内总票房》。

界争霸战》获得了奥斯卡最佳服装设计和最佳音效提名，而《战争游戏》则获得了最佳摄影、最佳音效和最佳编剧提名。[1]1982年，影评人罗杰·伊伯特在评论《电子世界争霸战》时给出了四星评价，将其称为"一个令人震撼且充满智慧的科技灯光秀，时尚而有趣"。[2]他对《战争游戏》在1983年的评价也很高，称其为"一部既惊悚又聪明的新电影，是今年迄今为止最棒的电影之一"，并给予了相同的四星评级。

然而，伊伯特对《电子世界争霸战》的积极反应并未得到普遍认同。《综艺》杂志（Variety）认为影片情节乏味："编剧兼导演的史蒂文·利斯伯格（Steven Lisberger）招募了大量技术人员来呈现炫目的效果，但即使是孩子们（哪怕是计算机游戏迷）也会发现很难被这些情境吸引。"《纽约时报》或许最简洁地总结了对这部片子的负面评价："它很美——有时甚至美得惊人——但愚蠢。"[3]总体来说，《电子世界争霸战》的情节既显得复杂又显得简单，导致评论中对具

---

[1] 互联网电影数据库，《〈电子世界争霸战〉（1982）奖项》。
[2] Ebert, "Tron."
[3] Maslin, "Tron（1982）."

体情节的描述存在分歧，但普遍认为情节并不是很有趣。

《战争游戏》在批评界表现得更为出色，并在戛纳电影节上取得了不错的成绩。《综艺》杂志的评论也相当积极，将电影的成功很大程度归功于导演："尽管剧本有不少短路之处，但导演约翰·贝德汉姆仍将这些片段融合成一个令人兴奋的故事，充满了不可抗拒的巧思。"然而，也有评论家并不青睐这部电影；《纽约时报》的影评人文森特·坎比（Vincent Canby）将其评价为"一部娱乐向电影，就像玩过的电子游戏一样，看完后很快便从记忆中消失"。不过，这部电影持续的受欢迎程度却与这一评价形成了鲜明对比。

两部电影从长远看都表现不俗，因为拥有大量忠实粉丝而获得了持续的文化知名度，几十年后仍备受关注。这种持续的关注推动了两部电影续集的制作，包括《战争游戏 2：死亡密码》（*WarGames 2: The Dead Code*，2008）和《创：战纪》[①]。除此之外，对这两部

[①] 有趣的是，《战争游戏》的续集是一部低成本的作品，并在发行时直接推出DVD版，而《创：战纪》却由大制片厂发行，得到了迪士尼现在大量的宣传和推广支持，并且由备受赞誉的演员杰夫·布里吉斯出演该部影片的重要角色。

电影的非官方庆祝活动也在继续,尤其是《电子世界争霸战》,该片粉丝、计算机顾问杰伊·梅纳德(Jay Maynard)因"创厨"而出名,他身穿自己设计和制作的电影原版TRON服装出席公共活动。[①]这些电影的后续影响表明它们与社会持久的相关性;无论是否获得评论界的认可或商业成功,它们对观众都具有重要意义,包括那些童年时第一次观看电影、如今已成为科技和文化精英的观众。

长期效应

《电子世界争霸战》和《战争游戏》的持续流行不仅归功于杰伊·梅纳德这样的计算机迷的怀旧情怀,还源于影片中叙述元素和人物类型始终与文化紧密相关。这两部电影的主角借鉴了20世纪70年代末至80年代出现的人物形象,随后成为计算机时代常见叙事中的一部分。这类叙事将计算机技术与暴力和男性气质紧密联系起来。大卫和弗林都秉持着类

---

① Maynard, "All about Jay Maynard."

似的道德准则，具有相似的脑力与文化习惯，他们是这类角色的早期案例，并在后来像《天才瑞普利》（*Sneakers*，1992）、《黑客》（*Hackers*，1995）和《骇客追缉令》（*Takedown*，2000）等影片中得到进一步巩固与发展。

这些虚构角色在流行文化中也得到了呼应，尤其是在涉及计算机行业巨星如比尔·盖茨[①]和史蒂夫·乔

[①] 比尔·盖茨的公众形象依赖于他作为年轻（或者随着年龄增长仍显年轻）的计算机天才，并且具有敏锐商业眼光的形象。盖茨从哈佛大学辍学的事实也成为这一神话的一部分，使他能够扮演"天才少年"和"白手起家"的角色，即便他最大的成就似乎就是积累了大量财富。盖茨是典型的计算机时代资本家。约翰·斯蒂尔·戈登和迈克尔·梅耶洛形容盖茨是一个机会主义的初出茅庐者，并且是"极客亚文化圈中最严肃（且有争议）的资本家之一，他曾在一个名为'Homebrew 计算机俱乐部'的团体中自由分享新想法"（《先驱者死于贫困》）。在获得哈佛大学授予的荣誉学位后，盖茨在 1976 年辍学的哈佛大学发表了毕业典礼演讲，他对自己非传统的职业道路进行了轻松调侃，而这也一直是他公众传记的关键部分："我要感谢哈佛大学授予我这个荣誉。明年我将换个工作，终于可以在简历上有一张大学学位……对我来说，我很高兴《哈佛大学日报》称我为'哈佛最成功的辍学生'。我想这让我成为自己这个特殊班级的毕业生代表。我是所有失败者中做得最好的一个。但我也希望被认可为那个让史蒂夫·鲍尔默从商学院辍学的人。我是个坏榜样。这也是为什么我被邀请来在你们的毕业典礼发言。如果我在你们的新生欢迎会上发言，今天可能就不会有这么多同学在这里了。"（休斯，《比尔·盖茨获得学位》）

布斯[1]的话语中，以及那些引人注目的黑客案例，包括凯文·米特尼克（Kevin Mitnick），他曾是美国通缉级别最高的计算机罪犯，后来成为演讲者和安全顾问；乔纳森·约瑟夫·詹姆斯（Jonathan Joseph James），又名"c0mrade"，是美国首位因网络犯罪而被定罪和监禁的未成年人；还有罗伯特·塔潘·莫里斯（Robert Tappan Morris），制造了莫里斯蠕虫病毒，并成为依据1986年《计算机欺诈与滥用法》被起诉的第一人。[2]

尽管弗林和大卫是在本文提及的一些人在世时被塑造出来的角色，但他们在盖茨、乔布斯等人成名的计算机文化兴起之前，就已经在全国范围内声名大噪。观看《电子世界争霸战》和《战争游戏》的许多

---

[1] 史蒂夫·乔布斯的形象，和比尔·盖茨一样，部分依赖于他辍学的经历——不过乔布斯辍学的学校是里德学院，而不是哈佛大学。像盖茨一样，他也曾与"Homebrew计算机俱乐部"有过早期的联系。他对音乐文化的兴趣在许多个人简介中被重点提及，并通过iPod作为首选便携式音乐播放器的市场主导地位进一步得到了强化。美国退休人员协会（AARP）发布的一篇文章将乔布斯描绘成一个热爱音乐、身穿高领毛衣和牛仔裤的反传统者（斯塔尔，《永不满足！》）。《卫报》的一篇报道引用乔布斯的话说，盖茨如果"曾经嗑过一次迷幻药，或者年轻时去过一次寺庙，他就会是一个更豁达的人"（坎贝尔，《卫报人物：史蒂夫·乔布斯》）。许多人物专访将乔布斯描绘成一个聪明且顽皮的孩子，并且暗示这些特质在他成人后仍然是他成功的关键（安德鲁斯，《史蒂夫·乔布斯》）。

[2] "Ten Most Famous Hackers."

观众都以"局外人"的身份窥视计算机文化，不仅缺乏直接经验，甚至连间接的知识都非常有限。这些电影在全美范围内传播，包括那些远离科技行业中心的地区，甚至触达了计算机化在工作和教育领域进展缓慢的偏远地区。因此，这些电影在某种程度上充当了文化入门文本，尤其对年轻观众而言具有启蒙意义。

弗林和大卫之所以能获得标志性地位，一部分归功于编剧的努力。为了打造《战争游戏》的情节和角色，编剧与计算机迷进行了交流，帮助他们制作出一部即使缺乏技术专业知识，又未能展现太多技术细节却能吸引科技界观众的电影。《战争游戏》的剧本起初源于1979年的一个名为《天才》(*The Genius*)的剧本，故事讲述了一位濒临死亡的科学家必须将他的知识传授给一个满嘴俏皮话的少年。这一概念在之后演变为最终的电影情节，使角色和故事更贴近科技文化，吸引了更广泛的观众。

编剧沃尔特·F. 帕克斯（Walter F. Parkes）和劳伦斯·拉斯克尔（Lawrence Lasker）遇到了与斯坦福研究所（Stanford Research Institute，简称SRI）相关的未来学家彼得·施瓦茨（Peter Schwartz），他向他们讲述了正在兴起的青年黑客文化。剧本中那个擅长运用技术的聪明少年，原本是《天才》剧本中一个对科学成就异常狂热的人，这正是那些通过各种手段进入计算机行业的年轻人的大致写照。施瓦茨观察到"青年、计算机、游戏和军队"之间的联系，这种洞见激发了他对《天才》剧本的改编，最终演变为《战争游戏》，施瓦茨对此表示：

> 有一群极其聪明的年轻人逐渐形成了一种新的亚文化，后来被称为黑客。斯坦福研究所位于帕洛阿尔托（Palo Alto），周围都是计算机极客：施乐帕洛阿尔托研究中心（Xerox PARC）、刚刚起步的苹果公司（Apple）——一切都在这里蓬勃发展。SRI是互联网的第二个节点。我们谈论当时玩的那些计算机游戏，是一些"摧毁世界"的游戏。太空战争游戏、军事模拟，像《全球热核战争》这类。SRI是这些领域的主要参与者之一。[1]

作者们还采访了现实中的黑客大卫·斯科特·刘易斯（David Scott Lewis），他是大卫·莱特曼（David

---

[1] Brown, "WarGames."

Lightman)这个角色的原型。[1]

《战争游戏》的成功体现了在技术知识与大众吸引力之间所做的精心平衡。编剧们对黑客行为和盗用电话行为的呈现,在文化层面上令真正的黑客和电话游侠感到真实与准确,同时又没有让影片充满令观众难以理解的技术细节。他们还保留了吸引施瓦茨注意的"青少年、计算机、游戏和军事"之间的联系。这些对标志性特征的提炼,塑造了一种独特的男性气质。影片中植根于真实黑客经历的元素增强了电影的共鸣,并使影片主角具备了这一新兴亚文化所推崇的特质。反过来,这部电影也有助于提炼并巩固这些被重视的特质。

通过另一套不同的策略,《电子世界争霸战》的主创们希望打造一个以计算机为核心,同时能吸引广大观众的故事。史蒂夫·利斯伯杰(Steve Lisberger)和他的商业伙伴唐纳德·库什纳(Donald Kushner)此前凭借一部讽刺奥运题材的动画电视特辑《动物奥林匹克》(*Animalympics*,1980)取得了成功。利斯伯杰在1976年看到了来自数字应用集团公司

---

[1] Takahashi, "Q&A That Is Twenty-Five Years Late."

（Mathematical Applications Group，Inc.）制作的计算机生成图像样片，不久后又接触到了《乓》游戏。利斯伯杰和库什纳最初构思了一个完全在计算机世界中设定的动画电影，并将这个想法带到几家制片公司，但都未能引起制片方的兴趣。

这对搭档在迪士尼意外找到了归宿，迪士尼很少接纳外部制片人提交的项目。动画师们重新构思了这部电影，将其设计成动画和真人实景相结合的形式，这可能让利斯伯杰感到失望，因为他很早就被计算机特效吸引，并在1982年宣称计算机图形最终会取代所有视觉特效[1]。作为一部电影，《电子世界争霸战》成了当时展示尖端视觉特效的载体。尽管影片中只有几分钟采用了计算机动画完成，但其独特风格仍然令人瞩目。影片的视觉美学（见图5-13）由三位有影响力的艺术家共同创作，包括法国漫画家莫比乌斯（Moebius）、工业设计师希德·米德（Syd Mead），他曾参与《银翼杀手》的设计，后来还参与了《异形2》的设计，以及商业艺术家彼得·劳埃德（Peter Lloyd）。

---

[1] Culhane，"Special Effects Are Revolutionizing Film."

图5-13 《电子世界争霸战》(1982)海报展示了电影的未来主义美学

《战争游戏》通过描绘一个崭露头角的青年亚文化成功吸引了观众，而《电子世界争霸战》则是以前所未见的视觉效果取胜。批评者往往认为《电子世界争霸战》在美学追求上显得空洞。虽然影片的情节和角色更多是为图像服务，但它也蕴含了一些与计算机技术、男性气质、暴力及智力相关的深层意味，这一点在《战争游戏》中也找到了相似的表达。这两部电影都探讨了现实与虚拟的界限模糊，并反映出对计算机化社会风险的担忧；它们问世之时恰逢街机游戏热潮的高峰，并在美国电子游戏行业崩溃的几个月前上映，这并非偶然。当然，将这两部电影放在一起解读的关键原因是《战争游戏》清晰展示的那些联系——计算机、游戏、男性气质与军事文化在青年群体中的交织关系。

事实证明，人类被机器支配的情节已成为探讨人类对智能机器感到不安情绪的叙事作品中常见的情节之一。虽然《电子世界争霸战》没有像《战争游戏》那样带有明显的军事色彩，但主控程序明确表示要统治人类世界，这种设想中的征服全球与《终结者》和《黑客帝国》中描绘的人类被奴役或消灭的情景十分相似。在《电子世界争霸战》和《战争游戏》中，计算机均被描绘成具有感知能力：在《战争游戏》中，拟人化的计算机系统"约书亚"不仅能享受游戏的乐趣，还能自主学习；而《电子世界争霸战》中的主控程序则狂热地渴望控制人类世界，自认为比那些掌控大多数程序的人类更有能力进行管理。

这些怪物般的计算机或程序通常可以归为两类：一类是像约书亚那样的机器，由于无法真正理解复杂的情境，常常做出错误的决策；另一类是像主控程序那样的机器，渴望通过控制或伤害人类来获取自身利益。在某些相关联的故事中，叙事的重点转向探讨角色的"人性"究竟来源于何处，并引导观众思考人工智能角色是否值得获得类似于人类角色的共情。

众所周知，在《银翼杀手》中，不同剪辑版本对主角银翼杀手瑞克·戴克（Rick Deckard）是否是复制人这一问题给出了不同的答案。此外，戴克被指派"退休"的最后两名复制人展现出强烈的人性特质——他们陷入爱情，试图逃避强迫性劳役和人工设定的有限寿命。《电子世界争霸战》和《战争游戏》都未曾探讨如此复杂的主题。约书亚虽然通过声音显得颇具人格魅力，但终究只是个计算机程序，而非人形角色；主控程序虽具备意识，却因贪婪和邪恶而毫无人的特质。尽管约书亚和主控程序行动的动机不同，二者都对人类构成了严重威胁，并最终必须由主角加以制止。

《电子世界争霸战》和《战争游戏》都带有冷战晚期政治的烙印。在《战争游戏》中，导弹指挥部的官员误以为俄罗斯发动了攻击，这或许是对电影《奇爱博士》的明显致敬。而负责处理大卫的联邦调查局特工则将他当成"共产间谍"，其中一位特工说："他完全符合这个特征。他聪明但成绩不佳，与父母关系疏离，朋友稀少，是苏联招募的典型对象。"这种对大卫的刻画，实际上反映了影片制作和上映时期以及现今对电子游戏玩家的负面刻板印象。

《电子世界争霸战》的企业背景虽然没有直接涉及全球政治，但主控程序对低级程序的压迫行径，呈现了独裁者的所作所为。主控程序及其手下萨克要求被送入游戏网格的程序放弃对"用户"的信仰，并威胁不服从者将减少他们在必须参与的角斗游戏中的训练份额。在这个背景下，作为系统外"用户"的弗林扮演了一个爱说俏皮话的"数字基督"，不仅证明了信徒们的信仰，还帮助他们推翻压迫者、重获自由。

弗林和大卫代表了20世纪70年代和80年代伴随着电子游戏和计算机化崛起的一系列文化与政治价值观。这些年轻的先驱者拥有青春活力、丰富的技术知识和智慧，极具竞争力与独立性，同时具备无视传统规则和标准的精神。他们凭借适应并精通一个不断变化的社会新标准而脱颖而出，成为"技术男性气质"（technomasculine）的典范。这种男性气质最早在20世纪70年代和80年代形成，在描述计算机技术发展和传播的故事中尤为突出，无论是小说还是纪实作品都推崇企业家个人的成就，成功人士的名字常与他们创办或经营的公司产品齐名。"技术男性气质"不仅仅是"极客男性气质"的另一种说法，虽然两者有一定的关联，也并不等同于受体育规则约束的男性气质，即使偶尔会借用体育术语。这种气质以技术性为标志，崇尚计算机技术和特定文化产品，充满年轻的活力，并在需要时灵活调整甚至打破规则。这种男性气质与社会主流霸权并非完全对立；其拥护者常被视为迈克尔·基梅尔所描述的"男性地带"（guyland）的居民，或德里克·伯里尔（Derek Burrill）提到的游戏玩家所体验那种漫长且充满影响力的少年时代的一部分。①

弗林虽然比大卫年长许多，但他的形象却被塑造成充满少年感特质，是个穿着牛仔裤和运动鞋的游戏王，在他拥有的街机厅里"主持大局"，并通过打破游戏纪录吸引众多观众。在某个场景中，洛拉听到弗林的俏皮话后说道："现在你知道为什么他所有的朋友都只有 14 岁了。"这句挖苦的话可能让弗林暗自得意，因为他似乎认为自己的男孩气是一种独特的魅力。艾伦作为一个冷静、戴眼镜的角色，与弗林形成鲜明对比，更加突出了弗林的年轻活力。尽管洛拉选择了艾伦而非弗林，但影片明显暗示弗林比两人都更酷、更聪明。在《战争游戏》中，大卫的年轻被反复强调，这种年轻令军方和政府的专家们感到不安；值得注意的是，法尔肯（Falken）——一位出色的计算机科学家和研究员，却似乎对此司空见惯。

德里克·伯里尔在《拼命一试：电子游戏、男性气质与文化》(*Die Tryin': Video Games, Masculinity, and Culture*) 中提出，电子游戏的普及推动了"男孩时代"的概念，它不仅是男性成长中的一个过渡阶段，

---

① Burrill, *Die Tryin'*; Carrigan, Connell, and Lee, "Toward a New Sociology of Masculinity," 551-604; Kimmel, *Guyland*.

还成为成年男性在任何年龄都能获得认同的一种性别身份。尽管伯里尔认为,这种男孩时代可能导致倒退和不成熟的行为,然而,《电子世界争霸战》和《战争游戏》中游戏玩家身份的叙事表明,男孩特质在数字世界中是成功的关键。这些带有男孩特质的技术英雄从某种程度上挑战了现代主流男性气质的理想,并将自己的极客特质视为最宝贵的优点,而非社交或职业上的阻碍。他们既不是传统的企业人,也不是穿灰色西装的职场男性;从年龄或兴趣上看,他们几乎还算不上真正的男人,尽管他们的性别特质被视为成功的关键,但他们依然与许多传统男性权力来源的体制保持一定距离。[1]

少年大卫和成年弗林所表现出的男孩气,使他们能够用非传统方式展现自己智慧且勇于冒险的精神,不怎么在意可能出现的问题。他们以年轻人的方式鲁莽行事,但这种鲁莽恰恰成就了他们的聪明才智。他们不太担心自己行为的后果,相信自身的能力和特权能为他们撑腰,或者——就像大卫告诉詹妮弗时明确指出的那样——因为自己未满18岁,他不会因非法拨

---

[1] Whyte, Organization Man; Wilson, Man in the Gray Flannel Suit.

打长途电话而坐牢，他们也仰仗着自己的年轻。

这些电影呈现了大众对游戏玩家身份、价值观及文化实践的普遍预设——在这些电影中，游戏玩家几乎等同于黑客。这些预设在过去十年间逐渐成形，由于媒体对投币式电子游戏热潮及年轻玩家的报道，使得这些玩家被视为聪慧的技术奇才和需要道德卫士留意的潜在社会越轨者。因此，《电子世界争霸战》和《战争游戏》重新赋予天才少年玩家/黑客积极意义，将他们塑造成冷战竞赛中具有潜力的斗士。电影让观众明白，这两位主角的年轻活力并非与成年世界脱节，而是赋予他们另一种展现成年人的特质。例如，当大卫拯救局面后，麦基特里克揉了揉大卫的头发——这是一个孩子气的动作，而大卫也以同样的方式回应，揉乱了这位中年官员的头发（见图5-14）。

虽然他们的年轻气质可能让他们与传统的男性形象格格不入，但正是这种男孩般的活力让他们能够用创新的方式解决问题与应对敌人。他们勇敢打破规则和法律的特质，恰恰使他们在应对更大冲突时有了独特的解决策略。他们行事被视为非传统却极具潜力的资源，尽管不按常理出牌，却在不论是军事和政府防御战略，还是在资本主义企业的运作中都发挥着重要作用。

图5-14 在《战争游戏》中,当麦基特里克以一种幼稚的祝贺方式揉乱大卫头发时,大卫也以同样的方式作出回应

弗林和大卫在电影中的冲突应对能力,来自他们对游戏玩法的深刻理解,进而延伸到对计算机系统的掌握。他们精通的游戏都充满暴力元素,且他们因对游戏的兴趣而卷入的情境更暴力,这暗示了游戏中的暴力可能让他们更好地应对现实中的暴力——这一点吸引了军方的注意,促使他们资助开发用于训练和招募的游戏,这也启发了电影《最后的星空战士》的创作。弗林是《空间妄想》的高手,而大卫在星际射击游戏《大蜜蜂》中表现出色,两人都是某种意义上的黑客。

大卫篡改了他和詹妮弗生物课上的成绩;利用终

端拨打非法电话并通过一台位于加州的计算机首次接触约书亚，试图获取未发布游戏的信息……尽管弗林的动机看起来更像成年人的烦恼——为了追回被迪林杰占有的知识产权——但他的手段与大卫其实相差不大。无论是为了获取信息、展示技术天赋，还是纠正他们所认为的不公，这两位角色在黑客活动中都展现了对规则和法规的无视，以及轻易突破法律和社会界限的态度。虽然弗林和大卫的行为大多有明确的目标，但他们也因与生俱来难以满足的好奇心而采取行动，展现出他们作为玩家/黑客的本性。

在《电子世界争霸战》和《战争游戏》中，青春被视为一种与计算机时代紧密相连的男性气质。聪明、能干、调皮的技术男孩在美国流行文化中由来已久，该文化可以追溯到关于早期现代技术如电灯和无线电的报道。不过，以前的天才男孩长大后被期望成为效力于美国公司和机构的"好员工"，而如今的游戏玩家/黑客却被刻画成特立独行的角色。即使在《电子世界争霸战》的结局，弗林取代迪林杰获得高位，却依然保持着独立特性——他乘直升机抵达公司，迎接他的是前女友兼下属洛拉和艾伦。艾伦不仅是洛拉现在的男友，也像洛拉一样是弗林的下属。洛拉和艾伦在摧毁主控程序以及揭露迪林杰阴谋中所发挥的作用是否得到了认可尚不清楚，但很明显，弗林因共同完成的冒险获得了最大好处。

在《战争游戏》结尾，大卫因"专家"麦基特里克地位的丧失而得以洗清罪名。这个年轻顽皮的少年，既非自负的技术狂麦基特里克，也不是对AI心灰意冷的法尔肯，只有他才真正懂得如何智胜约书亚并拯救世界。大卫成功阻止了核战争，实际上消除了他先前的不当行为，也摆脱了嫌疑，并向世人证明他不是共产间谍，而是一个货真价实的美国好男孩。

同样，弗林与艾伦和洛拉联手揭发迪林杰，证明自己并非安全威胁或不称职的员工，而是ENCOM公司最杰出的软件工程师——当然这一称号在他被腐败的迪林杰解雇前就赢得了。弗林和大卫最终成为各自故事的真正英雄——这种揭示并非对观众而言，而是对影片中其他角色的，因为观众在电影中始终被引导着认同这些角色。在这两部电影中，观众获得了一些信息，比如大卫人畜无害的动机或弗林被不公地解雇，这些信息在电影世界中被误解或隐藏，通过这种误解，电影让观众代入角色的经历，亲身感受到弗林和大卫洗清冤屈的荣耀时刻，一如这些英雄一样，观众也早已了然他们比那些体制内的专家更了解真相。

结　论

《电子世界争霸战》和《战争游戏》是计算机文化的代表性影片，它们首次在美国人日常生活中逐渐普及时应运而生，并塑造了关于使用和滥用计算机的主流文化叙事，这种叙事在数字时代仍具影响力。这些影片中刻画的游戏玩家/黑客天才的形象具有持久意义，并在后来的电影中继续演变，如《通天神偷》、《上班一条虫》(*Office Space*, 1999)以及《社交网络》(*The Social Network*, 2011)[①]。通过讲述与暴力、青春和男性气质相关，且通俗易懂、连贯一致的计算机技

---

① 这些电影中性别角色的体现，尤其是女性角色与技术和男性技术人员的互动，充满了复杂性，值得进一步探讨。虽然这些电影中的一些作品延续了《电子世界争霸战》和《战争游戏》中女性角色所扮演的辅助性角色，但在其他作品中，特别是《黑客帝国》里，女性不仅被呈现为技术专家，还被视为强烈的性欲对象。这些电影中女性角色的差异值得深入分析，近年来对女性黑客形象的刻画，特别是在电视剧中，如《犯罪心理》中的佩内洛普·加西亚也值得进一步探讨。

术故事,《电子世界争霸战》和《战争游戏》为数字领域的意义建构提供了蓝图。影片充分借鉴对黑客文化的观察,并与流行媒体对电子游戏的报道意外地产生共鸣,助力巩固了游戏玩家的文化身份。

基于一些最早接触计算机的年轻人的事迹,大卫和弗林以他们的黑客、游戏和技术天才故事,向美国以全球数百万观众展示了计算机时代的新兴男性身份,进一步扩展并强化了这种形象。他们不仅为后来的虚构角色提供了原型,还成为现实中科技企业家的榜样,这些企业家通过媒体叙事被展示并被塑造成代表相似价值观的人物。虽然影片中的主角在结尾重新获得了正面形象,但其他关于技术宅打破规则的故事,往往出现在更负面的黑客和电话诈骗报道中;然而,这些活动最终也因为早期的英雄形象而被赋予了一种正当性。《电子世界争霸战》和《战争游戏》大力塑造了"游戏天才少年"这一原型,并有效地将这一身份传达给主要由儿童组成的观众,塑造并引导了计算机化时代的早期参与者。

通过强化计算机技术、年轻人、暴力和军事之间的联系,《电子世界争霸战》和《战争游戏》助力将大众想象中的新兴数字景观塑造成一个在计算机时代走向成年的年轻男性的危险试炼场。正如R.W.康奈尔、金梅尔和迈克尔·梅斯纳所指出的那样,美国男性气质长期依赖于这样的试炼与挑战。[①] 这些电影不仅赞美了主角的冒险行为,还强化了计算机技术(特别是电子游戏)与男性气质间的联系,同时呼应了道德卫士对计算机化和电子游戏暴力对社会影响的担忧。在描绘计算机社会时,好莱坞叙事构想了一种文化——虚拟与现实在混乱的边界交汇,这种交汇对双方都可能造成灾难性影响,而这种威胁只能通过那些愿意打破既定规则的年轻男性来应对。随着计算机技术逐渐蔓延,《电子世界争霸战》和《战争游戏》的叙事影响力经久不衰,不仅影响了公众对计算机技术的认知,更塑造了人们对技术从业者形象的认知——从青少年玩家到中年科技企业家,再到有潜在威胁的黑客。

尽管计算机技术已趋于普及,但它依然带有一种强烈的神秘感,这一点在电影《社交网络》中得到了生动体现。影片以戏剧化的方式讲述并虚构了马克·扎克伯格创立Facebook(脸书)的过程。电影中

---

① Connell, *Masculinities*, 185-203; Kimmel, *Manhood in America*, 117-155; Messner, *Power at Play*, 11-23.

的扎克伯格展现了不拘一格、打破规则的一面：他入侵学校系统，在网上公开羞辱前女友，保持着牛仔裤和连帽衫的标志性穿着。然而，这种"天才少年"的叙事带有一定的批判色彩，故事围绕一系列法律诉讼展开，这些诉讼指控扎克伯格窃取了哈佛其他学生提出的Facebook创意，有意欺骗了他的朋友兼联合创始人，剥夺了对方应得的公司收益。电影中的扎克伯格形象并不讨喜，他是一个面无喜乐、充满怨恨和孤独感的人。对于那些更富有、更有社会关系的同学所享有的特权心怀怨气，耷拉着肩膀伴着尖酸刻薄的言辞贯穿全片的法律诉讼过程。影片将他的社会孤立性既作为他成功的原因，也作为结果；当他的女友与他分手时，她向他保证……

你可能会成为一个非常成功的计算机专家。你会一生都以为，女孩不喜欢你只因你是个书呆子。我想发自内心地告诉你，那并不是真的。真正的原因就是你这个人太混账了。

他一贯打破规则的行为已经深刻破坏了他的社交生活，导致他无法与他人建立真正有意义的联系。

影片以"扎克伯格是世界上最年轻的亿万富翁"这句话收尾，但这一成就在最后的场景中被削弱了——他在纠结是否要向抛弃他的前女友发送Facebook"好友请求"。他的这个执念也显得过于自私，难以让人产生同情。电影中的扎克伯格被刻画成一个情感缺失、满怀嫉妒的人，与《电子世界争霸战》和《战争游戏》中那些充满魅力与智慧的主角形成了鲜明对比。

如果大卫和弗林代表了社会和文化中最理想化的游戏玩家/黑客形象，那么电影中的扎克伯格则处于完全相反的一端。他的男孩气和敢于打破规则的特质虽让他获得了巨大的财富，但也使他在社交领域中极为不受欢迎，甚至他的《公民凯恩》（*Citizen Kane*）式孤独感看起来也完全是自作自受。《社交网络》广受好评，获得了多项奥斯卡金像奖提名，包括最佳影片和最佳导演的提名，并最终斩获最佳剪辑、最佳改编剧本和最佳原创配乐等大奖。这部传记片的成功可能表明，大众对年轻男性技术人员的认知已经发生了重要变化。与拯救世界的大卫和弗林不同，扎克伯格开发了一个极为成功的社交网络，却让他与现实生活中的社交渐行渐远。在影片中，由于角色被赋予了

"真实"的属性，那些聪明、善良的游戏少年形象似乎已被一个盲目追逐野心、情感缺失的年轻企业家所取代。

要真正理解计算机技术的兴起、传播及其文化影响，需要批判性地审视早期这些技术及其相关文化的大众叙事。《电子世界争霸战》和《战争游戏》中展现的计算机化愿景在许多方面已成为现实，也通过对成功企业家和技术专家的刻画持续影响现实。在当代电影中，《电子世界争霸战》和《战争游戏》中塑造的角色类型逐渐分化：在《社交网络》中，角色被更严苛地描绘——他们探索技术的世界，但摒弃了"从此幸福"的幻想；而在如《死亡飞车》和《天地逃生》（*Gamer*，2009）等电影中，他们将游戏、男性气质、暴力和青春元素的结合推向了极端的恐怖与血腥。尽管计算机和电子游戏已成为日常生活的一部分，但它们仍然保有一丝新奇感和潜在的恐惧色彩，而这种恐惧常常又被计算机化时代男性气质的理想化所中和。

第六章　街机厅已死，街机厅万岁

怀旧，在无处不在的计算时代

街机酒吧：布鲁克林

2010年秋天，在一次调研的旅行中，我在纽约短暂停留了一晚，拜访住在布鲁克林的一位朋友。当晚我们来到了一家名为街机酒吧的地方，这是一家融合了酒吧和街机厅的特色场所，以"致敬美国精酿啤酒和经典街机游戏"为口号。街机酒吧的墙上摆满了复古街机游戏机，其中既有《俄罗斯方块》、《青蛙过河》和《吃豆小姐》这样的经典游戏，也有一些较冷门的游戏和稍新的机器。吧台提供多种饮品，包括种类丰富的本地和区域精酿啤酒，吸引了同样热闹的人群。顾客们试图吸引调酒师的注意，高举着皱巴巴的钞票，而等着玩游戏的人则将硬币整齐地排在街机机柜上，这是街机厅长久以来的排队传统。

那晚在街机酒吧的顾客大多比我和我的朋友年轻。当我的朋友说他记得小时候玩过某款游戏时，排在我们后面的玩家问他多大了，在听到他已经30岁时，对方显得相当惊讶。说这群人年轻甚至有些保守；他们中的许多人刚刚达到合法饮酒的年龄。至少有一个年轻女孩悄悄告诉我，她用了假身份证。街机酒吧顾客的平均年龄很可能比这些街机游戏的"年龄"还要小。然而，他们似乎对某些特定的机器怀有深厚的情感。

排队最长的机器往往是那些年代久远且最为著名的游戏。比如，《吃豆小姐》总是吸引一大群人围观。也许这些经典游戏的成功当之无愧，它们在这个"次世代街机厅"中受欢迎只是因为卓越的设计。也许，街机厅已经形成了自己的"经典目录"，顾客更愿意选择那些他们在进入酒吧前就听说过的游戏。真相可能介于两者之间——游戏的流行既源于其出色的设计，也得益于几十年来积累的名声。学术酒吧将一个儿童游乐场的概念重新包装为成人娱乐场所，同时也是一个让街机游戏历史重回本源的地方——在这里，电子游戏回到了其作为酒吧娱乐起源的本质。

戴夫和巴斯特娱乐公司：奥斯汀

在美国各地的戴夫和巴斯特娱乐公司（Dave & Buster's）连锁店，传统的街机厅以多功能娱乐中心的形式焕然一新。它既是酒吧和烧烤店，又是街机厅和游乐场，也可以说是任何能赚钱的地方。在奥斯汀的一家戴夫和巴斯特娱乐公司分店，周五晚上吸引了各类人群，从工薪家庭到青少年，再到穿着时尚俱乐部装的20多岁年轻人。2012年1月的一个周五晚上，我带着一群朋友去那里做实地调研。传统的街机代币已经被一种叫"能量卡"（Power Cards）的塑料卡取代，每台游戏机都配有刷卡器。[①] 顾客可以通过电子账户储存游戏积分；机器吐出的奖品票也可以在奖品柜台兑换并存入卡中。街机货币已进入数字时代。我们在自助终端购买并充值这些卡，用纸币、借记卡或信用卡支付，然后选择充值金额。一对夫妇看着我充值，其中一人向另一人解释机器的运作方式："她不

[①] Dave & Buster's, "Power Cards."

是美国人。"他对我调侃说道。我微笑着回答:"其实我也觉得这机器没那么容易理解。"

连锁店将其街机厅宣传为"百万美元游乐场"(Million-Dollar Midway),但这里依然保留着街机的传统特色。射击类和赛车类游戏与弹球机以及推币机交织在一起——那是一种滑动货架上摆满硬币的机器,只要你在恰当的时机投入硬币,就有可能让整排硬币推进奖品槽。机器吐出票券,而兑换柜台(在这里更像一个兑换房间)热闹非凡,顾客忙着用票券兑换毛绒玩具、搞笑的装饰牙套、小饰品,甚至还有搅拌机和其他小家电。在街机区,我在《大嘴鲈鱼转盘》(*Big Bass Wheel*)中赢得了头奖,这是一款转盘类游戏——尽管有人刚刚告诉我这种游戏很可能被"设定"过。接着,我又花了太多时间试图在弹球机上刷新自己的成绩。此外,这里还有游乐场风格的游戏——投篮机,一款需要你在平台上拼命跳跃来操作的游戏,以及一款通过滚球来推动自己编号的马匹前进的赛马游戏。

用完所有积分后,我在街机厅里漫无目的地走着,注意到一个大学生带着高级相机和三脚架,在为课堂作业拍摄朋友玩各种炫目灯光的游戏。最后,我偶然撞见了一位真正的《劲舞革命》(*Dance Dance Revolution*，科乐美，2009) 高手[①]。当他尽情发挥时，吸引了一大群人围观。他甚至能后弯身体，用手击中感应器，然后迅速弹回站立。在一个玩家群体要么是年纪尚轻，要么沉醉于五彩缤纷的鸡尾酒的地方，能看到一个如此技艺高超的人绝对是一种享受。我站在那里看了一会儿，只能判断他很年轻——头发遮住了脸，过大的T恤，褪色的牛仔裤。当游戏结束后，他懒洋洋地离开，毫无刚才轻快身姿的迹象。我没有机会和他交谈，但几乎可以确定他的名字；我在青少年活动中心做志愿者时，那些十几岁的孩子曾满怀敬意地跟我提到一个叫凯文（Kevin）的人——"有点腼腆，但人很好"，而且是《劲舞革命》的超级巨星。当他消失在人群中时，我意识到，自己刚刚目睹了一位稀世奇才——一位在他主场的街机传奇人物。

[①] 《劲舞革命》经历了几次街机版本的发布。这里提供的发布细节指的是其中的第一个版本。《劲舞革命》开创了节奏舞蹈游戏类型。玩家通过在带有彩色箭头的平台或舞台上"跳舞"进行比赛。玩家用脚重复游戏屏幕上显示的序列。这种序列的重复可以追溯到一款1978年发布的电子记忆游戏《西蒙》(*Simon*)，由米尔顿·布拉德利公司推出。《西蒙》由玩具设计师霍华德·J. 莫里森与拉尔夫·H. 贝尔合作开发，贝尔因在电子游戏领域的多项创新而闻名，包括发明了第一款光枪（沃尔什，《永恒的玩具》，175页）。

街机厅的现在式

从 20 世纪 70 年代到现在，电子游戏行业和街机游戏的文化地位发生了翻天覆地的变化。1983 年的行业崩溃彻底改变了电子游戏的格局。在巅峰时期，雅达利是电子游戏行业的巨头，控制了美国 80% 的市场份额。然而，随着利润下降和反响不佳游戏的影响，雅达利和其母公司华纳传媒（Warner Media）都遭受了严重打击。[①] 1983 年，雅达利亏损超过 3.56 亿美元，裁员 30%（约一万人），并将所有制造业务迁往中国香港和台湾地区。除了当时最有影响力的电子游戏公司雅达利，其他行业领军企业也难逃困境。同年，美泰公司（Mattel）的电子产品部门亏损 2.01 亿美元，并裁员超过三分之一；动视（Activision）在短短三个月内亏损了 300 万到 500 万美元；而巴利的利润更是大幅下滑。[②] 面对行业崩盘的恐慌，科尔科（Coleco）试图进行多元化发展，推出了亚当

[①] Bison, "Atari," 52.
[②] Kent, *Ultimate History of Video Games*, 239.

电脑（Adam Computer），并通过授权泽维尔·罗伯茨（Xavier Roberts）创作的"卷心菜娃娃"（Cabbage Patch Kids）进军玩具市场。然而，尽管娃娃取得了巨大成功，依然未能阻止科尔科在1988年申请破产。①

大崩溃让部分主要竞争者退出了市场。行业随后洗牌并呈现出全新的形态。家庭计算机的普及极大地推动了电脑游戏的流行，许多游戏初创公司在崩盘后将重点转向这一领域。同时，大崩溃也为世嘉和任天堂等公司进入美国市场铺平了道路。尤其是任天堂，最终在家庭游戏机市场取得了绝对的统治地位。② 行业的转型让电子游戏行业得以复苏并逐步繁荣，但曾经辉煌的美国投币式街机市场却大幅衰退。在崩溃的余波期间，许多街机厅关闭，许多投币式游戏制造商要么转向其他业务，要么彻底倒闭。专注于电子游戏的投币式制造商中，能坚持十年以上的寥寥无几。然而，尽管街机厅的数量大幅减少，新游戏的推出速度放缓，但街机文化仍然顽强地存续至今。

戴夫和巴斯特娱乐公司连锁店和街机酒吧可以说

---

① Kent, *Ultimate History of Video Games*, 252-255.
② Kent, *Ultimate History of Video Games*, 278-289; Sheff, *Game Over*, Kohler, *Power-Up*.

是当代电子游戏街机厅的两种代表。布鲁克林的街机酒吧（见图6-1）以电子游戏为卖点，通过这种方式将自己与周边的其他酒吧区别开来。而许多酒吧则将电子游戏（包括经典游戏和新款游戏）作为现场娱乐的一部分。街机酒吧这一策略非常成功，公司已经扩展到纽约、泽西和费城，并且启发了类似的企业，例如芝加哥的商场街机酒吧。街机酒吧的首席执行官兼总经理保罗·克米齐安（Paul Kermizian）表示，这项业务的成功离不开在核心目标上的平衡：

图6-1 布鲁克林的街机酒吧（于2004年开业）拥有大量复古投币式街机游戏，并收藏了丰富的精酿啤酒

我认为关键在于找到两者之间的平衡。我们尽可能避免让某一方显得比另一方更重要。我们既专注于挑选精酿啤酒,也专注于经典电子游戏的维护。无论是策划还是维护,我们对两者都投入了同样的心思和努力。希望这一点能够让顾客感受到。

这种平衡得来不易,尤其是考虑到维护一批老式街机游戏的困难。正如保罗·克米齐安所说,"这些机器总是在出故障",员工必须密切关注顾客如何使用游戏机,以尽可能保护它们。[1]不过,这样的付出似乎很值得,因为这使街机酒吧能够在娱乐选择日益丰富的社区中依旧保持高人气。

如同街机厅的鼎盛时期一样,许多单独摆放或成组排列在社区酒吧里的游戏机仍由运营商所有,其中一些运营商的业务已有数年甚至数代人的历史。而在另一些情况下,这些机器是由酒吧老板直接购买,他们利用这些机器吸引付费顾客的注意力,同时也作为一种额外的收入来源。戴夫和巴斯特娱乐公司的历史

---

[1] 2014年8月12日,一封由保罗·克米齐安发给作者的电子邮件。

可以追溯到街机厅的黄金年代——连锁店的创始人之一正是从经营街机厅起家进入了这个行业。

虽然经历了1983年的行业崩溃,但街机厅并没有完全消失。今天,它们在娱乐行业中占据着一个虽已缩小但依然可见的地位。许多大型街机公司延续至今,有的以连锁形式存在,有的则作为特别大型的独立街机厅继续运营。例如,一家曾为争取在得克萨斯州梅斯基特市运营街机厅的权利,将官司打到美国最高法院的街机连锁店,虽然经历了多次收购与分拆,如今已成为一家大型街机连锁的一部分。阿拉丁城堡公司于1989年从母公司分离,并独立运营至1993年,被南梦宫有限公司收购。南梦宫随后将阿拉丁城堡与其运营部门合并,成立了南梦宫网络娱乐公司。如今,该公司是北美最大的街机运营商,拥有两万多台街机,分布在一千多个地点。[1]

戴夫和巴斯特娱乐公司连锁店专为年轻人和成人打造,打着"在游戏中逃离现实"(Escape into Play)的口号,宣传自己是"唯一一家既供应鸡翅和纽约牛排的餐厅,又有最棒欢乐时光的酒吧,以及装满最新

---

[1] Namco Cybertainment, "Namco Cybertainment—About Us."

互动电子游戏的百万美元游乐场"。[1] 第一家戴夫和巴斯特娱乐公司于1982年在达拉斯开业，由两位来自阿肯色州小石城的创业者创立。一位经营餐厅/酒吧，另一位经营隔壁的街机和游戏场馆。他们发现自己的顾客群体有很大的重叠，于是提出了将餐厅/酒吧与街机结合的点子。

尽管戴夫和巴斯特娱乐公司将自己宣传为一个适合全家出游的场所，但公司官网的宣传重点却明显放在成年人身上。许多照片中的人看起来是为了下班后的欢乐时光而来，领带微歪，衬衫袖子高高挽起。虽然戴夫和巴斯特娱乐公司声称提供"家庭乐趣"，但实际上其明确面向成年人的吸引力成为区别于竞争对手的一大策略，也可能是它在其他街机厅纷纷倒闭的情况下依然能够扩展的原因之一。此外，该连锁店凭借其多元化的服务（餐饮、酒水和娱乐）以及对企业聚会的吸引力，确保了多样的收入来源。虽然街机厅是戴夫和巴斯特娱乐公司的核心部分，但它并不是唯一的收入来源。

戴夫和巴斯特娱乐公司的电视广告明确展现了

---

[1] Dave & Buster's, "Dave & Buster's Restaurant, Bar, and Arcade."

其多元化收入模式。在2008年的一则广告中，一位对天天通勤感到厌倦的男子被"传送"到戴夫和巴斯特娱乐公司，在一群观众面前尽情地体验赛车游戏（见图6-2）。广告宣传称，"戴夫和巴斯特娱乐公司现在有更多让你流连忘返的理由"，画面中的顾客都是体面的年轻成年人。在2010年的另一则广告中，围绕连锁店的口号"在游戏中逃离现实"（"Escape into Play"），出现了身穿商务休闲装的成年人——女性穿着高跟鞋和职业套裙，男性则系着领带、穿着衬

图6-2 一位倦怠的通勤者从枯燥的驾驶过程中被带入刺激的驾驶游戏世界

衫——在街机厅中尽情游戏。广告的画面在游戏场景和精心准备"八种绝佳主菜之一"的画面之间来回切换。广告宣传的"吃喝玩乐套餐"(Eat & Play combo)将提供一份主菜和一张10美元的游戏卡,售价15.99美元。广告中的着装风格明确传递出这样一个信息:"吃喝玩乐套餐"是年轻职场人士下班后放松的理想选择。[1]

该公司的广告有时也将戴夫和巴斯特娱乐公司与街机厅的历史联系起来。特别是2011年末推出的一则宣传活动采用了8位音频风格,包括用《吃豆人》原声带的经典旋律配上20世纪80年代风格的字体以宣传《吃豆人大乱斗》(*Pac-Man Battle*,南梦宫,2011)在戴夫和巴斯特娱乐公司上线。这款四人游戏保留了系列经典的视觉和音效风格。戴夫和巴斯特通过广告、酒吧与烧烤餐厅的经营,证明了其在维持业务多样化和吸引成年消费者方面的前瞻性。但在这则带有怀旧色彩的广告中仍然依靠了对传统街机厅的刻板印象。尽管他们的许多广告体现了性别包容,但这则有意致敬经典街机时代的广告中却只有三位角色,全都是年轻男性。[2]

---

[1] Dave & Buster's, "Dave and Buster's Escape."
[2] Dave & Buster's, "Pac-Man Battle Royale."

虽然戴夫和巴斯特娱乐公司通过扩大街机厅的受众和多元化收入来源实现了增长，但其他街机厅则依赖其历史传承和经典游戏的吸引力。在旅游区的一些街机厅，比如圣克鲁兹海滩木板路的赌场街机厅（Casino Arcade）和圣莫尼卡码头的游乐园街机厅，它们早在电子游戏流行之前就已存在，并且成功熬过了行业大崩溃，这要得益于其稳定的游客群体。此外，这些"旅游陷阱"式街机厅悠久的历史表明，它们早已在电子游戏流行之前就奠定了根基，并保留了种类丰富的游戏设备。在热潮顶峰时，电子游戏可能占据了主导地位但并未完全取代诸如抓娃娃机（即使总抓不到娃娃）或弹球机及其他机械游戏等经典设备。一些更知名的街机厅，比如位于新罕布什尔州拉科尼亚市韦尔斯海滩的Funspot家庭娱乐中心（见图6-3），本身就已成为旅游胜地。其始建于1952年，设有美国经典街机博物馆（American Classic Arcade Museum），博物馆展出了20世纪70年代和80年代的180款经典游戏；同时，它还是年度国际经典电子游戏与弹球锦标赛（Annual International Classic Video Game and Pinball Tournament）的举办地。2008年，《吉尼斯世界纪录》将其评为"世界上最大的街机厅"。这一年度锦标赛为Funspot赢得了广泛知名度，并在经典游戏爱好者中积累了忠实粉丝群体。

图6-3 位于Funspot内的美国经典街机博物馆，展示了一系列令人印象深刻的立式街机游戏柜以及其他同期的物品

在美国也有一些新型街机厅，包括"日式"街机厅和专为怀旧玩家设计的经典游戏街机厅。标榜日式风格的街机厅通常以射击类和格斗类游戏为主，更偏重新款游戏，而非复古或经典游戏。日本流行的"游戏中心"（game centers）已成为许多日本人日常生活的一部分，同时也吸引了痴迷日本文化的美国人。[①]另一些新型街机厅则聚焦经典游戏机设备，无论是电子游戏时代还是更早期的设备。例如，奥斯汀的弹球街机厅（Pinballz Arcade）虽然拥有多种游戏，但特色还是弹球机，馆内收藏了80多台机器，其中包括几十台经典的立式电子游戏机，同时还提供机器销售以及街机设备的维修服务。

怀念街机厅

那些能够生存并蓬勃发展的街机厅，得益于它们挖出了美国人对街机厅的深厚怀旧情感。这里的"怀旧"指的是对不可重现的过去的渴望。这种怀旧的过

[①] Kelts, *Japanamerica*.

去之所以不可重现，部分原因在于它已被理想化。这种理想化的过去并非意指过去比现在更好，而是指向了人们对当下不满和失望的一种替代性表达。也就是说，怀旧常常是对更美好现在的一种变相追求。[①] 街机怀旧是数字时代的特有现象，同时也具有后现代特质。如果说对20世纪50年代的怀旧反映了对现代化承诺的期待，那么对街机的怀旧则更多地表现了一种对更令人愉悦的后现代的向往。

街机怀旧不仅体现在对街机厅这个场所或环境的情感依恋，还体现在对与街机厅息息相关的游戏的深厚感情上。如今，许多已为人父母的成年人会带孩子去街机厅，让他们体验自己童年里美好的回忆；而另一些人仍然将街机厅视为自己和朋友们的娱乐场所。年轻玩家选择街机厅的原因，与20世纪70年代和80年代青少年热衷街机厅的理由类似，但他们对经典老游戏的兴趣显然受到这些游戏历史和文化地位的影响。

即便是以新游戏为主的街机厅，也常常借鉴街机黄金时代对街机厅该是何种模样的定义。《重玩》杂

---

① Jameson, "Nostalgia for the Present," 517-537; Hutcheon, "Irony, Nostalgia, and the Postmodern," 189-207.

志提倡将街机厅打造成整洁、有序、管理良好并适合家庭娱乐的活动场所，显然对行业产生了深远影响。以达拉斯为总部的"主赛事娱乐"（Main Event Entertainment）连锁店就是一个典型例证，它将街机游戏、台球、保龄球、激光枪战、夜光迷你高尔夫、攀岩等活动结合在一起，打造了一个大型的"家庭娱乐中心"。[①]

尽管曾有过关于街机行业"消亡"的报道，但街机行业的表现却十分令人敬佩。用马克·吐温（Mark Twain）的话来说就是，这些"死亡"报道或许被大大夸大了。当然，街机厅如今已不再是美国小镇和购物中心的标配。电子游戏街机厅的形式发生了变化，其受欢迎程度也不复当年辉煌。

随着计算机技术和电子游戏的普及，街机厅逐渐被视为数字文化历史中的重要基石。如今，人们记忆中的街机厅不仅象征着一个逝去的时代，还成为文化和历史怀旧的重要载体。怀旧情感在塑造现代街机厅及其文化记忆方面发挥了重要的作用。它不仅影响了

---

① Boasberg, "TV Video Games," 20-21; "Where Are the Powerful Voices?" 3; Sharpe, "U.S. Arcades," 39-40; Main Event, "Main Event Entertainment."

我们如何将街机厅作为当代实体场所进行再现，也改变了我们对历史街机厅的认知。电子游戏街机厅的修复工作已经成为一项重大工程。曾经只是短暂潮流的街机厅，现在被赋予了特殊的文化意义，成为值得保护的遗产；那些特别成功的游戏更是被列为街机厅的经典之作。经典街机厅被形容为一种"鲜活的时间胶囊"，供消费者可以亲自参与和体验。即便是新建的街机厅，也常被描述为延续了一段值得自豪的文化传统。

在街机厅之外，消费者通过多种媒体产品重新接触街机这一文化符号，从运动衫、T恤到玩具和游戏，再到包括经典游戏改编和重新发行，以及重要电影和电视作品。这些产品看似是在保护或庆祝街机文化，但实际上它们也是一种选择性编辑和再加工的过程。关于纪录片创作如何带有创作者的个人印记——例如其在编辑过程中所做的选择、兴趣导向甚至偏见——已有诸多研究。与电子游戏历史相关的纪录片也同样无法避免这些问题。

甚至像用《吃豆人》主题锡盒包装的糖果这类小商品，也在参与着对过去的重新定义之中。在授权商品市场中，《吃豆人》和《大金刚》等某些游戏一次又一次地被重申。这种现象可能反映了一些公司乐于为获得授权其游戏角色的机会,以及这些公司能够长期维持市场地位的能力,因为许多已经下架的游戏来自早已倒闭的公司。然而,正如马修·托马斯·佩恩在批评即插即玩系统时所指出的,这种现象同时也强化了某些游戏的重要性,并限制了电子游戏经典作品的多样性范围。① 虽然《吃豆人》和《大金刚》的地位毋庸置疑,但对它们重要性被过度强调,掩盖了同一时期市场上其他游戏的多样性。正如所有经典作品一样,街机游戏的历史经典也是有限且带选择性的。

街机厅一如游戏领域和玩家,通过记忆被重新构建。无论是在街机文化的巅峰时期,还是在其衰退之后,大众对游戏的描绘总是集中在某些特定类型的游戏和玩家身上。尤其是对竞技游戏的推崇,塑造了人们对玩家形象、游戏方式以及玩游戏原因的理解。然而,就像普通跑步者不太可能是奥运选手或马拉松爱好者一样,普通的街机玩家也不大可能是世界纪录的保持者或竞技玩家。要明确竞技玩家在普通街机厅中所占的比例并不容易,尤其是考虑到不同街机厅的差

---

① Payne, "Playing the Déjà-New," 51-68.

异。例如，那些经常举办比赛的街机厅，可能确实拥有更为活跃的竞技玩家群体。

然而，事后看来，随着竞技游戏的叙事逐渐超越了休闲或社交游戏的叙事，竞技玩家在记忆中的存在感也被放大了。正如街机厅的游戏内容和种类在记忆中被简化一样，对最知名玩家的关注也缩小了对玩家多样性和游戏方式的记忆。这两个因素共同改变了人们在事后如何回忆街机厅，而玩家个人的怀旧情感，以及游戏玩家、街机厅老板、行业从业者和其他曾参与并塑造街机文化的人的记忆变化，也在这种转变中发挥了作用。

作为保护项目的街机厅

尽管街机厅顽强地存续了下来，并且许多顾客对它们怀有深厚的怀旧之情，但这些企业的生存始终面临挑战。至少在过去的十年中，有关街机厅的主流叙事一直围绕它们濒临灭绝、亟须拯救的处境而展开。从一开始，街机厅就始终处于困境之中。不利的区域规划法规、复杂的许可与注册要求，以及其他市政条例常常给街机厅带来沉重的财务压力,使它们与其他本地企业对立。针对街机厅本身或特定游戏的道德批判,更是进一步使街机厅孤立于当地的商业社区之外。

尽管美国最高法院在"梅斯基特市诉阿拉丁城堡公司案"中的裁决削弱了对街机厅的管控力度,许多城市的街机厅经营者仍然需要在吸引年轻顾客的同时,平衡家长和其他道德卫士的顾虑。1983年的电影《电子游戏狂潮》讲述了一群青少年为保护当地街机厅免遭一位富商关闭而展开的"拯救行动"。虽然这部电影以《留校查看》风格的搞笑路线展开,充满穿比基尼的女大学生和亚文化典型角色,但围绕街机厅受到威胁的叙事能在青少年中引起共鸣这一点并非无稽之谈。

电影中的街机厅以夸张的漫画风格呈现,故事内容荒诞离奇,显然并非意在还原"真实"的街机厅。但影片却表达了一种对街机厅的真诚热爱,这种情感或许因怀旧情绪而被进一步放大和美化,因为街机厅的黄金时代在当时已接近尾声。影片中反对街机厅的一方被刻画成一位古板的富商形象,而传统商家不欢迎街机厅融入当地商业圈的观念,就像通过哈哈镜放大的视角,真实反映了街机厅老板与顾客为赢得他人尊重而努力维护体面形象的现实困境。

因此,即使是在投币式电子游戏的黄金时代,许多地方的街机厅也有被拯救的需求。早在1983年大崩溃之前,一些旨在限制青少年进入街机厅或遏制街机厅扩张的措施,就已经对街机厅经营者的生存造成了不小的压力。而在崩溃之后,对许多街机厅经营者来说情况变得更加难以为继,大量街机厅关门的浪潮进一步冲击了整个行业。[①]

并非所有街机厅都倒闭了,但大部分确实难以维系,一批忠实的街机玩家因此失去了自己本地的娱乐场所。对他们来说,在家附近或小镇上心爱的街机厅关闭,似乎预示着一个时代的落幕。而那些至今仍然存在的街机厅,则被视为少数"坚守者";那些坚持收藏如今已成为复古机器的街机厅,更被人们看作是非正式的历史地标,一个展示逝去游戏时代的"活的博物馆"。

街机厅被视为孕育所有电子游戏的沃土,因此它不仅是那些曾经在街机厅度过童年的玩家的"特权"场所,也是那些从未经历过街机厅时代的玩家所向往

---

① Kent, *Ultimate History of Video Games*, 175-177.

的文化象征。从这个角度来看,保护街机厅已经成为一种重要的文化保护行为,就像保护人们怀念的唱片店或电影院一样。这并不是说街机厅是电子游戏唯一的发源地,毕竟个人电脑游戏和家庭游戏机市场也在其中扮演了不可或缺的角色。然而,街机厅的公共属性为它带来了特别高的关注度,这一方面得益于它吸引了记者和其他媒体制作人的兴趣,另一方面也因为它引起了道德卫士的关注。

对街机厅的怀旧往往通过对特定游戏的怀念来体现,并且二者常常相辅相成。由于街机设备的"短命"特性,即使是在没有街机厅的地方,或者街机厅在熬过行业低俗中幸存下来的地方,许多玩家仍然会感受到自己心爱游戏的"失去"。那些安装在投币式自助洗衣店、保龄球馆、便利店等非街机场所的单机游戏,不仅让电子游戏成为日常生活的一部分,还将街机设备的影响扩展到了街机厅以外的更广泛空间。对于街机厅这一场所的怀旧,与通过单个街机游戏体现出来的怀旧并不冲突。事实上,许多怀念街机厅的人也可能怀念那些曾经带来欢乐的经典街机游戏。

由于电子游戏街机厅的历史与其内部游戏的历史密不可分,这种现象显得合情合理。这也表明,无论是"拯救街机厅"还是"拯救单个游戏",尽管表面看似独立,实际上常常指向相似的目标。街机厅保护工作不仅为老式街机设备创造了市场需求,同时对"经典"电子游戏的兴趣进一步激发了保护街机厅的热情。保护行动形式多样,既包括商业机构的努力,也涵盖了来自各种组织的非营利性支持。

街机厅保护的方式和具体保护内容的选择差异很大。其中,多街机模拟器平台(MAME)的开发可能是最著名的保护街机硬件的措施之一(见图6-4)。MAME平台的开发始于1997年,并一直持续至今。最初的版本由意大利软件开发者尼古拉·萨莫里亚(Nicola Salmoria)推出,项目协调工作在此后几经更迭。MAME让许多经典街机游戏得以保存,并使玩家能够在家用电脑上重新体验这些游戏。[①] 然而,作为一个项目,MAME的主要目标是保存硬件本身,即那些街机本身;让用户玩这些游戏则是附带的目标或次要的结果。

---

① MAME官网。

严格来说，MAME是一个完全非营利的项目，其主要目的是为被模拟的街机机器的内部工作机制提供参考。这既有助于教育，也旨在保护这些经典游戏，避免它们因硬件停止运行而彻底消失。当然，为了确保游戏得以保存，并证明模拟的运行行为与原始表现一致，用户需要能够实际运行这些游戏。然而，这仅被视为一个不错的附带效果，但并不是MAME的主要关注点。[1]

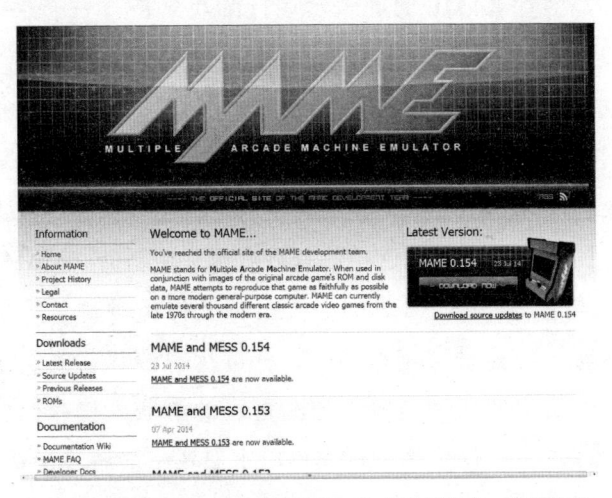

图6-4 MAME网站会概述该项目，发布更新内容，并提供当前版本的下载链接

---

[1] MAME官网。

通过关注"被模拟街机机器的内部运行机制"，MAME的开发者专注于支持经典游戏的硬件设备。街机机器的硬件种类繁多，其ROM格式包括电路板、激光盘和磁带等多种形式，其中许多都难以保存或复制。这种对硬件的专注，表明MAME的项目定位是明确的技术保护，而非纯粹的文化保护。尽管技术保护与文化保护有一定的重叠，但MAME对支撑游戏运行的技术的重视，使其区别于大多数其他保护工作。

尽管MAME明确表示运行游戏只是"一个意外的好处"，但这一项目已提供了超过2000款可玩的游戏。MAME的用户对重现街机游戏体验充满热情，他们通过自行建造或改装街机柜体，以容纳计算机系统，让MAME界面更接近街机游戏的物理操作，或者直接从像X-Arcade这样的制造商购买预制的"MAME柜体"。虽然MAME的主要目标是保护硬件系统和界面，但这种"副产品"——可玩的游戏，吸引了大量玩家的热情追随。这些可玩的游戏只读存储器（ROMs）不仅让年长玩家得以重温童年的游戏记忆，还让年轻玩家体验到了那些已不在公共场所出现的经典游戏。凭借庞大的游戏库，MAME已成为保护经典游戏最全面的项目之一，尽管其核心目标依然是对街机硬件的模拟。

MAME激发了玩家对游戏档案的兴趣，带动了人们对电子游戏相关"短命物品"（ephemera）的关注，例如宣传单和图像资料，因为MAME玩家希望为自己的游戏体验找到相关的视觉素材。街机传单档案馆（The Arcade Flyer Archive，简称TAFA）是一个在线资源库，收藏了大量与电子游戏、弹球和街机游戏相关的宣传单，这一项目最初源于一些个人收藏。TAFA是由杰拉德·马图伊斯（Gerard Maathuis）给MAME提供宣传单包而创立的MAME传单/海报档案馆，以及埃里克·雅各布森（Eric Jacobson）创立的"街机怀旧"合并而成。如今，TAFA由雅各布森和丹·豪尔（Dan Hower）共同管理，后者是一位资深收藏家，他为TAFA贡献了大约一半的宣传单资源。自2005年网站改版以来，TAFA一直使用"记住这些游戏，感受怀旧情怀"（"Remember the games. Feel the nostalgia"）作为口号。该网站定位为怀旧项目，目标明确锁定玩家和游戏迷。

尽管街机传单档案馆并非专业档案馆，但它拥有全球最丰富的街机宣传单收藏之一。同时，TAFA也将自己定位为保护工作（如MAME）的有力工具，以及一份宝贵的文化历史资源：

街机传单档案馆是一个数字化资源库，收录了投币式娱乐行业用来推广游戏销售的广告传单。这些传单随着时间的推移，不再仅仅是营销资料，它们反映了行业历史、平面设计趋势以及广告创意的独特融合。更重要的是，这些传单唤起了无数在电子游戏、弹球机和街机文化中成长的人的怀旧情结。传单上的独特柜体设计、精美的艺术插图以及真实的屏幕截图，展现了投币式游戏的视觉语言。这些元素不仅让传单成为收藏家珍爱的物品，同时也成为修复游戏原厂规格的有效参考工具。[1]

虽然TAFA和MAME都致力于保护工作，但MAME的定位更偏向技术项目，而非文化项目。相比之下，TAFA明确以文化保护为目标，但从严格意义上讲，它并非专业档案馆，因为从事传单整理和保存工作的人并非专业档案管理员。

目前，街机传单档案馆已收录超过6000份电子游戏传单、1300份弹球游戏传单以及1700份街机游戏传单。[2] 因为鼓励个人通过扫描和上传自己的收藏来

---

[1] 街机档案馆，关于"我们"页面。
[2] 街机档案馆首页。

丰富资源库,其藏品数量还在不断增加。尽管TAFA的核心动机之一是为玩家提供一场围绕街机的怀旧之旅,但同时,它也被视为一个丰富的资源宝库,为研究电子游戏行业、平面设计和广告的历史学者提供了宝贵资料。(我个人可以证明,TAFA的馆藏对我研究街机历史大有裨益。)此外,这些传单还被认为是游戏修复和其他保护工作的重要参考资料。

尽管TAFA本质上是一项由志愿者或爱好者推动的街机文化档案工作,但它成功地在爱好者收藏与专业档案之间架起了一座桥梁。TAFA以及其他类似项目,不仅激发了公众对电子游戏文化历史的关注,还证明了保护电子游戏文化的价值和必要性。虽然罗谢尔·斯洛文早在1989年就在移动影像博物馆举办了首个电子游戏回顾展"炙热电路"(Hot Circuits),但关于街机的历史研究在学术界中真正引发持续关注,却是直到21世纪初才兴起。在过去的十年中,已有若干重要的档案工作陆续开展。

国际电子游戏历史中心(The International Center for the History of Electronic Games)隶属于斯特朗国家玩具博物馆(Strong National Museum of Play),馆内收藏了超过两万件与电子游戏历史相关的物品,是全

球最大的此类收藏。2008年成立的得克萨斯大学电子游戏档案馆（UT Video Game Archive），位于得克萨斯大学的多尔夫·布里斯科美国历史中心（Dolph Briscoe Center for American History），其目标是"保存和保护电子游戏开发者、出版商和艺术家的作品，为各类研究人员提供资源。"[1]在英国，国家媒体博物馆（National Media Museum）与诺丁汉特伦特大学（Nottingham Trent University）联合创建了国家电子游戏档案馆（National Videogame Archive），该项目旨在"通过将游戏置于历史、社会、政治和文化背景中进行保存、研究和展示。"这些专业档案馆，无一例外都依托于现有的机构而成立。

近年来，这些高度制度化的电子游戏保护项目，与一些非传统的保护者所做的努力相辅相成。例如，Funspot的运营者不仅维护了大量的街机游戏收藏，还将部分藏品在其二楼的"博物馆"中展出，并配以游戏和其他展品的详细说明标签。另一个例子是双子星系，这个组织多年来不仅详尽记录了数百款游戏的最

---

[1] 请注意，得克萨斯大学电子游戏档案馆还收藏了我在研究本项目时收集的口述历史和照片。任何对此材料感兴趣的人可以联系档案馆以获取访问权限。

高分纪录,还对自身的历史进行了系统化的整理。对街机的保护,与许多文化保护项目类似,它不仅仅是一项学术活动。事实上,许多保护工作由玩家个人和行业从业者发起,他们通过自己的努力进行保护和记录,或通过捐赠资料、宣传项目等方式,为更大规模的保护工作提供支持。

保护电子游戏历史的热潮并非孤立的现象,而是与一种我称之为"潮流极客街机史"(geek chic arcade history)的风潮息息相关。我将这种趋势定义为,通过消费品、艺术作品和流行媒体的传播与推广,将街机游戏及其相关文化物品加以美化并赋予魅力。大多数专业保护者或许不愿意将他们的工作简化为一种怀旧行为,但我也无意这样做。事实上,"怀旧"可能是衡量公众对某一主题兴趣的最直接方式之一。因此,在街机怀旧情绪高涨之际,街机文化和游戏的专业保护能够迅速升温,也就不足为奇了。

致力于保护"经典"游戏时代的不仅仅是教育机构和非营利组织。2009年,Stride牌口香糖发起了一项名为"拯救街机"(Save the Arcades)的活动,借助"街机厅作为濒危文化遗产"这一概念吸引大家的关注。Stride品牌邀请玩家在线玩《扎普提》(*Zapatur*)

游戏，并将得分"捐赠"给他们最支持的街机厅，得分最高的街机厅将获得25000美元的奖金，用于维持运营。活动重点宣传了四家街机厅：位于得克萨斯州奥斯汀的"街机不明飞行物"（Arcade UFO）、田纳西州纳什维尔的"游戏银河"（Game Galaxy）、加利福尼亚州圣拉斐尔的"星际基地街机厅"（Starbase Arcade），以及伊利诺伊州德卡尔布的"星际世界街机厅"（Star Worlds Arcade）。作为推广的一部分，Stride品牌还向宾夕法尼亚州怀奥米辛的"挑战街机厅"（Challenge Arcade）捐赠了10000美元，以帮助其渡过经营困境。然而，最终赢得首轮"拯救街机"活动的并不是"挑战街机厅"（其获得的资助更多是作为整体公关活动的一部分），而是"街机不明飞行物"。由于活动大获成功，Stride于2010年继续推出了"拯救街机2"（Save the Arcades 2）活动。最终，俄勒冈州波特兰的"地面控制经典街机厅"（Ground Kontrol Classic Arcade）（见图6-5）战胜了加利福尼亚州罗兰高地的"无限街机厅"（Arcade Infinity）和佛罗里达州温特帕克的"洛基回放街机厅"（Rocky's Replay），成为第二轮活动的赢家。

图6-5 "地面控制"(Ground Kontrol)是一家两层楼的街机厅,设有提供酒类和小吃的吧台,以定制瓷砖马赛克和复古未来主义风格家具为特色。这家位于俄勒冈州波特兰的店在下午5点前对所有年龄段开放,5点之后仅限21岁及以上的顾客入场,届时提供酒水(作者摄)

尽管活动"拯救街机"和"拯救街机2"中的许多街机厅相对较新，但活动中使用的语言，无论是动员玩家通过玩相关游戏捐赠分数，还是通过社交网络宣传活动，都充满了"濒危"和"保护"的意味。这些街机厅，就像秃鹰和大熊猫一样，被描述为需要拯救的对象。这场活动将自身定位为对玩家的呼吁，同时也是口香糖公司努力吸引玩家成为消费者群体的尝试。在第二轮活动结束后，访问"拯救街机"网站的用户会看到一条简短的消息，既总结了比赛结果，也鼓励观众——被网站称为"玩家"——继续参与保护："常在您家附近的街机厅驻足，让经典游戏继续保持活力。"这种语言强调了街机厅作为社区生活的一部分——尽管这种角色如今已大部分被取代，同时坚持将游戏视为一种社区活动。尽管在某些历史时期，街机厅确实是社区聚会的重要场所，但如今能够将街机厅视为社区中心的人群已十分有限。而那些仍然拥有街机厅的社区数量也急剧减少，以至于街机厅更多地被视为一种稀有现象或特定的场所。

街机怀旧的构建解读

对街机的怀旧性重塑和再想象，不仅源于多种社会、文化和政治目的，也服务于这些目的。关于街机怀旧并没有唯一正确的解读方式，随着街机越来越成为广泛而显著的怀旧象征，这一点变得更加明显。基于这一前提，我选择以一种非线性、非整合的方式探讨电子游戏街机厅的怀旧情感。这种情感包含了许多意义上的线索，试图将它们梳理为一种单一的分析结论并没有特别的好处，不如分别审视这些线索并观察它们之间的相互作用。怀念街机厅的人，可能是因为街机厅曾是他童年的快乐之地，也可能是怀念游戏带来的掌控感、街机厅作为精英玩家的聚集地，或者街机厅作为科技行业扩张与繁荣的象征。在将街机厅视为一种模式或特定场所时，无论是文化生产者还是消费者，都在利用街机厅来代替某些特定的价值观念。

街机怀旧有许多典型的表现形式——从经典游戏锦标赛，到电影《无敌破坏王》（*Wreck-It Ralph*，2012）中对早期电子游戏美学的挪用，再到像戴夫和巴斯特娱乐公司推出的"吃豆人大战"广告这样带有复古元素的宣传内容。通过批判性地分析街机在当代社会中的传播方式，我试图揭示街机在流行文化中被赋予的多重意义，并将怀旧街机置于其历史和文化背景中进行探讨。我用"怀旧街机"这一术语，是为了区分这种当代被想象出的在一定程度上较为抽象化的街机，与它所根植的历史街机，以及那些仍在商业场所运营的新旧街机。

也就是说，街机怀旧虽然借鉴了历史，但它更关注当下而非过去。正如弗雷德里克·詹明信（Fredric Jameson）所提出的"对现在的怀旧"理论——一种以怀念过去来表达对理想化现在的渴望——这种情感深刻地影响了我们如何记忆和重塑过去。怀旧是一种情感驱动的视角，而街机怀旧更像是一个情感寄托的空间，而非纯粹的历史遗迹。

街机的复兴并非单纯的纪实项目，即便它有时以纪录片的形式出现；更确切地说，这是一种对过去的挖掘与重新诠释，而这种诠释往往是片面的、受限于特定情境的。

作为童年的街机厅

尽管早期街机厅的顾客既有儿童也有成人,但最常见、最显眼的往往是青少年和儿童。街机厅是青少年社交的聚集地,他们可以在这里自由活动,与朋友见面,或者参加生日派对和其他庆祝活动。在一些家庭中,去街机厅甚至可能被视为一种奖励或特殊的享受。这些经历共同塑造了街机厅作为"快乐场所"的形象,并将其与童年的记忆联系在一起。对于那些在青少年时期独自出入街机厅的玩家来说,街机厅或许还代表了早期经济独立和社交自主的象征。因此,街机厅不仅仅是一个娱乐空间,它更成为童年的象征。而对街机厅的怀旧之情,也往往寄托着对青春岁月的怀念。

将街机厅视为童年或青春期美好时光象征的观念,与将街机厅(尤其是个别街机游戏)视为珍爱的玩具密不可分。在消费文化中,人们对童年玩具往往有着非常深刻的情感依恋。无论是高端还是大众价位的玩具制造商,都致力于建立这种强烈的情感联系，从而让儿童用户在长大后成为忠实的收藏者和爱好者。这种利用成年人对童年玩具怀旧情感的营销策略，已为像美泰（Mattel）这样的公司带来了巨大的成功。美泰专门面向成年收藏者，满足他们对儿时玩具的需求，通过制造稀缺性和密切关注消费趋势来激发市场需求。这些趋势不仅影响儿童的圣诞愿望清单，也构成了成年消费者的购买欲望，从而为特定的产品创造更广泛的市场。

例如，在2010年，美泰公司策划了一场极为成功的活动，它让消费者为芭比娃娃"我能成为（I Can Be）"系列的下一职业进行投票。最终胜出的"电脑工程师芭比"不仅吸引了主流媒体的广泛关注，还被《连线》（*Wired*）、《瘾科技》（*Gizmodo*）和《PC世界》（*PC World*）等科技媒体报道。这一活动推动了该系列销售额的惊人增长，达到了144%。[①] 活动期间，美泰公司收到了50万张获胜职业的投票，娃娃的配件和设计也在女性工程师协会和国家工程院专业人士的指导下完成。

通过这一投票活动，美泰公司不仅锁定了潜在的成年消费者群体，还成功建立了与他们的联系，其中

---

① 2011年度产品品牌开发营销活动。

包括从事电脑工程及相关领域的女性,以及希望鼓励年轻女孩探索这些职业的家长和支持者。此外,美泰公司还推出了许多专门面向成年收藏家的"芭比娃娃"系列,例如每年的节日芭比以及经典芭比的复刻版,这一策略进一步巩固了其在成年市场的吸引力。

瓦尔特·本雅明(Walter Benjamin)是一个关注玩具文化的重要思想家,他曾撰写多篇探讨玩具意义的文章,并且本人也是玩具收藏家。他认为,第一次世界大战的残酷经历激发了人们对旧玩具日益增长的兴趣。他曾在1928年写道:

> 当成年人产生玩耍冲动时,这不仅仅是回归童年。确实,玩耍总是带有解放的意义。孩子们被巨大的成人世界包围时,会通过玩耍创造一个符合自己的小世界。而成年人,当他们被现实的威胁笼罩而无路可逃时,则以缩小版本的形式重构现实来减轻其刺痛感。自战争结束以来,想要缓解难以承受的生活压力,成为人们对儿童游戏和儿童读物兴趣不断增长的主要原因之一。[①]

---

① Benjamin, "Old Toys," 100.

根据本雅明的观点,成年人对玩具的怀旧情怀——无论是对老旧或古董玩具的喜爱,还是对较新的儿童玩具的兴趣——远远超出了对童年的单纯怀念。借用本雅明的理论,我认为,即便怀旧街机厅成为人们重温童年的重要场所,我们也需要更加细致地审视"童年"这一概念;如果将分析停留在"童年"层面,未免过于简化。童年并不是一个单一、固定的概念或经历,个体对童年特定物品的情感联系往往源自复杂的情感动因。此外,本雅明提出的一个重要观点是,怀旧情感可能受历史环境的影响,这些环境在某些层面上使生活更加艰难,这一洞察尤为深刻。

个人的怀旧情感往往通过个体叙事体现得淋漓尽致。这种对童年玩具的渴望不仅影响了企业的营销和生产决策,还成为文化作品中的重要叙事母题,例如电影《公民凯恩》以及玩家小说《幸运流浪男孩》(*Lucky Wander Boy*)和《头号玩家》。

在奥森·威尔斯的经典电影《公民凯恩》中,一名记者试图揭开报业大亨查尔斯·福斯特·凯恩(Charles Foster Kane)临终前留下的神秘遗言"玫瑰花蕾"的含义。最终发现,"玫瑰花蕾"是凯恩童年时珍爱的雪橇的名字,象征着他短暂的幸福童年。而在丹尼尔·威斯（D. B. Weiss）的小说《幸运流浪男孩》中，主角亚当·佩尼曼（Adam Pennyman）在一家互联网娱乐公司里从事平淡无奇的工作，同时投入精力完成自己的个人项目——《过时娱乐目录》（*The Catalogue of Obsolete Entertainments*）。这是一部怪异的电子游戏目录，最终佩尼曼完全被自己最喜欢的游戏《幸运流浪男孩》所迷住。

这本书中充满了佩尼曼撰写的百科条目，他在其中对游戏的文化意义以及推测中的个人意义进行了深入的分析。随着佩尼曼深入研究一款又一款游戏，他的行为实际上是在试图理解自己的生活，包括他短暂的人生、孤立无援的状态以及深深的无聊感。《幸运流浪男孩》是佩尼曼从高中时就痴迷的一款游戏。当年，他花了无数小时试图通关，但就在他即将进入游戏神秘的第三关时，街机被拔掉电源并搬走了。这款他无比向往的游戏如今变得极其稀有，这让他在小说的大部分时间里都在寻找一台仍能运行的机器。与此同时，这款游戏的开发者似乎近在咫尺，因为佩尼曼工作的公司竟然购买了这款游戏的电影改编版权，而这款游戏的失败曾导致大部分街机机柜被销毁。最终，佩尼曼对雇主感到极度厌恶，他破坏了公司的工作场所，并将公司的服务器和电脑设备送给了一群日结工。而故事接下来的情节则变得有些模糊。

威斯为故事设计了多个结局，每个结局都被标注为"重玩"（replay）。这种结构借鉴了电子游戏的设计理念——根据玩家的选择，故事会出现不同的结局，这与极富游戏趣味的"惊险岔路口"（*Choose Your Own Adventure*）系列书籍极为相似。这种"互动式"书籍最早诞生于20世纪70年代末，主要面向年轻读者，目前仍由同名公司负责出版。书中允许读者为角色的行为做出选择，而这些选择会直接影响故事的走向和结局。

在《幸运流浪男孩》中，这些不同的结局并未以明确提示或供读者选择的方式呈现。"重玩"的概念暗示着这些结局都是可能的，并且可能像电子游戏一样在文本中并存。

在其中一个结局中，佩尼曼如愿见到了游戏设计师。他前往京都，却发现这位设计师对维护这款游戏设计的完整性毫无兴趣。她认为这款游戏本质上很糟糕，并已经卖掉了相关权益，用于资助她当前的事业——一家名为"超级幸运惩戒"（Super Lucky Spank）的惩罚服务场所，专为日本商人提供服务。

而在另一个结局中，佩尼曼并没有前往京都，而是选择与一直支持他百科项目的女友克莱奥（Clio）和好。他因痴迷于《幸运流浪男孩》而忽视了克莱奥。在这一版本中，他们搬到了芝加哥生活，佩尼曼很少再想起这款游戏，直到临终时才偶然回忆起来。

无论是哪种版本，佩尼曼对游戏第三关的执着显然反映了他对解开某种人生秘密的渴望。他相信，这款充满谜团与超现实色彩的游戏是一个需要破解的谜题，而解开它将从根本上让人生变得更加完整和有意义。[1]

从某种意义上来说，这款游戏不仅是佩尼曼童年执念的回归，更是一个重新定义人生的契机，仿佛未能通过第三关的遗憾引发了他生活中一系列的缺憾和失败。佩尼曼真正渴望的其实并不是游戏本身，而是幸福，或者至少是他怀旧中对幸福的想象——一个他从未见过的关卡，一段能够赋予某种变革性的智性与情感体验。然而，游戏设计师本人完全拒绝承担这样的意义，甚至嘲笑这种关于游戏重要性或与未来相关性的观点。她坚持认为自己目前经营的惩戒服务场所不仅更加赚钱，而且在很多方面更加"有意义"。这

---

[1] Weiss, *Lucky Wander Boy*, 251-288.

一点让佩尼曼感到极度失望;同时,这也是一个耐人寻味的转折,因为佩尼曼早已对这位游戏开发者产生了某种性幻想。

《幸运流浪男孩》延续了一种叙事传统,这种传统至少可以追溯到电影《公民凯恩》中。同时,它也属于一个更近代的流派,即记录痴迷流行文化之人生活的作品。其中一个经典例子是弗雷德里克·埃克斯利的小说《粉丝笔记》(*A Fan's Notes*),这部"虚构的回忆录"描写了一位对职业体育,尤其是美国国家橄榄球联盟对明星弗兰克·吉福德(Frank Gifford)的职业生涯深度痴迷的主人公。[1]

在更晚近的文学中,英国作家尼克·霍恩比(Nick Hornby)以刻画痴迷流行的男性而闻名。他的代表作之一《失恋排行榜》(*High Fidelity*)讲述了一位唱片店老板的成长故事,他最终领悟到,评判一个人不应基于他们喜欢什么,而是基于他们本身是什么

---

[1] 弗雷德里克·埃克斯利曾从事广告业,饱受精神疾病的困扰,并长期与酗酒斗争。他痴迷于橄榄球运动员弗兰克·吉福德和作家欧内斯特·海明威。在写作生涯初获成功后,他开始使用带有自己照片的信笺,而照片中的他看起来与海明威十分相似。他还喜欢别人称呼他为"爸爸"(Papa),这是海明威常被叫的昵称。晚年,埃克斯利深陷于关于他兄长与中央情报局(CIA)相关的阴谋论之中(埃克斯利,《一个球迷的笔记》;亚德利,《不合群者》)。

样的人。这一领悟部分源于他遇到一对夫妇，起初对他们的唱片收藏感到失望，而又因对方的善良而展开反思。在霍恩比的另一部作品《赤裸的朱丽叶》（*Juliet Naked*）中，一个女性与她男友多年来痴迷追随的一位美国冷门作曲家见面并产生了感情。

值得注意的是，《幸运流浪男孩》本身也吸引了一批狂热追随者。这本小说如今已绝版，并成了一种收藏品。有一段时间，这本书的平装版在亚马逊的二手市场上售价甚至超过 50 美元，这一现象颇值得玩味。[1]

在《公民凯恩》和《幸运流浪男孩》中，玩具或游戏都象征着某种超越其自身的意义。这一点在其他收藏类玩具和游戏中同样适用。虽然它们最明显的象征可能是童年或青春，但玩具还可以代表更具体的情感状态，甚至一些与青春相关的抽象价值观，比如"纯真"或"雄心"。

街机游戏尤其容易引发这种情感联系，因为它们很少被玩家真正拥有。对那些酷爱街机的孩子和青少年来说，这些机器往往存在于街机厅等特定场所，而并非私人财产。当这些游戏机从街机厅被移走时，对

---

[1] 价格基于 2011 年 4 月 5 日在亚马逊网站"图书分类"中搜索《幸运流浪少年》所得的结果。

他们来说这些机器似乎就从世界上消失了。街机游戏因为存在于公共场所而显得更"永久",但实际上它们却是短暂的。运营这些机器的商家通常缺乏情感上的依恋,仅将其视为投资工具。当某些机器失去人气时,它们经常会被移除、出售,甚至被翻新成其他游戏,机柜图案被覆盖,主板被拆卸并随意更换。这种失落感尤其强烈,因为玩家很少拥有他们喜爱的街机机器,而这些机器曾被认为是固定地存在于某些地点的"稳定"物品。

尽管个别游戏可以激发玩家的忠诚和热情,但这种情感通常也会延续到街机厅这一空间本身。在街机文化的鼎盛时期,街机厅作为一个实体场所,是许多青少年和儿童的重要记忆地标。尽管我认为街机厅具有多种功能,尤其是在引导年轻玩家参与特定文化和经济实践上,但它的核心功能始终是提供休闲娱乐——街机厅首先是一个玩耍的地方。对街机厅的怀旧情感,尤其在那些从事高强度工作的科技从业者中,或许反映了一种他们对"玩耍"作为珍贵追求的渴望。[1]

---

[1] "在英国和美国,儿童正当且经常地从事所谓的'游戏',这与成人被休闲活动点缀的工作特征形成对比。"(Hunt and Frankenberg, "It's a Small World", 119.)

再次强调,童年与街机厅之间的联系尤为重要,因为许多人将童年视为一个以玩耍为主要活动的时期。这种观念与青春或游戏的广义概念紧密相连。对休闲场所的怀念也有更为成人化的表现,比如人们对度假屋的深厚情感,或是对那些曾承载美好回忆的旅行目的地的依恋。在任何一种情况下,街机厅作为一个"游乐场"的功能都是至关重要的。

街机厅的社交功能对青少年和成年玩家同样重要,甚至对那些从未体验过"经典街机"的年轻玩家也有一定的吸引力——这些年轻人是在街机厅逐渐没落的时代成长起来的。我采访的所有人都提到,他们把街机厅视为一个社交场所;他们会和朋友一起去,在那里遇见新朋友,或者结识志趣相投的玩家。

从某种意义上来说,街机厅的功能类似于社区酒吧,为人们提供了一个方便的社交空间。对街机厅的怀旧不仅仅是对理想化童年的回忆,同时也是对理想化成年生活的向往。这种情感联系更因为与街机厅相关的友谊所带来的情感细节而变得更加深刻。随着游戏逐渐转向线上,以及越来越少的成年人参与像保龄球俱乐部这样的组织,街机厅的衰落或许与人们对一个紧密联结的社区进行日常社交互动的记忆有着直接关联。

童年在街机厅结下的持久友谊，往往也成为推动街机文化保护的动力。在几次关于双子星系街机厅历史的采访中，不少玩家提到，他们在街机厅的时光不仅仅是娱乐，更是重要的社交活动。而正是这种长久的友谊，推动了在艾奥瓦州奥塔姆瓦建立电子游戏名人堂与博物馆的计划。例如，乔什·盖廷斯小时候常在双子星系街机厅玩游戏，现在他在当地经营一家自行车店，而他正是通过与蒂姆·麦克维的友谊参加到这个项目中。

最近，有一部关于蒂姆·麦克维的纪录片正在拍摄，我也作为采访对象参与了其中。在采访时，他们问我是否有计划庆祝蒂姆的十亿分纪录25周年纪念日。我当时并没有特别的想法，就说或许会找个时间安静地回忆一下。他们建议说："也许可以在这个安静的时刻开瓶啤酒庆祝一下？"我回答："嗯，这也许可以。"然后我补充说："也许我会找几位朋友一起庆祝。"他们听了后很兴奋地说："好，这是个好主意！"于是，马克、蒂姆和我决定，在这个25周年纪念日聚在一起，庆祝蒂姆的这一辉煌成就，我们真的这么做了。①

在庆祝创纪录成绩的 25 周年纪念后，蒂姆·麦克维给沃尔特·戴伊发了一封邮件，感谢他多年来的支持。麦克维还把乔什·盖廷斯抄送到邮件中。盖廷斯积极参与社区振兴工作，于是他联系了戴伊，询问奥塔姆瓦如何更好地彰显其在电子游戏历史中的重要地位。戴伊在回信中提议建立一个名人堂和博物馆，这个想法其实早在 20 世纪 80 年代就萌生了。推动建立国际电子游戏名人堂的主力来自麦克维、盖廷斯及他们的朋友们。这些人在童年时经常光顾双子星系街机厅，成年后仍然维系着彼此的友谊，同时也对电子游戏保持着浓厚的兴趣。

游戏老江湖

有一个流传已久的段子，说的是如果每位聊伍德斯托克音乐节（Woodstock）的故事后声称"我当时就

---

① 与盖廷斯的访谈。

在那儿，伙计"的老摇滚迷都真的在场的话，那么这场音乐节的规模恐怕会扩大好几倍。在伍德斯托克的语境下，这种说法往往是在试图通过对音乐节和相关亚文化的参与来建立一种真实性。同样，街机厅也能够起到类似的"身份认证"作用。例如像经典游戏博览会（Classic Gaming Expo，简称CGE）这样的活动，被称为"全球首个也是规模最大的致敬经典游戏及其创造者的盛会"，为成千上万的人提供了一个聚会的机会，让他们可以分享对经典游戏的共同热爱。

随着"极客时尚"（geek chic）的流行，越来越多的人声称自己曾是街机厅的忠实常客。经典游戏博览会自1999年创办以来，规模和参与人数持续增长。这种对街机痴迷的宣称，一方面是为了验证某种特定的玩家身份，另一方面则是为了展示自己对电子游戏及相关技术的长期热爱和投入。这种怀旧情感往往通过一种竞争性的方式得以表达。人们努力证明自己是街机游戏圈的"原始核心成员"，通过展现对游戏知识或技能的深刻掌握，争当街机文化最具权威的代言人。

这种对街机的怀旧情感，往往体现在一种观点中，即"早期的街机游戏尽管技术不如现代游戏先进，但却更出色"。支持这一观点的理由通常包括：

早期游戏更具挑战性、更引人入胜，或者需要更高超的操作技巧。这种说法在怀旧情绪中并不罕见，特别是那些成年后试图告诉年轻人"虽然我们那时候条件更艰苦，但正因如此我们才更优秀"的成年人。对于那些童年时期在街机游戏中表现突出的成年人来说，街机厅不仅仅是一个娱乐空间，它还承载着他们年轻时的成就感、自信心和能力。

在纪录片《金刚之王：一手硬币》(*The King of Kong: Fistful of Quarters*，2007)中，史蒂夫·维比被塑造成主角。他在失去软件测试工程师的工作后，决定挑战《大金刚》的世界纪录。尽管维比以前玩过电子游戏，但他并非一名竞技型玩家。在影片中，他追逐世界纪录的举动被描绘为一种应对失业带来不安全感的方式。

维比的妻子提到，他曾是一个有天赋的音乐家，但他参与的音乐项目从未取得真正的成功；他在高中时也是一名出色的运动员，但毕业后未能继续他的体育生涯。影片通过展示维比演奏鼓和钢琴的片段，以及他身穿高中棒球和篮球制服的旧照片强化了这些细节。影片通过对比维比年轻时的抱负与他失业后的境遇，显然意在赢得观众的同情，将他塑造成一个需要获得胜利的善良弱者形象。

影片中，维比与比利·米切尔（Billy Mitchell）形成了鲜明的对比。比利·米切尔是《生活》杂志在艾奥瓦州奥塔姆瓦拍摄的经典照片中的一位青年。他如今是一名小企业主，同时仍然活跃于竞技游戏圈。在影片中，他被刻画成一个成绩斐然的圈内资深人士，但也带着巨大的自负。

我并不打算评论影片对这两人的描绘是否准确，而是关注这些形象如何加强了这样的观念：电子游戏是一种以成就为核心的活动，而这种成就感对孩子和成年人来说都具有吸引力且令人满意。在影片中，无论是维比还是米切尔，他们都拥有值得回顾的青少年辉煌经历，而经典街机游戏则成了让他们重新触及或重新定义这些成就的一种方式。

街机厅：男性化空间与试炼场

历史上的街机厅确实男性多于女性，但在怀旧叙事中，街机厅似乎被重新定义为一个男性专属的空间。例如，在纪录片《金刚之王》中，故事完全围绕两位男性玩家展开，而影片中展示的街机厅形象（包括1982年《生活》杂志中的"年度图片"）也刻画出街机厅作为男性专属领地的印象。然而，历史证据表明，尽管男性确实是街机厅的主要消费者，但街机厅并非一个排斥女性的空间。例如，摄影师艾拉·诺温斯基（Ira Nowinski）拍摄的照片就展示了女性玩家的存在（见图6-6、图6-7），而《乓》游戏机创始人诺兰·布什内尔也曾表示，40%的收入来自女性玩家，这表明街机厅拥有部分但意义重大的女性消费者群体。

图6-6 在1981年和1982年拍摄旧金山湾区的街机厅时，艾拉·诺温斯基经常能捕捉到午休或下班后的商务人士。在这张照片中，一位女性正在旧金山39号码头的一排《吃豆人》街机前休息（图片由斯坦福大学图书馆特藏与大学档案馆提供）

图6-7 艾拉·诺温斯基在1981年至1982年拍摄的街机厅系列照片中，捕捉到了这张两位年轻女性沉浸于游戏的画面，地点位于加利福尼亚州伯克利（图片由斯坦福大学图书馆特藏与大学档案馆提供）

此外，女性在游戏行业中也扮演了重要的角色，她们从事着公共关系、图形设计以及游戏设计等工作。那么，为什么街机厅在文化记忆中被构建为男性领域？这一现象引发了对性别社会化过程的思考，以及成年男性如何在怀旧中回溯和表达自己的童年记忆的有趣讨论。

从某种程度上讲，怀旧情结中的街机厅反映了一种对青少年时期同性社交空间的向往，并将这种记忆投射到街机厅这个场所。这种环境的例子并不少见，比如童子军和体育活动，鉴于其性别隔离的特性，这些活动往往被认为是"男孩社交""塑造男性气质"[1]的社交平台。事实上，许多人之所以记得街机厅是一个以男性为主的空间，可能更多是因为这些人在童年时期的社交习惯本身具有性别隔离的特点。成年男性回忆起小时候去街机厅的经历时，或许会认为这是一个特别"男性化"的地方，因为他们当时可能没有注意到，或者并未与街机厅中存在的女孩有过明显的互动。即使街机厅实际上有相当数量的女性玩家，这些男性的个人经历仍可能让他们形成了街机厅作为一个同性社交场所的印象。

主流媒体在报道街机厅时，往往将焦点放在年轻的男性玩家或高分玩家身上，进一步将街机厅塑造成一种男孩的"技术游乐场"。电影和其他流行文化的表现也巩固了这种印象。因此，人们在怀旧中对街机厅的看法，很大程度上反映了媒体对街机厅形象的塑造力，以及流行文化中对这种形象表现的一致性。这些媒体和文化表现将街机厅定义为"技术男性气质"的理想场所。即使是对街机厅的浅显

---

[1] Connell, *Masculinities*, 54-56; Kimmel, *Manhood in America*, 117-156; *Messner, Power at Play*, 9-23.

研究，或者观看几部近期关于经典街机游戏的纪录片，都能找到支持这种观点的证据。那些对街机厅有记忆的男性，通常会记得一种少年时代的"哥们情谊"，而这种印象又被当时及后来的流行文化表现反复强化。《生活》杂志的"年度图片"可能是其中一个经典例子，但还有很多类似的地方或区域报道延续至今，比如电影《电子世界争霸战》和《战争游戏》，以及对双子星系街机厅活动的广泛新闻报道，这些都在巩固这一形象。

怀旧将街机厅塑造成明显的男性空间，背后可能有更微妙的原因，这与社会和文化对男性情感表达的限制有关。关于男性行为的文化刻板印象不仅影响了男孩和女孩童年经历的方式，也导致成年男性和女性在谈论童年时表现出明显的差异。在"做一个男人"的社会期待下，许多男性可能会觉得表达对童年的怀念是一种冒险，甚至不适。然而，如果街机厅被描述为一个高度男性化的地方——一个男孩能够在其中展示自己技能和纪律的场所——那么它就像高中橄榄球队或者青春期的恶作剧一样，成为男性能够安全怀旧的主题。怀念一个高度男性化、充满竞争的环境，能够让男性在表达怀旧时避免性别角色的"越界"。因此,街机厅在文化记忆中的男性化,很可能源于男性对一种可以安全表达情感的童年场所的需求。蒂姆·麦克维(见图6-8),作为经典街机游戏《贪食蛇》的冠军玩家,在谈到自己与童年时期其他竞技玩家的关系时,甚至将电子游戏比作一种最经典的"兄弟故事",或言之战争故事:

> 这听起来可能有点蠢,但我觉得这种感觉有点像一起经历过越战的人之间的关系。当然电子游戏不是战争,我也并不是想将两者画等号。我只是想说,除非你也经历过当时的情景,否则你很难真正体会到其中的意义。我见过越战老兵之间能彼此推心置腹,因为他们明白对方经历了什么,他们之间有一种深刻的理解。就像我们这些年曾在双子星系街机厅的人一样,当你跟他们聊起那些往事时,他们会说:"是啊,我记得那个时候,我也在那里,蒂姆也在那儿。"每个人都记得,那种情感就像是一种兄弟般的情谊。这种情谊融合了怀旧和竞技精神……最强的玩家总是想和最强的对手交手,我觉得正是这种共同的竞

争热情和回忆，把我们这些人紧密地联系在了一起。①

尽管麦克维在将街机中的情感联结与战场上的情感联结相提并论时有些犹豫，但他的这个类比清楚地说明了街机故事的男性化叙事，可能反映了男性在表达怀旧或建立社会亲密关系时，试图同时保留男性身份可信度的需求。

图6-8　自童年起便参与电子游戏竞技的麦克维于2009年在家中与他的《贪食蛇》街机合影留念

---

① 2009年6月17日，与麦克维的访谈。

麦克维仍是一位备受瞩目的资深玩家，同时也是一部纪录片的主角，他在艾奥瓦州奥塔姆瓦长大，这让他与竞技游戏社区建立了特殊的联系。在双子星系街机厅最风光的时期，这里是他的"主场"。他回忆起暑假里与顶尖玩家交锋的场景，当时许多玩家专程来到这座小镇。麦克维对游戏的热爱不仅源于他卓越的游戏技巧，还在于他与许多经典竞技玩家之间建立的深厚而持久的友谊。然而，他对游戏作为一种社区活动的看法，以及对街机厅作为一个珍贵社区空间的理解，代表了许多玩家共有的情感。

在一次口述史采访中，麦克维估计街机厅大约三分之一的顾客是女性，但她们倾向于玩不同类型的游戏。当时的《游戏评测》和《重玩》杂志也支持了这一说法。然而，麦克维最深的街机游戏友谊仍然是与男性建立的，他对这些关系的描述充满了男性化的语汇。对于麦克维和许多在街机厅成长的玩家而言，尽管有女性玩家的存在，街机厅更多被视为男性主导的空间。而对于后来者而言，大量的历史记录进一步强化了街机厅是男孩和男人领地的认知。

无论从历史还是当代的竞技游戏报道来看，这种聚焦进一步巩固了街机和游戏作为男性专属空间的观念，也将街机厅塑造成一个供男孩证明自己的场所。

街机：技术井喷的象征

电子游戏街机厅的兴盛，很大程度上源于电子游戏的巨大商业成功。在刚进入市场的几年内，立式电子游戏机迅速取代了传统高收益设备，比如香烟贩卖机、台球桌和弹球机，成为投币式设备运营商最赚钱的产品。单款游戏的高收益能力推动了它们的广泛分布，而打造一款热门游戏的吸引力，也吸引了传统投币机制造商转向电子游戏领域，并催生了像埃克西迪这样的初创公司。电子游戏是许多人接触的首批计算机产品之一，也是计算机开始融入文化的起点。同样，在电子游戏街机厅里，满是硬币从换币机取出，又投入投币式游戏机的场景，也成了技术行业和投币设备行业蓬勃发展的直观象征。20世纪90年代末，科技行业迎来了另一次繁荣，电子商务和在线业务开始迅速增长。[①] 对许多弄潮儿来说，那是一个充满机遇

---

① Abramson, *Digital Phoenix*; Lowenstein, *Origins of the Crash*.

和财富的时代。

随着20世纪90年代的繁荣发展,街机怀旧情绪开始兴起,并在2000年互联网泡沫破裂后继续蔓延。2000年3月10日,纳斯达克指数达到了创纪录的5132.52点,比一年前翻了一倍。然而,从2000年3月至2002年10月,股市经历了严重的下跌,企业市值蒸发了5万亿美元。[1]大量公司倒闭,即便幸存的企业也不得不进行大规模裁员。对于许多在科技和互联网行业工作的从业者来说,那段繁荣的"黄金时代"已经成为过去。

街机怀旧情绪的兴起与20世纪90年代的科技繁荣密切相关,并在经济崩盘后愈发强烈。当时的许多科技工作者,在年轻时通过街机厅或家用游戏系统接触电子游戏,培养了对计算机的兴趣。当计算机相关职业的经济前景逐渐黯淡时,电子游戏成了1983年行业崩溃前计算机文化的象征。在20世纪90年代后的经济崩溃余波中,1983年之前的街机厅黄金期所蕴含着"技术发展带来个人成功"的承诺仍具吸引力。当现实中这些承诺显得虚幻无比时,那些最深受经济

---

[1] Gaither and Chmielewski, "Fears of Dot-Com Crash."

和职业不稳定影响的人,往往会回忆那些承诺看起来更为真实可靠的时刻。

街机承载了人们对技术、金钱和成功的憧憬,这种憧憬伴随着青少年和年轻男性成长并进入成年。在经历了一场工业崩盘之后,现实无情地揭示了这些理想在实际中难以实现,而街机却愈发显得如梦似幻,成为童年的一段珍贵回忆,一个寄托着青春期野心与自信的象征,也正是这些品质推动了互联网泡沫的兴起。然而,这种情感依然是一种对当下的幻想——街机被赋予了人们希望当下所应有的美好感觉。街机自身的历史则被掩盖并抽象化,仅仅被简化为一种文化符号,一种看似优于当下且广为传播的文化风格。

如今人们对怀旧街机厅的想象,代表的是20世纪70年代末和80年代初,就如同电视剧《欢乐时光》代表的可能并非真实的20世纪50年代。怀旧街机厅并非完全虚构的产物。詹姆逊在分析菲利普·K.迪克1959年小说中列出的文化符号时指出了一些观点:"这并非事实或历史真实的清单(尽管其中的元素并非凭空捏造,并在某种意义上具有'真实性');而是一份刻板印象的清单,是对事实与历史的观念。"[1] 怀旧街机正是如此，一方面由刻板印象组成，另一方面将历史现实的碎片与当代的价值和渴望巧妙结合，形成了一种文化象征。

像许多怀旧情绪一样，这种对街机的后现代怀旧本质上具有保守倾向，表达了对一个已然逝去时代的依恋。这种怀旧还通过美化街机文化中的某些方面，反映出阶级、种族和性别的限制性特征。尽管真实的街机厅可能是许多青少年和成年人短暂停留的娱乐场所，但怀旧记忆中的街机——尤其在纪录片如《追逐幽灵》和《金刚之王》中——则被描绘成几乎完全由年轻的白人男性主导的空间。这些人有足够的时间和金钱，能够随心所欲地玩电子游戏，而这种激情也推动了他们成为全国乃至全球范围内的竞技高手。这种对街机的怀旧不仅是对其外在风格的怀念，更是对一种被美化的技术文化的向往，在这种文化中，年轻白人男性无论是作为街机玩家，还是作为公共领域的技术专业人士，都处于核心地位。

第二章提出的结论在此仍然成立，我们仍然生活在"街机世界"之中。"天才少年"的形象依旧被神化，

---

[1] Jameson, "Nostalgia for the Present," 517-537.

那些才华横溢的男性技术极客重新塑造经济和文化格局的想法,对于读过《连线》杂志或关注苹果首席执行官联合创始人史蒂夫·乔布斯去世相关媒体报道的人来说再熟悉不过。[1] 乔布斯被视为远见者,他去世后大量公众自发哀悼,展示了社会对技术进步的热情认可,也表明了技术男子气质理想被推崇,并视为成功典范被大众接受。尽管街机厅本身正逐渐成为一种濒危的文化符号,但街机所传递的社会、政治和文化价值观却已渗透到主流文化中。即使有人质疑这些价值观的道德合理性,但拥抱这些价值观的人依然能够获得巨大的政治、社会和经济回报。

---

[1] Kane and Fowler, "Steven Paul Jobs"; Potter, Curry, and James, "Steve Jobs Dies."

第七章　未来就是现在

游戏文化的变革

2012年5月，媒体评论家、《女性主义频率》（*Feminist Frequency*）的创始人安妮塔·萨克塞恩（Anita Sarkeesian）在Kickstarter[①]网站发起一项众筹活动，希望筹集6000美元，用于制作一系列揭露电子游戏中性别歧视现象的视频。这一举动在互联网上引发了巨大的轰动。最终，萨克塞恩筹得了超过15.8万美元，远超原定目标，但她也因此成为一场大规模恶意骚扰行动的焦点[②]。这些骚扰持续多年，形式包括对她网站进行拒绝服务攻击、曝光她的个人信息、频繁破坏她的维基百科页面并添加种族歧视和厌女内容，以及在她的油管（Youtube）视频下留下大量恶评。甚至还有人开发了一款名为《痛打安妮塔·萨克塞恩》

[①] 一个美国知名的众筹网站。——译者注
[②] deWinter and Kocurek, "Rescuing Anita"; Sarkeesian, "Tropes vs. Women."

(*Beat Up Anita Sarkeesian*)的游戏，让玩家通过"虚拟殴打"她的脸，随着游戏推进，她的脸会变得更加淤青和扭曲。尽管骚扰在后来有所减弱，但其激烈程度还是引发了媒体的广泛关注。近一年后，《每日点报》(*Daily Dot*)在报道这场持续的诋毁运动时称萨克塞恩为"男性玩家的终极梦魇"。[①]

尽管萨克塞恩和她的作品在某些群体中依旧会引发强烈的本能反应，但我提到她并不是为了讨论她作品的价值，而是想说，如果一场旨在通过自愿捐款制作一系列关于游戏中性别歧视问题的简单视频，其众筹活动竟能引发如此巨大的愤怒反应，那么当代游戏文化中某些地方显然已经出了问题。萨克塞恩的经历固然是极端的，但绝非个例。作为玩家、评论家，甚至是行业从业者参与游戏文化的女性，普遍都要面对严重的骚扰。

艺术家兼玩家珍妮·汉尼弗（Jenny Haniver）将自己在大学时期的一项艺术项目扩展成了一个博客，用来记录她以女性身份玩《使命召唤》时的互动经历。博客里包含了几十段关于游戏内骚扰的录音和文字记

[①] Morris, "Anita Sarkeesian Is Not Stealing Kickstarter Money."

录，常见的内容包括强奸威胁以及对汉尼弗外貌的评论——尽管根本没有任何她的照片可供获取。[①]另一个名为"Fat，Ugly，or Slutty"的博客同样关注女性在游戏中的骚扰问题。博客的团队会发布用户提交的资料，比如屏幕截图和录音。博客的标题正是讽刺女性玩家在游戏中常被攻击为"胖子"、"丑女"或"荡妇"。我很容易相信这些经历的真实性，因为不仅有大量的记录可以佐证，我自己也经历过类似的情况。

当然，在撰写本文时，几乎不可能讨论游戏而不提到"玩家门"（*Gamer Gate*）。往好里说，这个运动被视为一场无领导的消费者运动，始于2014年，旨在反对游戏新闻报道中存在的腐败现象。然而，往坏里说，它却表现为一个混乱且危险的团体，试图清除游戏文化中的"入侵者"——比如女性评论家萨克塞恩和独立游戏开发者布里安娜·吴（Brianna Wu）及佐伊·奎因（Zoe Quinn）。由于收到包括家庭地址和个人信息在内的死亡和强奸威胁，这三人都被迫离家避难。尽管奎因、吴和萨克塞恩经常出现在主流新闻报道中，她们在"玩家门"中的身份却被贬低到只有

[①] Haniver, *Not in the Kitchen Anymore*.

代号,"Literally Who 1"("某某女1号")、"Literally Who 2(某某女2号)"和"Literally Who 3(某某女3号)"。她们所经历的骚扰不仅仅是个别现象,而是当代游戏文化更深层次问题的缩影。

电子游戏作为一种重要的文化形式,却长期存在显著的性别问题。我的研究始于试图追溯这一问题的根源。尽管有数据明确显示女性玩家占了相当大的比例,但"游戏属于男孩和男人"这一观念却被人们广泛接受。然而,这一普遍假设既非自然生成,也非理所当然,而是电子游戏及其玩家在黄金时代的电子游戏街机厅中形成的一种深厚的历史和文化建构的结果。要真正理解当代的游戏文化,我们需要追溯其历史。而对历史的理解,也正是对当下进行有效干预的关键。

本书提出,街机厅是经济、文化和技术变革焦虑的集中体现点。早期对电子游戏的报道,无论是在行业刊物、新闻媒体、流行杂志,还是好莱坞电影中,往往通过将玩家和游戏塑造成一种新兴男性气质的代表,用以缓解这些焦虑。这种男性气质体现了年轻化、技术能力、智力、创造力、男孩气质,以及一种独特的军事化倾向——我称之为技术男性气质。此外,游戏还充当了一个同性社交空间,对于那些将电子游戏视为一个可以培养和展示技能,以及证明自己能力和才干的男性而言,它是一个文化专属地。

当玩家以正面形象出现在公众视野时,这种形象往往与20世纪70年代和80年代媒体宣传电子游戏作为青少年健康消遣的特质相呼应。例如,约翰纳森·温德尔成为全职职业玩家的经历就非常具有代表性。1999年,年少的温德尔花了500美元前往得克萨斯州达拉斯,参加一场"雷神之锤"系列的电竞比赛,并在比赛中获得第三名,赢得了4000美元奖金。这笔奖金不仅让他的父亲感到意外,也激励温德尔将竞技游戏视为一条职业发展道路。从那以后,他以"FatalIty"之名闻名全球,累计赢得超过50万美元的比赛奖金,成为电竞界最知名的职业玩家之一。他在五款不同的游戏中斩获12项世界冠军,甚至走出游戏圈,吸引了主流媒体的关注,包括《福布斯》《商业周刊》的专题报道,以及《60分钟》和MTV节目《真实人生》的特别专访。[①]

温德尔在职业电竞领域的成功不仅为他带来了可

---

① FatalIty, "About"; "Game Boy"; Schorn, "Cyber Athlete 'FatalIty' "; "I'm a Gamer," True Life, MTV Productions, March 13, 2003.

观的授权收益,还推动了他的个人创业。目前,他的"FatalIty"品牌主营游戏设备,涵盖声卡、耳机、主板、定制电脑等硬件产品。尽管如今的电竞比赛奖金远远超过了20世纪70年代末和80年代初选手们的奖励水平,但当代电竞界用以赞扬竞技游戏的语言却保持了延续性,仍强调电竞玩家的自律性、技术实力、聪明才智,以及他们与传统运动员的相似性。[1]

温德尔常被誉为第一位职业玩家,尽管这一说法尚存争议,但他无疑是知名的职业玩家,他的竞技成就令人瞩目。我提及他并非为了单纯歌颂他的游戏成就,而是为了说明他的职业生涯如何展现了电子游戏早期历史的重要性。温德尔作为世界冠军的崛起,以及他通过代言、品牌商品和媒体采访获得的名声,显然与早期电子游戏的世界纪录文化息息相关。他所受到的赞誉,以及他自己用以描述游戏成就和个人兴趣的语言,延续了沃尔特·戴伊等早期电子游戏倡导者对电子游戏玩家的辩护论调。

戴伊通过庆祝玩家的成就,努力将他们描绘成顽皮但极具天赋和卓越能力的年轻人,并借用了常用于

---

[1] 注意,这些高额奖金往往由游戏开发公司资助,以确保赛事采用他们的游戏,从而为游戏赢得大量宣传。

形容运动员的语言来实现这一点。像奥运街机三项全能赛进一步强调了电竞与体育的联系。甚至有比赛邀请玩家与职业运动员一较高下，例如1983年在科罗拉多州丹佛举办的"超级吃豆人锦标赛"，比赛中玩家与丹佛掘金队的比利·麦金尼（Billy McKinney）展开对决。该赛事覆盖了全市14家街机厅，吸引了数百名玩家参与，其中500名参赛者还获得了NBA比赛门票，观看两位顶级玩家在中场休息时的表演赛。[①]

尽管戴伊和其他电子游戏的推动者早年曾把年轻玩家比作运动员，但正如T. L. 泰勒深入研究中所揭示的，今天的电子竞技已成为一个全球化的商业体系，拥有自己的比赛、明星选手和忠实粉丝群体。随着这些比赛逐渐职业化，电子竞技的地位得到了提升，如今，有的玩家甚至自称是"运动员"。温德尔强调，除了每天进行八小时的游戏训练，他还坚持跑步，认为良好的身体素质是他取得游戏成功的重要因素。他还常提到自己在青少年时期的体育运动经历，比如网球和高尔夫。

此外，温德尔的公司和品牌将他标榜为一名"电

[①] "Tournament News," 111.

子运动员"（E-Sportsman），强调他的训练方式与传统运动员相似。尽管温德尔获得的丰厚授权和代言收入反映了近年来电子游戏市场的迅速发展，但他对创业的热情以及被定义为企业家的形象，进一步凸显了年轻男性玩家的价值。他们被赞誉为聪明、创新，能够很好地适应技术驱动、服务导向经济中的机遇和挑战。而竞技玩家在游戏之外的成就，依然被用作其游戏行为正当性的依据，传递出一种观点：他们通过游戏培养的技能和习惯，助力了他们成为具备理想特质的个人。

暴力与竞争作为电子游戏的核心价值，在现代电竞比赛中得到了鲜明的展现。电竞比赛的文化核心就在于通过竞技形式来彰显个人成就。此外，电竞比赛往往青睐某些以暴力为主题的游戏类型。例如，约翰·温德尔通过在《毁灭战士》、《雷神之锤》和《恐惧杀手》等第一人称射击游戏中的优异表现赢得了冠军头衔。尽管锦标赛涵盖了多种游戏，但最高奖金、最广曝光度和最大声望通常都集中在第一人称射击游戏上，这些游戏往往带有战争主题。游戏公司常常为这些比赛提供高额奖金，这不仅能吸引大批选手参赛，还能提升游戏的知名度。同时也有助于确保最具竞争力也是最受瞩目的玩家选择玩某款特定的游戏。

第一人称射击游戏在电竞比赛中的高度普及主要源于几个原因。首先,这类游戏长期以来一直是市场上的畅销品,而高额奖金的投入则进一步帮助这些游戏脱颖而出。此外,第一人称射击游戏在电竞比赛中的主导地位具有延续性,因为新发布的类似游戏更容易被选入比赛。游戏公司和赛事组织者可能会认为,像《毁灭战士》这样的经典游戏所吸引的顶尖玩家,也会对同类型的新游戏保持兴趣。

最后,尽管电子游戏越来越普及,但其高昂的成本依然决定了谁能参与游戏以及以何种方式参与。约翰·温德尔在其成功经历中提到,他曾倾尽账户里的500美元参加自己的首场比赛。这也反映了游戏成本的重要性,尤其是那些需要高端显卡和专用设备才能正常运行的电脑游戏。与20世纪70年代的街机玩家需要一定的零花钱来磨炼技术相似,当代玩家也需要足够的财力去购买符合游戏硬件要求的高性能电脑。随着游戏画质的提升和对运行速度的更高要求,游戏设备的更新换代成了一场没有终点的追逐。

虽然主机系统的硬件成本通常低于电脑,但主机和电脑游戏的售价在发布时往往超过50美元。无论是过去还是现在，竞技玩家未必需要很富裕，但他们通常都有着较为宽裕的生活条件，能够承担游戏的经济成本和所需的闲暇时间，这使得这些成本不会成为他们参与游戏的障碍。

虽然本书聚焦于电子游戏早期商业发展阶段中的玩家，尤其是竞技街机玩家的形象塑造，但以约翰·温德尔为例，可以看出这些在早期报道中形成的表达模式，即便在当今多元化的游戏实践中依然具有深远影响。我在书中论述了流行的街机游戏叙事如何将数字技术、男性气质、青春、资本主义和暴力紧密联系在一起，而这种联系仍是大众关于玩家及游戏理解的核心要素。温德尔的"FatalIty"品牌正是这种观念的典型体现——作为"赛博运动员（cyber athlete）"或"电子竞技选手"，他既依托于他所推广的电脑技术，也被广泛宣传为年轻而充满活力；而他参与的游戏也多以军事化或其他形式的暴力为主题。至于这些观念如何塑造和限制游戏文化则需要进一步深入研究。尽管街机文化逐渐缩减为小众娱乐，电子游戏通过主机、电脑以及手机平台迅速扩展，实现了形式上的多样化。然而，许多早期游戏实践中的意识形态依然存留，这些观念对于游戏的表达方式、包容性以及人们对游戏的可接触性等问题带来了值得关注的隐忧。

尽管电子游戏行业经历了多次变革，20世纪70年代和80年代街机文化孕育出的游戏文化却并未被完全抹去，其许多特质依然存在。玩家身份的传承体现在以下几个方面：将竞技体育作为游戏的隐喻、强调玩家的智慧与创业精神，以及将暴力游戏作为这一媒介的典型代表。这些观念与身份的核心，源自街机游戏周围发展起来的文化氛围与价值观。以约翰·温德尔为代表的当代职业玩家，其职业轨迹正说明了早期电子游戏文化对现今玩家身份的持续影响力。同时，这些轨迹也反映出，在竞技性游戏的最高层级中，参与机会与资源分配的不平等现象仍然存在。

尽管电子游戏行业已然转型，玩家群体也扩展到各类群体，但狭隘的观念仍然主导着人们对游戏的想象与定义，从而维系了一种局限性强、包容性弱的游戏文化。

尽管电子游戏的普及度和可玩性显著提升，游戏文化的狭隘性依然存在，这无疑令人担忧，并且表明了电子游戏文化在某种程度上反映了深层次的偏见。数据显示，电子游戏早已成为一种大众化的文化活动：51% 的美国家庭拥有专用游戏主机，59% 的美国人是电子游戏玩家[1]，玩家的平均年龄为 31 岁，成年女性更是占到了玩家总数的 48%[2]。

随着更实惠的游戏主机问世、家庭电脑的普及以及通过Facebook等平台发展的社交游戏兴起，电子游戏已从男性青少年的专属爱好变成了一种全国性的媒体文化体验。然而，这些变化并未改变社会对"玩家"的刻板印象——他们仍被认为是热衷技术和怀抱创业梦想的年轻白人男性。同时，暴力电子游戏依然占据着最引人注目的流行游戏类型，即使数据显示 17 岁以下的男孩仅占当今玩家的 17%，这种观念依然根深蒂固。[3]

在游戏玩法和玩家身份愈发多样化的背景下，对年轻男性成就的公开赞美，以及将暴力游戏奉为"硬核"游戏的现象可能是一种抵抗趋势，即试图保留游戏作为精英男性专属领域的部分特权，以应对这一地位逐渐被挑战的局面。对于那些将游戏视为展示自

---

[1] Entertainment Software Association, "Industry Facts."
[2] Entertainment Software Association, "Industry Facts: Game Player Data."
[3] Entertainment Software Association, "Industry Facts: Game Player Data."

己能力和男性气质的平台的年轻男性来说，女性玩家，尤其是女性竞技玩家的日益活跃，成了一种潜在威胁。

然而，我需要明确指出，这些问题并非源于电子游戏本身。将其归咎于游戏是一种技术决定论的思维方式，并且忽视了许多事实：无论是在生产端的游戏行业、消费端的玩家社区，还是在更广泛的社会文化中，数字技术经常被视为男性主导的领域，这种文化因素显然在塑造游戏参与和行为的同时，也在排斥女性玩家——即使女性已经成为这一行业中一个不断扩大的消费者群体。

比如，安珀·尤斯特（Amber Yust）开发了名为Commentless Kotaku的浏览器扩展程序，用于屏蔽用户在热门游戏网站Kotaku上查看评论的功能，因为该网站的评论区常常充斥性别歧视和恐同言论。哈尼弗（Haniver）的博客《再不进厨房了》（"Not in the Kitchen Anymore"）则通过记录和揭露游戏内对话中的刻板印象，直接对抗这些问题：

> 关于女性玩家的刻板印象包括：肥胖、丑陋、孤独、不擅长游戏，并且应该在厨房里做三明治。

这正是我的博客关注的核心——在被认为是男性主导的匿名环境下（具体来说是在线游戏，尤其是第一人称射击游戏），与女性互动时男性，甚至偶尔还有女性的反应，这些反应既过时又充满敌意，有时甚至荒谬……通过揭露这些行为，我希望提高人们的意识——也许还能提醒人们，在麦克风另一端的是真实的、有血有肉的人。[①]

值得一提的是，Kotaku网后来大幅强化了其评论区的审核政策，努力让平台更加友善和包容。[②]

然而，在各种游戏环境和论坛中，玩家依然在制造和收集攻击性言论，其中许多带有明显的性别歧视。在一起被广泛报道的事件中，一位参与卡普空（Capcom）赞助的格斗游戏真人秀的明星选手公开为性骚扰辩护，称这是格斗游戏文化的一部分。

甚至，他进一步声称，试图在竞技格斗游戏圈中营造更少性别歧视的氛围是一种"道德上的错误"。

尽管暴力游戏仅占市场上游戏总量的一小部分，但其被过度强调为"最具竞争性和难度的游戏"为批

---

① Haniver, "About"; Narcisse, "One Female Gamer."
② Totilo, "Note about 'Brutal' Comments."

评者提供了弹药。这些批评者延续了C.埃弗里特·库普早期的观点，认为"电子游戏毫无积极意义"[1]。然而，专注于电子游戏暴力的批评者可以被正当地指责为目光短浅，因为他们完全否定了一种媒介形式。特别是考虑截至2013年，娱乐软件评级委员会评定的91%的游戏被认为适合所有年龄段。尽管如此，游戏行业对暴力游戏（如许多职业比赛偏爱的FPS游戏系列）不成比例的宣传，以及这些游戏经常跻身年度畅销榜的事实，的确强化了这种批评的合理性。

越来越多关于电子游戏玩家和销售的数据证明，围绕性别和年龄的刻板印象更多反映了文化偏见，而非真实的玩家构成或日常游戏实践。这些偏见可以追溯到电子游戏产业的起步阶段，并清晰地体现在早期的游戏报道和玩家的流行叙事中。这种偏见的持续存在强调了理解这些有限认知的历史背景——关于"谁在玩游戏"和"电子游戏的意义是什么"的讨论依然充满局限性。我们至今仍受到那些源于早期电子游戏文化的观念影响，比如男性气质、技术、计算机文化和电子游戏的观念。这些观念不仅是电子游戏文化的

---

[1] Entertainment Software Association, "Industry Facts."

核心部分，还随着计算机化、数字媒体和电子游戏的普及，逐渐植根到整个社会文化之中。

虽然电子游戏街机的价值观已经融入当代文化，但在电子游戏产业和游戏媒体中，这些价值观依然清晰可见。这些产业和媒体对竞技游戏和竞技玩家的定义依旧狭隘。这些观念和价值仍然深深扎根于电子游戏文化中。约翰纳森·温德尔能够成为竞技游戏的代表人物毫不意外。作为一个年轻人，他在运动能力、技术专长和智力上都表现突出，可以说是《生活》杂志1982年"年度图片"特刊中所称颂那类玩家的接班人。

考虑到电子游戏在不同性别和年龄群体中的广泛普及，也许关于传承的界定不该如此简单。此外，鉴于科技行业近年来的不稳定性和泡沫现象，对技术才能和创业精神的过度推崇或许需要反思。尽管像《社交网络》这样的电影展现了人们对科技行业成功所依赖的特质是否具有社会价值的质疑，但这些质疑往往被财务成功的叙事所掩盖。2011年，苹果联合创始人史蒂夫·乔布斯去世时，公众对他的深切哀悼与高度敬仰，显然体现了技术精英在社会中的持续影响力和崇高地位。即使乔布斯曾被广泛批评辱骂员工，以及默许代工厂对工人的剥削,这些行为似乎并未影响公众对他的热情推崇。

尽管游戏行业不断演变,游戏的流行叙事仍倾向于强调某类玩家的成就,并特别推崇某些游戏类型。第一人称射击游戏因其"硬核"属性备受青睐,这一定位不仅源自玩家偏好,也受到行业广告和公关活动的推动。这类游戏尽管制作成本高昂,因其技术复杂性要求高,却常常带来最丰厚的财务回报。[1]尽管业界一再强调暴力游戏仅占市场份额的一小部分,但这些游戏的销量却遥遥领先。而类似《死亡飞车》的案例表明,暴力游戏引发的争议反而常常成为推动销量的助力。

尽管近60%的人群玩游戏,游戏行业的表现却未能充分体现这种多样性,尤其是在知名玩家的性别、种族和年龄上。关于游戏设计中的性别问题,文化评论家拉托亚·彼得森(Latoya Peterson)指出,当代电子游戏中仅有4个黑人女性角色可供玩家选择[2]。虽然白人女性在游戏中出现的比例较高,但这些角色的高度性别化又带来了新的挑战。这种性别不平等现象不

---

[1] Entertainment Software Association,"Industry Facts."

[2] Peterson,"Tits Have It."

第七章 未来就是现在

仅出现在游戏角色中，还反映在游戏设计行业和评论领域女性从业者的匮乏上，并且可能进一步加剧了这一现象。根据国际游戏开发者协会2005年的一项调查，仅11.5%的受访者是女性，而目前几乎没有数据显示这一情况有显著改善。

竞技游戏的表现方式一直在强化并传播游戏文化是年轻男性专属领域的印象，尽管统计数据表明有大量女性深度参与游戏文化。早期的街机厅作为一种新兴文化价值观的象征非常引人注目，而街机厅至今仍被视为重要的文化场所，这也体现了对这些价值观的持续认同。如今，街机厅依然是公众娱乐的一个较为显眼的场所，但同时，我们也能看到游戏在其他公众场景中的广泛影响，比如酒吧里举办的《吉他英雄》(*Guitar Hero*)比赛、老年社区活动室里的Wii运动游戏，甚至在Facebook上通过动态向亲友更新《糖果粉碎传奇》(*Candy Crush Saga*)等游戏进展。这些都说明电子游戏和电脑游戏已经深刻融入公共媒体实践，并成为日常生活中不可忽视的一部分。

尽管游戏方式发生了显著变化，玩家群体更加多元化，媒体仍旧将目光聚焦在竞争性游戏的小圈子里，尤其是持续赞扬年轻白人男性的成就。这种叙事沿用了电子游戏产业早期形成的"成功"与"能力"的语言框架。而对于那些试图批评这种文化的女性，如安妮塔·萨克塞恩，往往会遭遇持续的网络攻击。要理解当下的电子游戏文化，需要追溯它的历史脉络，正是这段历史让游戏与一套如今被普遍接受的价值体系和行为模式紧密相连。

从1972年至今，电子游戏行业发生了深刻的变化。1983年的大崩溃加速了行业的转型，显著改变了其发展方向；与此同时，更加先进的媒体技术使得街机和家用游戏机上的游戏呈现出更强的电影感，还推动了游戏向手机和平板电脑等移动平台的扩展。游戏的影响力显著增强，这既依赖于早期玩家的持续支持（他们或热衷于经典游戏，或追随新的潮流），也得益于行业刻意扩大市场的努力。此外，高速互联网接入的普及进一步推动了游戏的发展，特别是暴雪公司开发的《魔兽世界》这样的多人在线角色扮演游戏，已拥有超过千万订阅用户。[1]

尽管电子游戏行业已经发生了诸多变革，但这一媒介的历史依然深刻地影响着游戏的制作和日常实

---

[1] Cifaldi, "*World of Warcraft* Loses Another 800K Subs."

践。本书通过追溯玩家身份认同的起源,并剖析其中所嵌入的文化、经济和政治价值,旨在对这些叙事进行历史化的反思,打破关于游戏"男性化"是某种与生俱来的错误假设。通过探讨街机游戏的核心价值以及这些价值观如何延续,揭示了街机游戏——这一往往被视为流行文化历史片段的现象——不仅对电子游戏本身的发展起到了关键作用,还在更广泛的数字文化形成中具有深远意义。

从 20 世纪 70 年代初开始,电子游戏作为一种大众媒介的兴起,其发展与文化和经济价值观的重大变革息息相关,同时也受到了这些变革的塑造。在此期间,电子游戏不仅培养了人们适应这些新兴价值观的能力,还为新型服务经济中受重视的技能提供了早期训练场。电子游戏的早期历史与这些社会转型紧密相连,而当时的流行报道则成为反映新价值观及其引发的焦虑的重要媒介。探讨电子游戏街机,不仅是对电子游戏历史关键阶段的回顾,更是对美国文化转型历程的深刻考察。尽管街机本身或许已成为过去,但其核心价值观依然延续,既体现在当代电子游戏中,也通过劳动和市场的结构继续发挥影响。

参考文献

[1] Abramson, Barry. "Game Parlors Face Curbs." *New York Times*, August 9, 1981. www.nytimes.com/1981/08/09/nyregion/game-parlors-face-curbs.html.

[2] Abramson, Bruce. *Digital Phoenix: Why the Information Economy Collapsed and How It Will Rise Again*. Cambridge, Mass.: MIT Press, 2005.

[3] "American Classic Arcade Museum at Funspot." Accessed January 14, 2012. www.classicarcademuse-um.org/.

[4] Anderson, Perry. *The Origins of Postmodernity*. New York: Verso, 1998. Andrews, Amanda. "Steve Jobs, Apple's iGod: Profile." Telegraph, January 14, 2009. www.telegraph.co.uk/technology/apple/4242660/Steve-Jobs-Apples-iGod-Profile.html.

[5] "The Arcade Flyer Archive." Accessed February 21, 2011. flyers.arcade-museum.com/.

[6] "The Arcade Flyer Archive—About Us." Accessed February 21, 2011. flyers.arcade-museum.com/?page=about.

[7] "Arcade Profiles." *Save the Arcades 2*. Accessed November 14, 2011. savethearcades.stridegum.com/arcadeprofiles.php#2?from=%2Findex.php.

[8] Associated Press. "Illinois, Massachusetts Towns Ban Video Games for Youngsters." *Gadsen Times*, February 10, 1982. news.google.com/newspapers?id=KKUfAAAAIBAJ&sjid=Q9YEAAAAIBAJ&pg=2360%2C1399552.

[9] Atari. *Gotcha*. www.arcade-museum.com/game_detail.php?game_id=7985.

[10] "Atari Parts Are Dumped." *New York Times*, September 28, 1983.

[11] "Badham Replaces Brest as 'War Games' Helmer; Cite Usual 'Differences.' " *Variety*, September 8, 1982, 7.

[12] Baker, Billy. "After Thirty-Two Years, Video Games Return to Marshfield." *Boston Globe,* May 25, 2014. www.bostonglobe.com/metro/2014/05/24/marshfield-freed-from-ban-arcade-games/gA2Ds6zInxlObrnPcs8d9K/story.html.

[13] *Barcade.* "About." Accessed January 14, 2012. barcadebrooklyn.com/.Beley, Gene. "Fighting City Hall." Play Meter 2, no. 7 (1976): 34-37, 43-44.

[14] Benjamin, Walter. "Old Toys." *In Walter Benjamin: Selected Writings Volume 2, Part 1, 1927-1930,* ed. Michael W. Jennings et al., 98-102. Cam bridge, Mass.: Belknap Press of Harvard University Press, 1999.

[15] "The Bernstein Report—New York Investment Firm Takes Close Look at the Video Industry." *RePlay*, April 1983, 92.

[16] Best, Joel. "Rhetoric in Claims-Making: Constructing the Missing Children Problem." *Social Problems* 34, no. 2 (1987): 101-121.

[17] Bison, Giselle. "Atari: From Starting Block to Auction Block." *InfoWorld,* August 6, 1984, 52.

[18] Biven, Carl W. *Jimmy Carter's Economy: Policy in an Age of Limits*. Chapel Hill: University of North Carolina Press, 2002.

[19] Blumenthal, Ralph. "'Death Race' Game Gains Favor, But Not with the Safety Council." *New York Times,* December 28, 1976. www.proquest.com.ezproxy.lib.utexas.edu/.

[20] Boasberg, Louis. "TV Video Games and Respectability." *RePlay* (1976 Showbook): 20-21.

[21] Box Office Mojo. "1983 Domestic Grosses." Accessed November 8, 2009. boxofficemojo.com/yearly/chart/?yr=1983&p=.htm.

[22] BradyGames. *Guinness World Records 2009 Gamer's Edition*. New York: Time Home Entertainment, 2009.

[23] Brainard, Kathy. "Exidy: Ten Years of Excellence in Dynamics." *RePlay* 9, no. 10 (1983): 93-99, 100-102.

[24] Breen, Christopher. "Steve Jobs: Informed by His Era." *MacWorld,* October 7, 2011. www.macworld.com/article/162899/2011/10/steve_jobs_informed_by_his_era.html.

[25] Brown, Scott. "*WarGames*: A Look Back at the Film That Turned Geeks and Phreaks into Stars." *Wired,* July 21, 2008. www.wired.com/entertainment/hollywood/magazine/16-08/ff_wargames?currentPage=all.

[26] Buchanan, Levi. "Save the Arcades: Classic Arcades Are Dying. You Can Help." *Retro IGN,* August 11, 2009. retro.ign.com/articles/101/1012795p1.html.

[27] Burrill, Derrick A. *Die Tryin': Video Games, Masculinity, and Culture.* New York: Peter Lang, 2008.

[28] Butler, Judith. "Athletic Genders: Hyperbolic Instance and/or the Overcoming of Sexual Binarism." *Stanford Humanities Review* 6 (1998): 2. www.stanford.edu/group/SHR/6-2/html/butler.html.

[29] Campbell, Duncan. "The Guardian Profile: Steve Jobs." *Guardian,* June 18, 2004. arts.guardian.co.uk/features/story/0, 11710, 1241745, 00.html.

[30] Campbell, James. "Just Less Than Total War: Simulating World War II as Ludic Nostalgia." In *Playing the Past: History and Nostalgia in Video Games*, edited by Zach Whalen and Laurie N. Taylor, 183-200. Nashville, Tenn.: Vanderbilt University Press, 2008.

[31] Canby, Vincent. "'Wargames,' a Computer Fantasy." *New York Times,* June 3, 1983. movies.nytimes.com/movie/review?res=9F0DE6D9103BF930A35755C0A965948260&scp=4&sq=wargames, %20movie&st=cse.

[32] Caraher, William, Raiford Guins, Andrew Reinhard, Richard Rothaus, and Bret Weber. "Why We Dug Atari: 'Punk Archeologists' Explain That They Went

Looking for More Than Just Video-Game Cartridges in a New Mexico Landfill." *Atlantic,* August 7, 2014. www.theatlantic.com/technology/archive/2014/08/why-we-dug-atari/375702/.

[33] Carrigan, Tim, Bob Connell, and John Lee. "Toward a New Sociology of Masculinity." *Theory and Society* 14, no. 5 (1985): 551-604.

[34] Cassell, Justine, and Henry Jenkins. "Chess for Girls? Feminism and Computer Games." In *From Barbie to Mortal Kombat: Gender and Computer Games,* edited by Justine Cassell and Henry Jenkins, 2-45. Cambridge, Mass.: MIT Press, 1998.

[35] "Choose Your Own Adventure—30th Anniversary Timeline." 2008. www.cyoa.com/public/30thanniversary/index.html.

[36] Cifaldi, Frank. "*World of Warcraft* Loses Another 800K Subs in Three Months." *Gamasutra,* November 8, 2011. www.gamasutra.com/view/news/38460/World_of_Warcraft_Loses_Another_800K_Subs_In_Three_Months.php.

[37] Claiborn, Samuel. "The Dig: Atari E.T. Games

Found in New Mexico Landfill." *IGN*, April 26, 2014. www.ign.com/articles/2014/04/26/the-dig-uncovering-the-atari-et-games-buried-in-new-mexico-desert.

[38] "Classic Gaming Expo." 2010. www.cgexpo.com/index.htm.

[39] Clendinen, Dudley. "Massachusetts Town Exiles Pac-Man and All That." *New York Times,* December 8, 1983. www.nytimes.com/1983/12/08/us/massachusetts-town-exiles-pac-man-and-all-that.html.

[40] Cline, Ernest. *Ready Player One.* New York: Crown, 2011.

[41] Cohen, Robert. "The Many Meanings of the FSM: In Lieu of an Introduction." In *The Free Speech Movement: Reflections on Berkeley in the 1960s,* ed. Robert Cohen and Reginald E. Zelnik, 1-54. Berkeley: University of California Press, 2002.

[42] "Coke Picks Arcade Set for New TV Commercial." *RePlay,* May 1977, 13.

[43] Collins, Glenn. "Children's Video Games: Who Wins (or Loses): No Great Demand for Help 'A Seductive World.'" *New York Times,* August 31, 1981. www.nytimes.

com/1981/08/31/style/children-s-video-games-who-wins-or-loses.html.

[44] "Commentless Kotaku." Accessed January 15, 2012. chrome.google.com/webstore/detail/kdknjinbdljpifdloehifdgmoaibhoof. Connell, R. W. *Masculinities*. Berkeley: University of California Press, 2005.

[45] "CPI Inflation Calculator." Bureau of Labor Statistics. Accessed October 10, 2011. www.bls.gov/data/inflation_calculator.htm.

[46] "Crowd Boos Bresson at Cannes Prize Ceremony; 'WarGames' Plays Well." *Variety,* May 25, 1983, 5-7.

[47] Culhane, John. "Special Effects Are Revolutionizing Film." New York Times, July 4, 1982. www.nytimes.com/1982/07/04/movies/special-effects-are-revolutionizing-film.html?sec=technology&spon=&pagewanted=all.

[48] Dave & Buster's. "Dave & Buster's Escape into Play." Accessed January 14, 2012. youtu.be/VCdtS9Qu56w.

[49] ———. "Dave & Buster's Restaurant, Bar and Arcade for Family Fun, Parties, Meetings and More." Accessed January 1, 2011. www.daveandbusters.com/.

[50] ———. "Pac-Man Battle Royale at Dave and Buster's." Accessed January 14, 2012. youtu.be/3Sq6dkbw6u0.

[51] ———. "Power Cards." Accessed January 14, 2012. www.daveandbusters.com/play/powercards.aspx.

[52] Day, Walter. "Chapter Four: LIFE Magazine." Twin Galaxies. Last modified February 8, 1998. Accessed February 2, 2008. oldtgi.twin galaxies.net/index.aspx?c=17&id=616.

[53] ———. "Chapter Three: The Official Scoreboard." Twin Galaxies. Last modified November 3, 2009. Accessed October 26, 2011. oldtgi. twingalaxies.net/index.aspx?c=17&id=332.

[54] ———. "Our Unique History." Twin Galaxies. Last modified November 3, 2009. Accessed October 26, 2011. oldtgi.twingalaxies.net/index.aspx?c=17&id=332.

[55] "Death Race 2000 (1975)." *Internet Movie Database.* Accessed September 21, 2010. www.imdb.com/title/tt0072856/.

[56] "Death Race from Exidy." *RePlay* 2, no. 7 (1976): 22.

[57] "Death Race Rerun," *Play Meter* 2, no. 8 (1976): 31-32.

[58] Deterding, Sebastian. "Living Room Wars: Remediation, Boardgames, and the Early History of Video Wargaming." In *Joystick Soldiers: The Politics of Play in Military Video Games,* edited by Nina B. Huntemann and Matthew Thomas Payne, 21-38. London: Routledge, 2009.

[59] deWinter, Jennifer. "The Midway in the Museum: Arcades, Art, and the Challenge of Displaying Play." *Reconstruction* 14, no. 1 (2014). reconstruction.eserver.org/Issues/141/deWinter.shtml.

[60] deWinter, Jennifer, and Carly Kocurek. "Rescuing Anita: Games, Gamers, and the Battle of the Sexes." *Flow* 17, no. 3 (2012). flowtv.org/2012/12/rescuing-anita/.

[61] Douglas, Susan J. *Inventing American Broadcasting, 1899-1922.* Baltimore, Md.: Johns Hopkins University Press, 1989.

[62] Ebert, Roger. "Death Race 2000." *Chicago Sun-Times,* April 27, 1975. rogerebert.suntimes.com/apps/pbcs.dll/article?AID=/19750427/REVIEWS/808259998.

[63] ———. "Tron." *Chicago Sun Times,* January 1,

1982. rogerebert.suntimes.com/apps/pbcs.dll/article?AID=/19820101/REVIEWS/201010350/1023.

［64］———. "WarGames." *Chicago Sun Times*, June 3, 1983. rogerebert.sun times.com/apps/pbcs.dll/article?AID=/19830603/REVIEWS/306030301/1023.

［65］"Editorial: Where Are the Powerful Voices?" *RePlay*, December 1976, 3.

［66］Engelhardt, Tom. *The End of Victory Culture: Cold War America and the Disillusioning of a Generation*. New York: Basic Books, 1995.

［67］Entertainment Software Association. "Essential Facts about the Computer and Video Game Industry." Accessed December 20, 2013. www.theesa.com/facts/.

［68］———. "Industry Facts." Accessed November 5, 2013. www.theesa.com/facts/index.asp.

［69］———. "Industry Facts." 2012. Accessed December 20, 2013. www.theesa.com/facts/.

［70］———. "Industry Facts: Game Player Data." 2012. Accessed December 20, 2013. www.theesa.com/facts/gameplayer.asp.

［71］Exidy. "Death Race Exidy Service Manual." ca.

1976. Accessed July 23, 2014. www.arcade-museum.com/manuals-videogames/D/DeathRace.pdf.

[72] "Exidy Introduces: Death Race 98." *RePlay* 2, no. 3 (1976): 29.

[73] Exley, Frederick. *A Fan's Notes*. New York: Vintage, 1988.

[74] *Fat, Ugly, or Slutty.* 2013. fatuglyorslutty.com/.

[75] FatalIty. "About." Accessed December 5, 2011. www.fatalIty.com/about/.

[76] ———. "Products." Accessed December 5, 2011. www.fatalIty.com/index.php?option=com_content&view=article&id=130.

[77] Feron, James. "Westchester Journal." *New York Times,* June 21, 1981. www.nytimes.com/1981/06/21/nyregion/westchester-journal-166113.html.

[78] Finkelhor, David, Gerald Hotaling, and Andrea Sedlak. "Children Abducted by Family Members: A National Household Survey of Incidence and Episode Characteristics." *Journal of Marriage and Family* 53, no. 3 (1991): 805-817.

[79] Flanagan, Mary. *Critical Play: Radical Game*

Design. Cambridge, Mass.: MIT Press, 2009.

[80] Frum, David. *How We Got Here: The 70's: The Decade That Brought You Modern Life—for Better or Worse.* New York: Basic Books, 2000.

[81] "Funspot ... The Spot for Fun!" Accessed February 4, 2011. www.funspotnh.com/.

[82] Gaither, Chris, and Dawn C. Chmielewski. "Fears of Dot-Com Crash, Version 2.0." *Los Angeles Times,* July 16, 2006. articles.latimes.com/2006/jul/16/business/fi-overheat16.

[83] Gallaga, Omar L. "Austin Arcade Wins $25K in 'Save the Arcades' Contest." *Digital Savant,* October 9, 2009. mo.statesman.com/blogs/content/shared-gen/blogs/austin/digitalsavant/entries/2009/10/09/austin_arcade_w.html.

[84] Gallup, George. "The Gallup Youth Survey: Video Game Craze Sweeps Teenage America." *Play Meter* 8, no. 22 (1982): 100.

[85] "Game Boy: Can Jonathan 'FatalIty' Wendel Win Credibility for Pro Gaming—and for Himself?" *Business Week,* October 10, 2005. www.businessweek.com/magazine/content/05_41/b3954113.htm.

[86] "Gamemaker Sued over Highway Shootings." SFGate.com, October 23, 2003. articles.sfgate.com/2003-10-23/business/17515225_1_sony-computer-entertainment-america-punitive-damages-state-custody.

[87] Gee, James Paul, and Elisabeth R. Hayes. *Women and Gaming: The Sims and Twenty-First Century Learning.* New York: Palgrave Macmillan, 2010.

[88] Gilbert, Brian. *A Cycle of Outrage: America's Reaction to the Juvenile Delin quent in the 1950s.* New York: Oxford University Press, 1986.

[89] Gordon, John Steele, and Michael Maiello. "Pioneers Die Broke." Forbes.com, December 23, 2002. www.forbes.com/forbes/2002/1223/258_print.html.

[90] "Gotcha." *The Killer List of Video Games.* Accessed April 27, 2011. www.arcade-museum.com/game_detail.php?game_id=7985.

[91] Green, Harvey. *Fit for America: Health, Fitness, Sport and American Society.* Baltimore, Md.: Johns Hopkins University Press, 1986.

[92] Grimes, William. "Taking Swings at a Myth, with John Henry the Man." *New York Times*, October 18,

2006. www.nytimes.com/2006/10/18/books/18grim.html?_r=1&ex=1168750800&en=2c72dddaeac54265&ei=5070.

[93] Guins, Raiford. *Game After: A Cultural Study of Video Game Afterlife.* Cambridge, Mass.: MIT Press, 2014.

[94] Haniver, Jenny. "About." *Not in the Kitchen Anymore.* Accessed January 15, 2012. www.notinthekitchenanymore.com/p/what-this-blog-is-about_27.html.

[95] ———. *Not in the Kitchen Anymore.* Accessed December 19, 2013. www.notinthekitchenanymore.com/.

[96] Harpold, Terry. "Screw the Grue: Mediality, Metalepsis, Recapture." In *Playing the Past: History and Nostalgia in Video Games,* edited by Zach Whalen and Laurie N. Taylor, 96-97. Nashville, Tenn.: Vanderbilt University Press, 2008.

[97] Harvey, David. *The Condition of Postmodernity: An Enquiry into the Origins of Cultural Change.* Cambridge: Blackwell, 1990.

[98] Harvey, Steve. "Postscript: Controversial 'Death Race' Game Reaches 'Finish' Line." *Los Angeles Times,* August 10, 1977. www.proquest.com. ezproxy.lib.utexas.edu/.

[99] Hendershot, Cyndy. "The Atomic Scientist, Science Fiction Films, and Paranoia: *The Day the Earth Stood Still, This Island Earth,* and *Killers from Space.*" *Journal of American Culture* 20, no. 1 (2004): 31-41.

[100] Hine, Thomas. *The Rise and Fall of the American Teenager: A New History of the American Adolescent Experience.* New York: Perennial, 2000.

[101] Hornby, Nick. *High Fidelity.* New York: Riverhead Trade, 1996.

[102] ———. *Juliet Naked.* New York: Riverhead Hardcover, 2009.

[103] Hughes, Gina. "Bill Gates Gets Degree after Thirty Years." *The Techie Diva,* June 8, 2007. tech.yahoo.com/blog/hughes/13653.

[104] Hunt, Pauline, and Ronald Frankenberg. "It's a Small World: Disneyland, the Family, and the Multiple Re-representations of the American Childhood." In *Constructing and Reconstructing Childhood: Contemporary Issues in the Sociological Study of Childhood,* edited by Allison James and Alan Prout, 105-122. Bristol: Falmer, 1997.

[105] Huntemann, Nina B. "Interview with Colonel Casey Wardynski." In *Joystick Soldiers: The Politics of Play in Military Games,* edited by Matthew Thomas Payne and Nina B. Huntemann, 178-188. London: Routledge, 2009.

[106] Hutcheon, Linda. "Irony, Nostalgia, and the Postmodern." *Methods for the Study of Literature as Cultural Memory, Studies in Comparative Literature* 30 (2000): 189-207.

[107] "The International Center for the History of Electronic Games." Accessed November 16, 2011. www.icheg.org/.

[108] The Internet Movie Database. "Awards for TRON (1982)." Accessed May 3, 2009. www.imdb.com/title/tt0084827/awards.

[109] ———. "Box Office/Business for Star Wars Episode VI: Return of the Jedi (1983)." Accessed January 13, 2011. www.imdb.com/title/tt0086190/business.

[110] ———. "Box Office/Business for TRON (1982)." May 2009. www.imdb.com/title/tt0086567/business.

[111] ———. "Box Office/Business for WarGames (1983)." Accessed May 3, 2009. www.imdb.com/title/

tt0086567/business.

［112］Jameson, Fredric. "Nostalgia for the Present." *South Atlantic Quarterly* 88, no. 2 (1989): 517-537.

［113］———. *Postmodernism, or The Cultural Logic of Late Capitalism.* Durham, N.C.: Duke University Press, 2003.

［114］Jenkins, Henry. "'Complete Freedom of Movement': Video Games as Gendered Play Spaces." In *From Barbie to Mortal Kombat: Gender and Computer Games,* edited by Justine Cassell and Henry Jenkins, 274-276. Cambridge, Mass.: MIT Press, 1998.

［115］———. "Transmedia Storytelling." *Technology Review,* January 15, 2003. Accessed November 2, 2011. www.technologyreview.com/biomedicine/13052/.

［116］"Judges Denounce Pinball as Gambling, but Reserve Decision in Jersey Case."*New York Times,* October 9, 1941. query.nytimes.com/mem/archive/pdf?res=F40B12FD3B5C16738DDDA00894D8415B8188F1D3.

［117］"Jumper Wins Olympic Arcade Tricathlon." *RePlay,* March 1980, 15.

［118］Juul, Jesper. *Half-Real: Video Games between*

Real Rules and Fictional Worlds. Cambridge, Mass.: MIT Press, 2005.

[119] Kane, Yukari Iwatani, and Geoffrey A. Fowler. "Steven Paul Jobs, 1955-2011." *Wall Street Journal,* October 6, 2011. online.wsj.com/article/SB10001424052702304447804576410753210811910.html.

[120] Kao, Stephanie Y. "Carpal Tunnel Syndrome as an Occupational Disease." *Journal of the American Board of Family Practice* 16 (2003): 533-542. www.jabfm.org/cgi/content/full/16/6/533.

[121] Karlen, Neal, Nikki Finke Greenberg, David L. Gonzalez, and Elisa Williams. "How Many Missing Kids." *Newsweek,* October 7, 1985, 30.

[122] Kasson, John. *Amusing the Million: Coney Island at the Turn of the Century.* New York: Hill and Wang, 1978.

[123] Kelts, Rol. *Japanamerica: How Japanese Pop Culture Has Invaded the U.S.* New York: Palgrave Macmillan, 2006.

[124] Kent, Steven L. "Super Mario Nation." In *The Medium of the Video Game*, edited by Mark J. P. Wolfe, 35-

48. Austin: University of Texas Press, 2001.

［125］———. *The Ultimate History of Video Games: The Story behind the Craze That Touched Our Lives and Changed the World.* New York: Three Rivers, 2001.

［126］Kerr, Peter. "Issue and Debate: Should Video Games Be Restricted byLaw." *New York Times,* July 3, 1982. www.nytimes.com/1982/06/03/garden/issue-and-debate-should-video-games-be-restricted-by-law.html?pagewanted=1.

［127］Kiesler, Sara, Lee Sproull, and Jacquelynne S. Eccles. "Pool Halls, Chips, and War Games: Women in the Culture of Computing." *Psychology of Women Quarterly* 9 (1985): 451-462.

［128］Kimmel, Michael. *Guyland: The Perilous World Where Boys Become Men, Understanding the Critical Years between Sixteen and Twenty-Six.* New York: Harper Collins, 2008.

［129］———. *Manhood in America: A Cultural History.* New York: Free Press, 1996.

［130］Kirsh, Steven J. *Children, Adolescents, and Media Violence: A Critical Look at the Research.* Thousand

Oaks, Calif.: Sage, 2011.

[131] Klemersud, Judy. "'Bang! Boing! Ping! It's King Pong': 'A Sense of Control' Began in Amusement Park Prescription for Eye Ailments Balls and Strikes." *New York Times*, April 23, 1978. ProQuest Historical Newspapers The New York Times (1851-2007). (AAT 03624331).

[132] Kohler, Chris. *Power-Up: How Japanese Video Games Gave the World an Extra Life.* Indianapolis, Ind.: Brady Games, 2004.

[133] Kuchera, Ben. "Sexual Harassment as Ethical Imperative: How Capcom's Fighting Game Reality Show Turned Ugly." *The Penny Arcade Report*, February 28, 2012. penny-arcade.com/report/article/sexual-harass ment-as-ethical-imperative-the-ugly-side-of-fighting-games.

[134] Kutner, Lawrence, and Cheryl K. Olson. *Grand Theft Childhood: The Surprising Truth about Violent Video Games and What Parents Can Do.* New York: Simon and Schuster, 2011.

[135] Launius, Roger D. "Heroes in a Vacuum: The Apollo Astronaut as Cultural Icon." *Forty-Third AIAA Aerospace Sciences Meeting and Exhibit,* January 10-13,

2005, Reno, Nevada. klabs.org/history/roger/launius_2005.pdf.

[136] Lenhart, Amanda, et al. "Who's Not Online: 57% of Those without Internet Access Say They Do Not Plan to Log On." Pew Internet and American Life Project, September 21, 2000. www.pewinternet.org/~/media//Files/Reports/2000/Pew_Those_Not_Online_Report.pdf.pdf.

[137] Lewis, Helen. "This Is What Online Harassment Looks Like." *New Statesman,* July 6, 2012. www.newstatesman.com/blogs/internet/2012/07/what-online-harassment-looks.

[138] Licata, Tony. "Cleaning Up an Arcade: Out with the Hoods, In with the Families." *Play Meter* 6, no. 19 (1980): 46-47.

[139] Lichtenstein, Nelson. *State of the Union: A Century of American Labor.* Princeton, N.J.: Princeton University Press, 2002.

[140] Lombardo, Robert M. *Organized Crime in Chicago: Beyond the Mafia.* Champaign: University of Illinois Press, 2012.

[141] Lowenstein, Roger. *Origins of the Crash: The*

Great Bubble and Its Undoing. New York: Penguin Books, 2004.

[142] "A Lucrative Business: Electronic Video Games in Best Places." *Dallas Morning News,* November 2, 1975. Ulrich (1553-846X).

[143] MacNeil, Robert. Interview with Ronnie Lamm. *MacNeil/Lehrer News Hour,* December 29, 1982.

[144] Main Event. "Main Event Entertainment." Accessed January 25, 2011. www.maineventusa.com/.

[145] "The Making of ... Carmageddon." *Edge Magazine.* 2008. www.next-gen.biz/features/the-making-of%E2%80%A6-carmageddon?page=0%2C0.

[146] "MAME|About MAME." Accessed January 27, 2011. mamedev.org/about.html.

[147] "MAME|Project History." Accessed January 27, 2011. mamedev.org/history.html.

[148] Mandel, Ernest. *Late Capitalism.* New York: Verso, 1978.

[149] Mann, Jim. "Court Delays Ruling on Video Game Curbs." *Los Angeles Times,* February 24, 1982.

[150] Marcotte, Amanda. "Online Misogyny: Can't

Ignore It, Can't Not Ignore It." *Slate,* June 13, 2012. www.slate.com/blogs/xx_factor/2012/06/13/online_misogyny_reflects_women_s_realities_though_in_a_cruder_way_than_is_customary_offline_.html.

[151] "Marshfield Voters Keep Longstanding Video Game Ban." *CBS Boston*, April 26, 2011. boston.cbslocal.com/2011/04/26/marshfield-voters-keep-long-standing-video-game-ban/.

[152] Maslin, Janet. "Tron (1982)." *New York Times,* July 9, 1982. movies.nytimes.com/movie/review?res=9500E7DB103BF93AA35754C0A964948260.

[153] Maynard, Jay. "All about Jay Maynard, the TRON Guy." Accessed May 2, 2009. tronguy.net/.

[154] McCraw, Thomas K. *Prophets of Regulation: Charles Francis Adams; Louis D. Brandeis; James M. Landis; Alfred E. Kahn.* Cambridge, Mass.: Belknap Press of Harvard University Press, 1984.

[155] Messner, Michael A. *Power at Play: Sports and the Problem of Masculinity.* Boston: Beacon, 1992.

[156] Miller, Claire Cain. "Barbie's Next Career? Computer Engineer." *New York Times Online,* February 12,

2010. bits.blogs.nytimes.com/2010/02/12/barbies-next-career-computer-engineer/.

[157] Mintz, Steven. *Huck's Raft: A History of American Childhood.* Cambridge, Mass.: Belknap Press of Harvard University Press, 2004.

[158] Morris, Chris. "Video Games Push for Olympic Recognition: Global Gaming League Talking with China to Bring Competitive Gaming to the Beijing 2008 Games." *CNNMoney,* May 31, 2006. money.cnn.com/2006/05/31/commentary/game_over/column_gaming/index.htm.

[159] Morris, Kevin. "Anita Sarkeesian Is Not Stealing Kickstarter Money to Buy Gucci Shoes." *Daily Dot,* February 13, 2013. www.dailydot.com/society/anita-sarkeesian-gamers-photoshop-shoe/.

[160] Musgrove, Mike. "Sweatshop Conditions at iPod Factory Reported." *Washington Post,* June 16, 2006. www.washingtonpost.com/wp-dyn/content/article/2006/06/15/AR2006061501898.html.

[161] "Namco Cybertainment—About Us." Accessed February 17, 2011. www.namcoarcade.com/About.asp.

[162] Narcisse, Evan. "Games Rated 'Mature' Are Made Less, Bought More." *Time,* March 21, 2011. techland.time.com/2011/03/21/games-rated-mature-are-made-less-bought-more/.

[163] ———. "One Female Gamer Records a Warfare in Words." *Kotaku,* No vember 8, 2011. kotaku.com/5857333/one-female-gamer-records-a-warfare-in-words.

[164] National Videogame Archive. "About." Accessed January 27, 2012. nationalvideogamearchive.org/about.

[165] "New! Death Race by Exidy." *RePlay* 2, no. 5 (1976): 9.

[166] Nichols, Randy. "Target Acquired: *America's Army* and the Video Game Industry." In *Joystick Soldiers: The Politics of Play in Military Video Games*, edited by Nina B. Huntemann and Matthew Thomas Payne, 39-52. London: Routledge, 2009.

[167] "Olympic Tricathalon Slated." *Play Meter* 6, no. 1 (1980): 65.

[168] Payne, Matthew Thomas. "Playing the *Déjà*-New: 'Plug It in and Play TV Games' and the Cultural Politics of Classic Gaming." In *Playing the Past: History and*

Nostalgia in Video Games, edited by Zach Whalen and Laurie N. Taylor, 51-68. Nashville, Tenn.: Vanderbilt University Press, 2008.

[169] Peiss, Kathy. *Cheap Amusements: Working Women and Leisure in Turn-of-the Century New York.* Philadelphia: Temple University Press, 1986.

[170] Peterson, Latoya. "The Tits Have It: Sexism, Character Design, and the Role of Women in Created Worlds." *Kotaku,* October 20, 2011. kotaku.com/5851800/the-tits-have-it-sexism-character-design-and-the-role-of-women-in-created-worlds?tag=opinion.

[171] "Pinballs as 'Racket' Fought by Mayor; In Affidavit Opposing Suit for In junction He Links Games with 'Criminality'; 5 Prosecutors Back Him, La Guardia Tells Court Metal of Machines Should Be Put to Wartime Uses." *New York Times,* January 29, 1942. query.nytimes.com/mem/archive/pdf?res=F70D1FFE3F5D167B93CBAB178AD85F468485F9.

[172] Pinballz. "Pinballz Arcade." Accessed February 17, 2011. www.pinballzarcade.com/.

[173] "Pioneers Die Broke." December 23, 2002.

www.forbes.com/forbes/2002/1223/258_print.html.

[174] Pisano, J. "MIDI Standards: A Brief History and Explanation." September 2006. mustech.net/2006/09/midi-standards-a-brief-history-and-explanation/.

[175] "Playing Video Games for a Living." *Forbes Video,* May 26, 2006. www.youtube.com/watch?v=Q275Qh4ESao.

[176] Poole, Steven. *Trigger Happy: Video Games and the Entertainment Revolution.* New York: Arcade, 2000.

[177] Porges, Seth. "Eleven Things You Didn't Know about Pinball History: The Surprising History behind a Beloved American Pastime." *Popular Mechanics.* Accessed March 25, 2012. www.popularmechanics.com/technology/gadgets/toys/4328211-new-6#slide-1.

[178] Potter, Ned, Colleen Curry, and Michael S. James. "Steve Jobs Dies: Apple Chief Made Early Personal Computer, Created iPad, iPod, iPhone." *ABC News,* October 5, 2011. abcnews.go.com/Technology/steve-jobs-dies-apple-chief-innovated-personal-computer/story?id=14383813#.TxHubPKJmSo.

[179] "PR Problems/PR Solutions: What to Say When ..." *Play Meter* 8, no. 22 (1982): 130-132.

[180] "President Reagan Makes Pro-Video Remarks in Recent Florida Speech." *RePlay,* April 1983, 16.

[181] "Product Brand Development Campaign of the Year 2011: Winner Ketchum West and Mattel/Barbie: After 125 Careers, Barbie Gets Her Geek On." *PR Week,* March 10, 2011. www.prweekus.com/product-brand-development-campaign-of-the-year-2011/article/197737/.

[182] Putnam, Robert D. *Bowling Alone: The Collapse and Revival of American Community.* New York: Touchstone Books, 2001.

[183] Putney, Clifford. *Muscular Christianity: Manhood and Sports in Protestant America, 1880-1920.* Cambridge, Mass.: Harvard University Press, 2001.

[184] Ramao, Tico. "Engines of Transformation: An Analytical History of the 1970s Car Chase Cycle." *New Review of Film and Television Studies* 1, no. 1 (2003): 31-54.

[185] Range, Peter Ross. "The Space Age Pinball Machine." *New York Times*, September 15, 1974. ProQuest Historical Newspapers The New York Times (1851-2007).

(AAT 03624331).

[186] "The Region; Irvington Board Acts on Video Machines." *New York Times*, June 16, 1981. www.nytimes.com/1981/06/16/nyregion/the-region-irvington-board-acts-on-video-machines.html.

[187] Renaudin, Josh. "GTA 5 Doesn't Include Female Protagonist Because 'Being Masculine' Is Key to Story." *Gameranx,* September 10, 2013. www.gameranx.com/updates/id/17320/article/gta-5-doesn-t-include-female-protagonist-because-being-masculine-is-key-to-story/.

[188] "Replay Route Analysis." *RePlay* 1, no. 1 (1975): 38.

[189] Rosenzweig, Roy. *Eight Hours for What We Will: Workers and Leisure in an Industrial City, 1870-1920.* Cambridge: Cambridge University Press, 1983.

[190] Ryan, Michael, and Douglas Kellner. *Camera Politica: The Politics and Ideology of Contemporary Hollywood Film.* Bloomington: Indiana University Press, 1988.

[191] Sarkeesian, Anita. "Harassment via Wikipedia Vandalism." *Feminist Fre quency,* June 10, 2012. www.

feministfrequency.com/2012/06/harassment-and-misogyny-via-wikipedia/.

[192] ———. "Tropes vs. Women in Video Games." *Kickstarter,* June 16, 2012. www.kickstarter.com/projects/566429325/tropes-vs-women-in-video-games.

[193] Schorn, Daniel. "Cyber Athlete 'FatalIty.'" *60 Minutes*, January 22, 2006. www.cbsnews.com/stories/2006/01/19/60minutes/main1220146.shtml.

[194] Sharp, Phillip. "Peep-boxes to Pixels: An Alternative History of Video Game Space." In *Situated Play, Proceedings of DiGRA 2007 Conference.* Accessed February 12, 2009. www.digra.org/dl/db/07312.18290.pdf, 278-285.

[195] Sharpe, Roger. "U.S. Arcades: Some Good, Some Bad, Some Ugly." *RePlay,* March 1977, 39-40.

[196] Shaw, Mike. "News: Ban Author Critiques Industry." *Play Meter* 9, no. 13 (1983): 58-59.

[197] Sheff, David. *Game Over: How Nintendo Zapped an American Industry, Captured Your Dollars, and Enslaved Your Children.* New York: Random House, 1993.

[198] "Slot Machines and Pinball Games." *Annals of the American Academy of Political and Social Science* 269

(1950): 62-70.

[199] Slovin, Rochelle. "Hot Circuits: Reflections on the 1989 Video Game Exhibition of the American Museum of the Moving Image." In *The Medium of the Video Game,* edited by Mark J. P. Wolf, 137-153. Austin: University of Texas Press, 2001.

[200] "Starcade Contestants." *Starcade.* Accessed January 6, 2012. www.starcade.tv/starcade/contestantsframe.asp.

[201] Starr, Alexandra. "Never Settle! Secrets of an Innovator: Apple CEO Steve Jobs Exemplifies Lifelong Learning and Creativity." *NRTA Live and Learn,* December 18, 2007. www.aarp.org/aarp/live_and_learn/Cover_Stories/articles/Never_Settle__Secrets_of_an_Innovator.html.

[202] "STEP ASIDE!" *RePlay* 2, no. 4 (1976): 15.

[203] "Steve Jobs: A Genius but a Bad, Mean Manager." *Inquirer,* October 25, 2011. technology.inquirer.net/5713/steve-jobs-a-genius-but-a-bad-mean-manager/.

[204] Stewart, James B. *Disney War.* New York: Simon and Schuster Paperbacks, 2005.

[205] Stride Gum. "Arcade Profiles." savethearcades.

stridegum.com/arcadeprofiles.php#2?from=%2Findex.php.

［206］ ———. "Help Save the Arcades 2 with Stride." Accessed January 25, 2011. savethearcades.stridegum.com/.

［207］ ———. "Save the Arcades." Accessed January 25, 2011. www.savethearcades.com.

［208］ "Suit: Video Game Sparked Police Shootings." *ABC News,* February 15, 2005. web.archive.org/web/20050307095559/http://abcnews.go.com/US/wireStory?id=502424.

［209］ Susman, Warren I. *Culture as History: The Transformation of American Society in the Twentieth Century.* Washington, D.C.: Smithsonian Institution Press, 2003.

［210］ Takahashi, Dean. "A Q&A That Is Twenty-Five Years Late: David Scott Lewis, the Mystery Hacker Who Inspired the Film 'War Games.'" *VentureBeat,* August 12, 2008. venturebeat.com/2008/08/12/a-qa-that-is-25-years-late-david-scott-lewis-the-inspiration-behind-the-film-war-games/.

［211］ Taylor, T. L. "Becoming a Player: Networks, Structure, and Imagined Futures." In *Beyond Barbie and Mortal Kombat: New Perspectives on Gender and Gaming,* edited by Yasmin B. Kafai et al., 51-66. Cambridge, Mass.:

MIT Press, 2011.

[212] ———. *Raising the Stakes: E-Sports and the Professionalization of Computer Games*. Cambridge, Mass.: MIT Press, 2012.

[213] "The Ten Most Famous Hackers of All Time." *IT Security,* April 15, 2007. www.itsecurity.com/features/top-10-famous-hackers-042407/.

[214] Thomas, Kevin. "Movie Review: 'Barbarism in Big Brother Era' Review of Death Race 2000." *Los Angeles Times,* May 2, 1975. www.proquest.com.ezproxy.lib.utexas.edu/.

[215] Totilo, Stephen. "A Note about 'Brutal' Comments and a Kotaku for Everyone." *Kotaku,* June 26, 2013. kotaku.com/a-note-about-brutal-comments-and-a-kotaku-for-everyon-589637991.

[216] ———. "She's Not Hiding from the Hate She's Getting for Examining Video Games. She's Exposing It." *Kotaku,* July 3, 2012. kotaku.com/5923224/rather-than-hide-from-the-hate-her-gaming+and+sexism-series-is-geting-online-anita-sarkeesian-wants-to-expose-it.

[217] "Tournament News." *RePlay,* May 1983, 111.

[218] Towle, Philip. *Democracy and Peacemaking: Negotiations and Debates, 1815-1973*. London: Psychology Press, 2000.

[219] "Tron." *Variety,* January 1, 1983. www.variety.com/review/VE1117795896.html?categoryid=31&cs=1&p=0.

[220] " 'Tron' Hurts Disney Stock." *New York Times,* July 8, 1982.

[221] Turkle, Sherry. *Life on the Screen: Identity in the Age of the Internet*. New York: Touchstone, 1995.

[222] Twin Galaxies. "Twin Galaxies." Accessed January 14, 2012. www.twingalaxies.com/.

[223] UT Video Game Archive. "Mission." Accessed January 27, 2011. www.cah.utexas.edu/projects/videogamearchive/mission.php.

[224] Van Gelder, Lawrence. " 'Death Race 2000' Is Short on Satire." *New York Times,* June 6, 1975. www.proquest.com.ezproxy.lib.utexas.edu/.

[225] "Video Game V.I.P.S." *Life,* January 1983, 72-73.

[226] Walsh, Tim. *Timeless Toys: Classic Toys and*

the Playmakers Who Created Them. Kansas City, Mo.: Andrews McMeel, 2005.

[227] "Wargames." *Variety,* January 1, 1983. www.variety.com/review/VE1117796199.html?categoryid=31&cs=1&p=0.

[228] Watters, Ethan. "The Player." *Wired,* October 2005. www.wired.com/wired/archive/13.10/bushnell.html.

[229] Weiss, D. B. *Lucky Wander Boy.* New York: Plume, 2003.

[230] West, Matt. "Wooing Women Gamers—and Game Creators." CNN, June 20, 2008. www.cnn.com/2008/TECH/ptech/02/27/women.gamers/index.html.

[231] "Where Are the Powerful Voices?" *RePlay,* December 1976, 3.

[232] Whyte, William H. *The Organization Man.* Philadelphia: University of Pennsylvania Press, 2002.

[233] Williams, Betty. "Video Game Makers Rap Surgeon General." *Kentucky New Era,* November 11, 1982. news.google.com/newspapers?id=3yAvAAAAIBAJ&sjid=ZtwFAAAAIBAJ&pg=2720%2C1376979.

[234] Wilson, Sloan. *The Man in the Gray Flannel*

Suit. New York: De Capo, 2002.

[235] Wong, Wailin. "Women Missing from Video Game Development Work Force: Although Many Women Are Gamers, Few Think to Make a Career Out of Their Hobby." *Chicago Tribune,* August 5, 2010. articles.chicagotribune.com/2010-08-05/business/sc-biz-0806-women-gamers-20100805_1_international-game-developers-association-game-development-gaming-world.

[236] XGaming. "Arcade Machines." Accessed January 27, 2011. www.xgaming.com/store/category/arcade-machines/.

[237] Yardley, Jonathan. *Misfit: The Strange Life of Frederick Exley.* New York: Random House, 1997.

[238] Yi, Matthew. "They Got Game: Stacks of New Releases for Hungry Video Game Enthusiasts Mean It's Boom Time for an Industry Now Even Bigger Than Hollywood." SFGate, December 18, 2004. www.sfgate.com/cgi-bin/article.cgi?f=/chronicle/archive/2004/12/18/MNGUOAE36I1.DTL.

[239] "You Are NOT Allowed to Commit Suicide: Workers in Chinese iPad Factories Forced to Sign Pledges."

Daily Mail, May 1, 2011. www.dailymail.co.uk/news/article-1382396/Workers-Chinese-Apple-factories-forced-sign-pledges-commit-suicide.html.

[240] Zuboff, Shoshana. *In the Age of the Smart Machine: The Future of Work and Power.* New York: Basic Books, 1988.

译后记

有一次我在嘈杂的地铁上通勤,看到一个陌生大哥聚精会神地玩着一台PSP2000,这是一台2007年的设备,在满车厢的智能手机前显得异常突兀。关门铃的催促中我看到他在玩《怪物猎人携带版3nd》,好巧不巧,在雷狼龙的一记铁山靠后,他"猫车"[①]了,然后我下车了。

我不能继续看他如何干掉雷狼龙,因为迟到要被扣钱。但我又很兴奋,那个画面仿佛天球交汇后世界的罅隙里透出的光。在光的那头,我也是一个吹着狩猎笛的苍蓝星。我们有着同一个代号:玩家。

近几年市面上关于游戏史的书陆陆续续被翻译的也不少,有海外的,也有讲本土的。更多的相关内容出现在视频网站、网游资讯、单机游戏攻略、厂商动态、制作人访谈中,有"水下八关",也有雅达利大崩溃,不计其数。可这些五花八门的游戏史,总让人

---

① 《怪物猎人》的玩家体力耗尽后,会被艾露猫推着车送回营地,这个过程被玩家戏称为"猫车"。

感觉缺点什么，冷冰冰地立在那儿，没什么参与感。所以，我们需要另一种历史，一种关于玩家的历史，这也是我翻译此书的原因之一。

说到"玩家"，可能不见得是个好词，在20年前的报纸杂志里它约等于鬼火少年和精神小妹。即便如今，有一些佼佼者斩获金牌，很多时候难免被侧目。去相亲时，你可以说自己是个影迷、乐迷，充充文艺青年，但你要说自己是个玩家，爱好MOBA（多人在线战术竞技游戏）、RPG（角色扮演游戏），蒙眼无伤苇名一心[①]，你可能就"好友未通过验证"了，毕竟这是连自嘲都得加嗅觉词汇的。时至今日，玩家群体仍被贴上大量并不属于它的标签，打游戏似乎成了万能"背锅侠"。

好在读完这本书，你会发现上述体验并非国服独占，起码美国小孩也有着如出一辙的经历。从《死亡飞车》引发的社会恐慌，到各类限制街机的法令规章层出不穷，街机厅的形象始终像是被霓虹灯灼伤的瞳孔——在烟雾缭绕的暗室里，少年们用拇指在摇杆上磨出茧子，把最高分刻成数字时代的功绩柱。但往往就是在这些边缘的、异质的、破缺的地方，反而能升

---

① 苇名一心是《只狼》中的重要Boss，最终战难度很高，蒙眼通关更意味着登峰造极的"游戏技术"。

腾出超越性的力量。街机塑造了第一代数字"原住民"的肌肉记忆。那些在《太空侵略者》中训练出来的条件反射或许奏响了人工智能的序曲,成就了华尔街高频交易的精确触感,抑或是生成了无人机飞手特别的神经突触——每一次跳跃,每一发像素子弹都在推演着明日战争与经济的数字沙盘。

当然,科库雷克所揭示的"技术男性气质"指出了街机厅作为雄性竞技场的狭隘共识,以至于电子游戏被这种狭隘所裹挟,形成了至今仍在游戏世界游荡的偏见、歧视与性别不公。某种程度上女孩们的身影早在游戏行业的数据统计前就被系统性地抹除了——并非她们不曾存在,而是游戏文化拒绝将她们视为真正的参与者。重新反思这段历史同样是本书的重要尝试。

它山之石,可以攻玉,或许游戏是人类最诚实的镜像。在街机厅叮当的投币声中,我看到网吧里老化的风扇吱呀转动,印着"番茄花园"的蓝天白云绿草地开启了又一个不眠之夜——原来我们都在用不同的像素,构筑同一座巴别塔。

耿游子民
2025年4月于北京大学

图书在版编目（CIP）数据

投币机里的美国：重启电子游戏厅的男孩时光 / （美）卡莉·A.科库雷克著；耿游子民译. --北京：中国国际广播出版社，2025.4. --（游戏文化经典译丛）. ISBN 978-7-5078-5756-6

I. G898.3

中国国家版本馆CIP数据核字第2025B9J785号

著作权合同登记号 01-2024-3309

COIN-OPERATED AMERICANS: REBOOTING BOYHOOD AT THE VIDEO GAME ARCADE
by CARLY A. KOCUREK
Copyright: © 2015 by the Regents of the University of Minnesota
This edition arranged with UNIVERSITY OF MINNESOTA PRESS through Big Apple Agency, Inc., Labuan, Malaysia.
Simplified Chinese edition copyright:
2025 China International Radio Press Co., Ltd
All rights reserved.

投币机里的美国：重启电子游戏厅的男孩时光

著　者	［美］卡莉·A.科库雷克
译　者	耿游子民
责任编辑	梁　媛
校　对	张　娜
版式设计	邢秀娟
装帧设计	周伟伟

出版发行	中国国际广播出版社有限公司［010-89508207（传真）］
社　址	北京市丰台区榴乡路88号石榴中心1号楼2001 邮编：100079
印　刷	北京启航东方印刷有限公司

开　本	889×1194　1/32
字　数	210千字
印　张	12.75
版　次	2025年4月 北京第一版
印　次	2025年4月 第一次印刷
定　价	68.00元

版权所有　盗版必究